U0362356

全国高校出版社主题出版

中国城市化进程中政府与社会治理研究系列丛书

# 城市化进程中传统文化的
# 保护与发展

## ——基于中国的经验与对策

朱光磊　　总策划

袁同凯　　主　编

南闲大學出版社

天　津

**图书在版编目(CIP)数据**

城市化进程中传统文化的保护与发展 ：基于中国的
经验与对策 / 袁同凯主编. — 天津 ：南开大学出版社，
2017.10
(中国城市化进程中政府与社会治理研究系列丛书)
ISBN 978-7-310-05469-5

Ⅰ. ①城… Ⅱ. ①袁… Ⅲ. ①中华文化－保护－研究
Ⅳ. ①K203

中国版本图书馆 CIP 数据核字(2017)第 229781 号

### 南开大学出版社出版发行
#### 出版人：刘立松
地址：天津市南开区卫津路 94 号　　邮政编码：300071
营销部电话：(022)23508339　23500755
营销部传真：(022)23508542　　邮购部电话：(022)23502200
\*
天津市蓟县宏图印务有限公司印刷
全国各地新华书店经销
\*
2017 年 10 月第 1 版　　2017 年 10 月第 1 次印刷
230×160 毫米　16 开本　19.25 印张　2 插页　274 千字
定价：58.00 元

如遇图书印装质量问题,请与本社营销部联系调换,电话：(022)23507125

# 目 录

# 第一章

## 导论：问题、概念与理论

## 第一节　问题的提出

　　美国经济学家、诺贝尔奖获得者约瑟夫·斯蒂格利茨曾指出，美国的高科技和中国的城市化将会是影响 21 世纪全球发展的两件大事。近年来，随着相关政策的实施和社会经济的发展，中国城市化进程不断加快，2011 年，我国城镇人口占总人口的比重首次超过 50%，这是中国历史上城镇人口第一次超过农村人口，标志着我国城市化水平进入了一个新的阶段。根据国家统计局的数据显示（见表 1-1）[①]，"十六大以来，我国城镇化发展迅速，2002 年至 2011 年，我国城镇化率以平均每年 1.35 个百分点的速度发展，城镇人口平均每年增长 2096 万人。2011 年，城镇人口比重达到 51.27%，比 2002 年上升了 12.18 个百分点，城镇人口为 69079 万人，比 2002 年增加了 18867 万人；乡村人口 65656 万人，减少了 12585 万人。分地区看，西部地区城镇化发展速度快于东部地区，中部地区又快于西部地区。2011 年，东部地区城镇人口比重为 61.0%，中部地区和西部地区城镇人口比重分别为

---

　　[①]《从十六大到十八大经济社会发展成就系列报告之三》，国家统计局网：http://www.stats.gov.cn/tjfx/ztfx/sbdcj/t20120817_402828530.htm.

47.0%和43.0%，与2010年相比，东部、中部、西部地区城镇人口比重分别上升1.1、1.7和1.6个百分点。中西部地区近年来城镇化发展速度较快，但城镇化水平与东部地区的差距仍然较大。至2011年年底，城镇人口比重超过50%的省份已达15个，湖北、山东、海南三省首次超过50%；继上海市、北京市之后，天津市城镇人口比重2011年首次超过80%"。这充分显示城市化水平已进入了快速发展阶段。

表1-1　2002—2011年全国城镇人口比重

| 年份 | 城镇人口数（万人） | 城镇人口比重（%） | 比重比上年提高(百分点) |
|------|------|------|------|
| 2002 | 50212 | 39.09 | 1.43 |
| 2003 | 52376 | 40.53 | 1.44 |
| 2004 | 54283 | 41.76 | 1.23 |
| 2005 | 56212 | 42.99 | 1.23 |
| 2006 | 58288 | 44.34 | 1.35 |
| 2007 | 60633 | 45.89 | 1.55 |
| 2008 | 62403 | 46.99 | 1.10 |
| 2009 | 64512 | 48.34 | 1.35 |
| 2010 | 66978 | 49.95 | 1.61 |
| 2011 | 69079 | 51.27 | 1.32 |

　　城市化水平的提高，给社会带来了深远的影响，导致了城市的外部形态、社会环境以及人们的生产、生活方式等发生了深刻变化，在这其中作为蕴含丰富历史记忆的传统文化也未能幸免，被迫卷入城市化的漩涡。中国是一个有着悠久历史的传统文明古国，在长期的历史发展过程中造就了灿烂辉煌、丰富多彩的传统文化，从敦煌莫高窟、万里长城、布达拉宫、丽江古城、苏州园林到昆曲、古琴、琵琶、剪纸、唐诗宋词等，无一不体现了中华民族在悠久的历史发展过程中的创造力。这些传统文化是中华民族不屈不挠、自强不息的智慧结晶，是人类文明的瑰宝。保护我国的传统文化不仅有利于延续中华文脉、弘扬中华文明，还有利于守候我们的精神家园，保护全世界、全人类

的共同财富；此外，传统文化还具有教育、科研、经济等功能，保护传统文化还有利于提升人们的文化认知，促进文化研究工作的开展，带动我国国民经济的发展。根据资料显示，仅"十五"期间全国文物系统的增加值就从 2001 年的 14.97 亿元增加到 2005 年的 37.31 亿元，增长了 149%，[①] 可见保护传统文化具有重要的文化、经济和社会价值。但是在中国城市化水平快速发展的今天，这些传统文化面临着前所未有的冲击。由于技术水平有限，缺乏科学合理的保护意识与保护措施，加之不合理的城市规划建设以及重开发、轻保护等，我国传统文化的保护与发展面临着严峻的威胁。当前中国城市化背景下传统文化面临的问题主要有：

第一，保护传统文化的相关技术不到位。成熟完善的科学技术是保护传统文化的关键。传统文化的保护不仅有较高的技术要求，而且涉及生命科学、能源科学、信息技术、物理技术、生物技术、空间技术等多个方面。近年来随着相关技术的不断进步对于传统文化的保护也越来越完善，但是由于我国的文化资源丰富，有大量的传统文化需要保护，而且保护过程中有较高的技术要求，仅靠现有的文化保护技术根本无法完成。刘强认为科技支撑贫弱是造成我国遗产保护现状严峻的原因之一，国际上成功的经验告诉我们，在体制和制度问题解决之后，科学技术就成了遗产保护事业的立足点和首要的贡献因素，但是在我国现有的传统保护技艺有其优点的同时还存在局限性。很多现代意义上的遗产保护技术多移植于国外，适用范围有限，并且缺乏本土化以及科学验证和评估。这就造成"保护科学和技术的显著贫弱远远不能应付巨大数量和众多门类的遗产保护的需求，成为制约我国遗产保护事业的一个瓶颈"。[②] 在以往对传统文化的保护过程中，由于技术人员缺乏、技术设备落后、相关投入不足等原因，导致很多传统文化得不到相应的技术支持而遭到破坏，如在对长沙马王堆汉墓、明定陵的挖掘过程中，由于缺乏相关保护技术，致使很多挖掘出的文物

①刘世锦：《中国文化遗产事业发展报告 2008》，北京：社会科学文献出版社，2008 年，第 22－31 页。

②刘强：《我国自然与文化遗产保护工作综述》，《文化学刊》，2007 年第 2 期，第 39－41 页。

被损坏，而我国大量的石窟建筑因为风吹日晒等自然原因亟须得到保护，但是由于现有的技术条件，根本无法得到有效保护。

第二，保护不当造成传统文化的破坏。在传统文化的保护过程中，由于缺乏科学合理的保护意识，造成严重的"保护性破坏"，其主要表现为以下几个方面：一是在对传统文化的保护和开发过程中，原先具有生命力的传统文化被静态搁置起来，脱离了其生存环境，丧失了活力。目前很多传统文化就是在保护的名义下，作为一种"死的遗产"被保存起来，这就使我们经常看到一些文化遗产一旦被保护起来后，很多不得不与日常生活相脱离，这种只保护文化建筑，将生存于其中的人从中抽离出来的方式实则是对传统文化的一种损害。二是在对传统文化保护过程中，"以单体保护取代整体环境保护"，忽视了对传统文化的周围生存环境的保护，造成传统文化与其周围生存环境的不协调。由于在保护过程中缺乏整体性的视野，大量历史古迹仅仅保留了极个别重要的部分，忽视了其整体性，这就是为什么一些古寺、古塔存在于高楼林立的城市中的原因，殊不知这种片面的保护实则破坏了传统文化整体的生存面貌。三是在对传统文化的保护过程中，忽视文化的原真性要求，将传统文化肆意改造，甚至在破坏原有文化的基础上进行仿造，如济南的老火车站被拆毁后，仿照原貌再造；南京的张治中公馆被摧毁后再建等，这些都是毁坏真文物，仿造假文物的典型例子。

第三，城市化建设过程中造成的建设性破坏。在城市开发和改造过程中，为了追求眼前的经济利益，大量的文化古迹、历史遗存遭到破坏，如北京的梁林故居、济南的英领事馆、重庆的蒋介石行宫等大量的名人故居和历史遗迹，都打着"维修性拆除"或者"保护性拆除"的幌子被破坏。根据 2012 年全国文物普查统计，近 30 年全国有 4 万多处不可移动文物消失，其中一半以上毁于各类建设活动，可见建设性破坏对文化遗产造成的影响之大。① 这种以牺牲传统文化为代价的

---

① 《全国人民代表大会常务委员会执法检查组关于检查"中华人民共和国文物保护法"实施情况的报告》，国家文物局网站：http://www.sach.gov.cn/art/2012/8/10/art_1662_110678.html.

城市建设的后果是城市失去了原本应有的特色，造成千城一面，高楼大厦成了城市的唯一象征。而在大量传统文化被大肆破坏的同时，"仿古"热潮却在悄然兴起，如："大同投资 500 亿元拟将古城墙合龙，开封爆出千亿重现北宋汴京繁华，山东肥城计划总投资 60 亿元的'春秋古城'项目开工……据北京大学旅游研究与规划中心主任吴必虎初步统计，中国至少有 30 个城市已经、正在或谋划进行古城重建"。① 这就造成一方面我们在破坏传统文化，另一方面我们却又在不断地仿造重建，浪费了大量的人力、物力、财力。

第四，商业化开发带来的负面影响。在城市化、现代化的冲击下那些具有地方特色的传统文化逐渐被主流消费文化、都市文化所取代，原本多样性的文化日渐趋向单一，人们越来越感觉到生活的单调和枯燥，在这种境况下，原先备受冷落的传统文化被重新纳入了人们的视野。在这种背景下，社会上掀起了一股对传统文化进行商业化开发的热潮，从文物古迹、历史名城被开发为旅游胜地，到民俗传统的商品化，大量的具有历史文化内涵的传统文化在人们经济利益的诱使下被开发利用，"文化搭台，经济唱戏"就很好地形容了这种现象。但是在对传统文化的开发过程中各种破坏现象也屡见不鲜。由于急功近利，过于重视经济效益，忽视了传统文化的保护和承受能力，在对传统文化开发过程中往往出现"重开发、轻保护"、文化失真的问题。如在旅游开发过程中，由于缺乏科学合理的规划，错位开发，这些旅游景点常常人满为患，被过度利用。尤其是近年来"五一""十一"等一些法定节假日，一些旅游景点只顾追求经济收入而常常人山人海，忽视了环境本身的承受力，不仅不利于传统文化的保护，还影响了文化本身的观赏效果。而在对文化产品的开发过程中，一些旅游景点为了迎合消费者的趣味和猎奇心理，不惜改变和扭曲传统文化的本来面目，破坏了传统文化的内涵和意义，最终导致传统文化失去了本来的面貌。

第五，目前对于传统文化的保护主要依靠政府力量。对于传统文

---

① 刘长欣，朱煜霄：《"保护性破坏"实则拆旧造假》，《南方日报》，2013 年 1 月 3 日，第 6 版。

化的保护，目前除了少数的社会力量外，主要是在政府的推动下开展的，可以说政府是保护传统文化的主体。由于政府掌握大量的资源和行政化权力，传统文化一旦被列入政府的保护计划中，一般都能够采取相应的保护措施。但是由于我国有大量的文化资源，政府本身的力量有限，还存在大量需要保护的传统文化未被纳入政府的视野，很少有人关注，一直处于自生自灭的状态。受城市化、工业化和现代化的冲击，传统文化自身及其赖以生存的社会文化环境发生了急剧的变化，给其生存带来了更严重的威胁，这无疑会加速传统文化的流失与消亡。

第六，民众的文化保护意识淡薄。对于传统文化的保护，除了政府力量外，社会大众也是重要的力量，社会大众是传统文化的创造者和享有者，对于传统文化的保护，社会大众具有义不容辞的责任。但是当前由于缺乏相关的教育和宣传，社会大众对传统文化的保护意识较为淡漠。在旅游过程中对传统文化的人为损害屡见不鲜，如随意在一些古建筑上乱写、乱画，随意攀爬、踩踏建筑、雕像等，这些无一不凸显了社会大众保护传统文化意识的淡薄。

如上所述，在城市化的背景下传统文化面临着前所未有的挑战，如何采取相应措施以更好地迎接城市化带来的冲击，是当前城市化背景下传统文化保护与发展的重要议题。在这个过程中，传统物质文化和非物质文化由于本身的差异性，分别遭受了不同的境遇。从传统物质文化来看，它一般具有客观的物质实体，并且具有复杂性、唯一性等特征，所以一旦被破坏便无法恢复；对于传统非物质文化来说，其存在的形式不一定具有客观的物质实体，很多情况通过传承人将文化延续下去，对于传统非物质文化来说传承人具有重要的意义。正因为传统物质文化和非物质文化表现出不同的发展模式，因此在具体的保护过程中，我们要对它们分别采取不同的保护措施。鉴于此，本书将城市化背景下传统物质文化与非物质文化的生存和发展作为讨论的重点。

## 第二节　文献综述

对于传统文化的保护目前主要是以文化遗产名义开展的。自 20 世纪以来，联合国教科文组织（UNESCO）、国际古迹遗址理事会（ICOMOS）等国际组织基于不同的视角，以保护文化遗产的名义，形成了一系列有利于传统文化保护的国际文献。这些"国际文献除公约对缔约国有约束力外，其他文献只起建议和指导作用。国际文献的内容反映了当时学术界对有关问题的认识水平。对于同一问题，同一国际组织往往会有一系列的文献出现，后出的文献会对前边的文献有所评价和总结，反映了该组织对文化遗产保护认识的逐步提高的过程以及文献的连续性特点"。[①] 这些国际公约、宣言、建议等世界遗产保护文献颁布的一个重要背景，就是在城市化、工业化和现代化的冲击下，传统文化受到了严重的威胁，为了保护传统文化，维护文化的多样性，国际社会加强了相互之间的合作和交流。遗产保护国际文献是国际社会对传统文化保护的经验总结和原则共识，为国际社会开展传统文化的保护提供了规范标准，因此对于当前我国的城市化进程中的传统文化保护具有重要的借鉴和指导意义。

### 一、文化遗产概念的形成和分类

文化遗产是当前国际社会普遍使用的传统文化保护概念，一般将其分为物质文化遗产（有形文化遗产）和非物质文化遗产（无形文化遗产）两种。"文化遗产（Cultural Heritage）是一个历史的范畴，其内涵和外延随着历史的发展而变化"。[②] 从现有的国际文献来看，最初使用"文化财产"（Cultural Property）的概念来指代需要保护的文物古

---

①赵中枢：《文化遗产保护的重要国际文献（一）》，《城市规划通讯》，2005 年第 2 期，第 10 页。

②郭玉军、唐海清：《文化遗产国际法保护的历史回顾与展望》，《武大国际法评论》，2010 年第 S1 期，第 3 页。

迹等，如 1954 年的《武装冲突情况下保护文化财产公约》（以下简称 1954 年《海牙公约》）和 1970 年的《关于禁止和防止非法进出口文化财产和非法转让其所有权公约》。《海牙公约》指出文化财产包括以下几部分：（1）对每一民族文化遗产具有重大意义的可移动或不可移动财产；（2）其主要和实在目的为保存或陈列（1）项所述可移动文化财产的建筑；（3）保存有大量（1）和（2）项所述文化财产的中心。[①]《关于禁止和防止非法进出口文化财产和非法转让其所有权公约》第一条指出："为了本公约的目的，'文化财产'一词指每个国家，根据宗教的或世俗的理由，明确指定为具有重要考古、史前史、历史、文学、艺术或科学价值的财产并属于下列各类者……"[②] 上述国际文献对于文化财产的界定与其所处的社会背景相适应，并没有试图将所有的文化类型包含其中。

1972 年，联合国教科文组织颁布的《保护世界文化和自然遗产公约》明确提出了"文化遗产"这一概念。公约将遗产分为自然遗产和文化遗产，其中文化遗产包括以下几部分："文物古迹：从历史、艺术或科学角度看具有突出的普遍价值的建筑物、碑雕和碑画、具有考古性质成分或结构、铭文、窟洞以及联合体；建筑群：从历史、艺术或科学角度看在建筑式样、分布均匀或与环境景色结合方面具有突出的普遍价值的单立或连接的建筑群；遗址：从历史、审美、人种学或人类学角度看具有突出的普遍价值的人类工程或自然与人联合工程以及考古地址等地方。"[③]《保护世界文化和自然遗产公约》对于文化遗产的上述界定有三个特点：第一，只限于物质文化遗产；第二，主要包括不可移动文物；第三，强调突出普遍价值。可见在《保护世界文化和自然遗产公约》中文化遗产主要包括当时国际社会一些亟须保护的文化类型，并不是一个宽泛统一的概念。

---

① 《海牙公约》，联合国教科文组织网站：http://www.unesco.org/new/zh/culture/.

② 《关于禁止和防止非法进出口文化财产和非法转让其所有权公约》，联合国教科文组织网站：http://www.unesco.org/new/zh/culture/.

③ 《保护世界文化和自然遗产公约》，联合国教科文组织网站：http://www.unesco.org/new/zh/culture/.

　　纵观上述关于文化财产和文化遗产的界定，可以发现尽管文化财产和文化遗产的界限不是十分明确，"但是'文化遗产'突出的是与某片地区联系在一起并构成一个整体的遗址、遗存，而'文化财产'还包括可以单体形式存在的遗留物"。[①]

　　文化遗产这一概念提出后，迅速被广泛使用，成了国际社会以及国家保护本国文化遗产的重要标准，但是由于这一时期关于文化遗产的界定主要为物质文化遗产，在后续的文献中，一般将这一概念作为对物质文化遗产的界定。《保护世界文化和自然遗产公约》颁布以后，国际社会对文化遗产很少进行专门的界定，而1999年由国际古迹遗址理事会在墨西哥通过的《国际文化旅游宪章（重要文化古迹遗址旅游管理原则和指南）》是少有的对文化遗产进行界定的国际文献。宪章指出："文化遗产是在一个社区内发展起来的对生活方式的一种表达，经过世代流传下来，它包括习俗、惯例、场所、物品、艺术表现和价值。文化遗产经常表现为无形的或有形的文化遗产。"[②] 但是由于该宪章只是针对旅游中的文化古迹遗址保护而展开的专门性文献，同时宪章本身缺乏约束力，再加上概念内容本身有待商榷，这一概念并没有被广泛应用。

　　长期以来，非物质文化遗产在国际文化遗产保护中一直处于缺失地位，但随着社会的发展，非物质文化的价值逐渐被人们意识到。2003年，联合国教科文组织颁布了《保护非物质文化遗产公约》，公约明确提出了非物质文化遗产的定义：非物质文化遗产"指被各社区、群体，有时是个人，视为其文化遗产组成部分的各种社会实践、观念表述、表现形式、知识、技能以及相关的工具、实物、手工艺品和文化场所。这种非物质文化遗产世代相传，在各社区和群体适应周围环境以及与自然和历史的互动中，被不断地再创造，为这些社区和群体提供认同感和持续感，从而增强对文化多样性和人类创造力的尊重"。其包括以下方面：口头传统和表现形式，包括作为非物质文化遗产媒介的语言；

----

　　①郭玉军：《国际法与比较法视野下的文化遗产保护问题研究》，武汉：武汉大学出版社，2011年，第21页。

　　②张松：《城市文化遗产保护国际宪章与国内法规选编》，上海：同济大学出版社，2007年，第125页。

表演艺术；社会实践、仪式、节庆活动；有关自然界和宇宙的知识和实践；传统手工艺。[①]其后联合国教科文组织将《保护世界文化和自然遗产公约》和《保护非物质文化遗产公约》中上述概念，分别作为国际社会公认的物质文化遗产和非物质文化遗产的定义纳入《实施〈保护世界文化与自然遗产公约〉的操作指南》中。

除此之外，随着国际文化遗产保护热潮的兴起，相关的国际组织和机构陆续提出了工业遗产（Industrial Heritage）、农业遗产（Agricultural Heritage）、水下文化遗产、文化景观（Cultural Landscape）、静态遗产（Static Heritage）、活态遗产（Living Heritage）、复合遗产（Mixed Cultural and Natural Heritage）等遗产概念。随着世界性遗产保护运动逐步兴起，文化遗产的内涵不断丰富，"逐渐从仅保护单一要素遗产向同时注重保护多要素集成遗产，从仅保护有形的、可触摸的、物质形态的自然和文化遗产发展到对无形的、不可触摸的所谓非物质类文化遗产和文化景观、历史环境等的保护"，从"注重保护'静态遗产'向同时注重'活态遗产'保护的方向发展"（见图1-1）。[②]

我国现有的"文化遗产"概念是原有"文物"概念的扩充。在文化遗产概念出现之前，我国主要用"文物"这一概念来指代需要保护的传统文化。2005年，国务院发出《关于加强文化遗产保护的通知》，首次用文化遗产的概念取代了以前的文物概念，并对物质文化遗产和非物质文化遗产的概念进行了界定，其中物质文化遗产概念综合了《文物保护法》内容，而非物质文化遗产则综合了《保护非物质文化遗产公约》和《国务院办公厅关于加强我国非物质文化遗产保护工作的意见》。[③]《关于加强文化遗产保护的通知》指出："文化遗产包括物质文化遗产和非物质文化遗产。物质文化遗产是具有历史、艺术和科学价值的文物，包括古遗址、古墓葬、古建筑、石窟寺、石刻、壁画、

---

[①]《保护非物质文化遗产公约》，联合国教科文组织网站：http://www.unesco.org/new/zh/culture/.

[②]范今朝、范文君：《遗产概念的发展与当代世界和中国的遗产保护体系》，《经济地理》，2008年第3期，第504—505页。

[③]刘守柔、闻华芳：《"文化遗产"概念回溯及我国之运用》，《中国文物科学研究》，2009年第1期，第11页。

近代现代重要史迹及代表性建筑等不可移动文物，历史上各时代的重要实物、艺术品、文献、手稿、图书资料等可移动文物；以及在建筑式样、分布均匀或与环境景色结合方面具有突出普遍价值的历史文化名城（街区、村镇）。非物质文化遗产是指各种以非物质形态存在的与群众生活密切相关、世代相承的传统文化表现形式，包括口头传统、传统表演艺术、民俗活动和礼仪与节庆、有关自然界和宇宙的民间传统知识和实践、传统手工艺技能等以及与上述传统文化表现形式相关的文化空间。"张松根据《关于加强文化遗产保护的通知》《文物保护法》（2002）以及《历史文化名城名镇名村保护条例》（2008），将我国文化遗产的基本构成归纳如表 1-2 所示。①

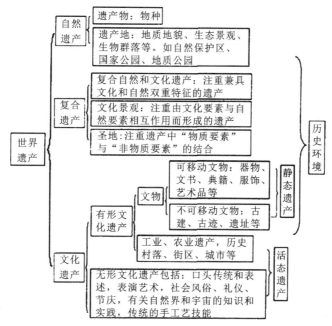

**图 1-1　当代世界遗产保护体系**②

---

①张松：《中外城市遗产保护的制度比较与经验借鉴》，《城市与区域规划研究》，2009 年第 2 期，第 116 页。

②范今朝、范文君：《遗产概念的发展与当代世界和中国的遗产保护体系》，《经济地理》，2008 年第 3 期，第 505 页。

表 1-2　我国文化遗产的基本构成

| 大类 | 分类 | | 分级 | | 具体内容 |
|---|---|---|---|---|---|
| 文化遗产 | 物质文化遗产（有形文化遗产） | 不可移动文物 | 全国重点文物保护单位 | | 古文化遗址、古墓葬、古建筑、石窟寺、石刻、壁画、近代现代重要史迹和代表性建筑 |
| | | | 省级文物保护单位 | | |
| | | | 市、县级文物保护单位 | | |
| | | | 登记不可移动文物 | | |
| | | | 历史文化名城、名镇、名村 | | 传统格局、历史风貌和空间尺度、历史建筑、自然景观和环境等 |
| | | | 历史文化街区 | | |
| | | | 历史建筑 | | |
| | | 可移动文物 | 珍贵文物 | 一级文物 | 各时代重要实物、艺术品、文献、手稿、图书资料、代表性实物等 |
| | | | | 二级文物 | |
| | | | | 三级文物 | |
| | | | 一般文物 | | |
| | 非物质文化遗产（无形文化遗产） | | 国家级非物质文化遗产 | | 口头传统、传统表演艺术、民俗活动和礼仪与节庆；民间传统知识和实践、传统手工艺技能；文化空间 |
| | | | 省级非物质文化遗产 | | |

## 二、文化遗产保护的标准：原真性和完整性

真实性和完整性是遗产保护中的两个核心和关键概念。张成渝指出，在遗产的价值认知基础上进行遗产的保护和适度利用包含三个层面：遗产价值辨识、遗产保护、遗产利用。这其中，遗产的原真性和完整性认识居于三个层次的核心："遗产价值辨识"的本质，是如何认

识遗产的原真性和完整性；"遗产保护"实际上是对遗产原真性、完整性相关要素的保护；"遗产利用"则应是以确保遗产原真性、完整性为前提的可持续利用，因此要对文化遗产进行保护和利用对原真性和完整性这两个概念的认识是关键。①

### （一）原真性

1. 原真性和真实性

"Authenticity"是目前广受遗产界关注的核心概念，一般认为将"Authenticity"准确地翻译为其他语言存在一定的困难，目前国内对于"Authenticity"的译法主要有"真实性"和"原真性"两种。

徐嵩龄认为"Authenticity"虽然与"真实性"含义存在一定程度上的接近，但是将"Authenticity"译为"真实性"值得推敲，"真实"不仅强调"真"，而且强调"实"，其中"实"与"实体"相连，而"Authenticity"除了包含"实体"的意义外，还具有"非实体"意义。在英文辞典的解释中，"Authenticity"有"原初的""真实的""可信的"三种含义，其中原初的表明"Authenticity"是一个时空相关的概念，而将"Authenticity"译为"真实性"缺乏原意中的时空关联性。②根据"Authenticity"的辞典释义和其在遗产界的特定含义，"Authenticity"的释义应该体现"原初"和"真实"两点，因此将"Authenticity"译为"真实性"不如译为"原真性"贴切。③对此就有学者提出了异议，王景慧认为"Authenticity"有"真正""真实""确实""可信""原初""最初"的意思，"原真"具有"原初的真实可信"的意思，虽然从字面意义上"Authenticity"与"原真"更为接近，但从专业用语上来看"Authenticity"不仅表达了"原初的真实可信"，还表达了历史全过程的真实性和可信性，而"真实"既没有强调原初，

①张成渝：《国内外世界遗产原真性与完整性研究综述》，《东南文化》，2010 年第 4 期，第 30 页。

②徐嵩龄：《第三国策——论中国文化与自然遗产保护》，北京：科学出版社，2005 年，第 105 页。

③徐嵩龄：《文化遗产科学的概念性术语翻译与阐释》，《中国科技术语》，2008 年第 3 期，第 57 页。

也没有强调全过程，所以相较"原真"其更接近专业上的含义。[①] 常青在对历史建筑修复的真实性问题上支持了这一观点，其将"原真"与"原初"等同并绝对化，认为"真实"是相对的并不断变化的，"真实"并不等于"原真"，因为就大多数历史建筑而言，严格意义上的"原真"其实是不存在的。[②]

张成渝对上述观点进行了回应。针对"Authenticity 译为"原真性"受到不少学者的主要质疑之处在于原真性指"'原初的'真实可信"，张成渝提出了不同意见。他认为"原真性"之"原"并非仅仅强调"原初的"，遗产"原真性"之"原"指《关于原真性的奈良文件》中的"文化遗产的原初的及后续的特征"，而不仅仅是辞典释义的"原初的"（Original），可见部分学者对于"原真性强调'原初'的真实"存在理解偏差。[③] 在总结"真实性"和"原真性"两词的基础上，张成渝指出"真实性"与"原真性"两词各有利弊。一方面，"Authenticity"遗产是一个依托于时间维度的概念，对于"Authenticity"的译词应体现遗产的时间维度特质，而"原真性"之"原"表现出了遗产的时间维度特质，而"真实性"内涵过于泛化，强调真实性，缺乏时间维度，因此从对遗产时间维度的强调和字面携带的信息量看，"原真性"优于"真实性"。但是"原"字字面容易使人关联到"原初"而非"原状"，这是该词遭到质疑之处。另一方面，虽然"真实性"的字面信息量比"原真性"少，缺少了时间维度特质，但是，持"真实性"意见者恰恰认为字面上对于时间的回避，使"真实性"具有更多的具体问题具体分析的讨论空间。尽管如此，"'真实性'和'原真性'分别通过不同的表达途径，最终趋于认知上的一致——即真实+原初/后续特征"。[④] 鉴于"原真性"字面信息更为丰富，同时能反映出时间维度，在下文中将"Authenticity"翻译为原真性。

---

①王景慧：《"真实性"和"原真性"》，《城市规划》，2009 年第 11 期，第 89 页。
②常青：《历史建筑修复的"真实性"批判》，《时代建筑》，2009 年第 3 期，第 119 页。
③张成渝：《"真实性"和"原真性"辨析补遗》，《建筑学报》，2012 年第 S1 期，第 97 页。
④张成渝：《"真实性"和"原真性"辨析》，《建筑学报》，2010 年第 S2 期，第 58 页。

2. 原真性概念的发展历程

关于原真性的讨论最早出现于《威尼斯宪章》（Venice Charter,1964）中，主要适用于当时欧洲国家的古迹保护与修复工作。1964 年 5 月，国际文物工作者理事会（ICOMS）在威尼斯召开会议，通过了《国际古迹保护与修复宪章》（即著名的《威尼斯宪章》）。《威尼斯宪章》对原真性的阐述体现于具体的遗产保护的实践中，指出："世世代代人民的历史古迹，饱含着过去岁月的信息；留存至今，成为人们古老的历史活的见证。人们越来越意识到人类价值的统一性，并把古代遗迹看作共同的遗产，认识到为后代保护这些古迹的共同责任。传递其原真性的全部信息是我们的职责。"① 其后《关于原真性的奈良文件》（1994）和《实施〈保护世界文化与自然遗产公约〉的操作指南》（1977－2012）都对原真性进行了论述。②

《关于原真性的奈良文件》继承了《威尼斯宪章》的精神，并对其进行了延伸，它在文化多样性的基础上对遗产的原真性进行了阐述，提出了较为完整的关于原真性的概念框架，其观点后来纳入了《实施〈保护世界文化与自然遗产公约〉的操作指南》中。《关于原真性的奈良文件》指出遗产的价值取决于该价值信息源的可信性和真实性，文化遗产价值和相关信息来源可信性的评价标准在不同的文化环境中存在不同，甚至同一种文化内也存在差异，因此必须将文化遗产放在其所处的文化背景中评判。同时《关于原真性的奈良文件》还重新定义了原真性，其第十三款指出："基于文化遗产的本性以及文脉关系，原真性的判别会与各种大量信息源中有价值的部分有关联。信息源的各方面包括形式与设计、材料与物质、使用与功能、传统与技术、位置与环境、精神与感受以及其他内在的、外部的因素。允许利用这些信息源检验文化遗产在艺术、历史、社会和科学等维度的详尽状况。"③

---

①张松：《城市文化遗产保护国际宪章与国内法规选编》，上海：同济大学出版社，2007 年，第 42－43 页。

②《实施〈保护世界文化与自然遗产公约〉的操作指南》（1977－2012），联合国教科文组织网站：http://whc.unesco.org/en/guidelines.

③张松：《城市文化遗产保护国际宪章与国内法规选编》，上海：同济大学出版社，2007 年，第 92－93 页。

《关于原真性的奈良文件》颁布后，文化遗产的原真性思想在国际范围内引起了广泛的讨论，陆续颁布了一系列国际文件，如《圣安东尼声明》（1996）、《非洲文化背景下遗产保护的真实性和完整性：大津巴布韦专家会议》（2000）、《会安草案——亚洲最佳保护范例》（2005），这些国际文件进一步丰富了国际社会对于文化遗产原真性的认知。

《实施〈世界遗产公约〉操作指南》（以下简称《操作指南》）也对原真性问题进行了讨论。原真性概念最早出现于 1977 年版的《操作指南》中，主要继承了《威尼斯宪章》中的原真性精神，其后《操作指南》不断修改和完善，其中 2005 年版的《操作指南》对原真性概念进行了大幅度的修订。《实施〈世界遗产公约〉操作指南》（2005）中在继承了《关于原真性的奈良文件》中关于原真性思想的同时，对其进行了补充。《操作指南》将《关于原真性的奈良文件》文化遗产的原真性的信息内容扩充为：形式与设计；材料与材质；利用与功能；传统、技术与管理体系；位置与环境；语言与非物质遗产的其他形式；精神与情感；其他内在因素和外在因素。《操作指南》指出："精神和感觉这样的特征在真实性评估中虽不易操作，却是评价一个地方特征和气质的重要指标，例如，在保持传统和文化连续性的社区中。"此外，《操作指南》还对信息来源进行了界定："'信息来源'指所有物质的、书面的、口头和图形的信息，以使理解文化遗产的性质、特征、意义和历史成为可能。"[①] 2005 年版的《操作指南》主要继承了《关于原真性的奈良文件》的原真性思想，因此除了个别改动外，基本与《关于原真性的奈良文件》相一致。

实际上，"原真性是定义、评估和监控文化遗产的一项基本因素的观点在国际上已达成了普遍共识。围绕着原真性问题的国际讨论，正是说明了世界文化和遗产的多样性，以及对这种文化多样性的认同和尊重"[②]。随着遗产保护热潮的兴起和不断发展，国际社会对于遗产

---

[①]《实施〈保护世界文化与自然遗产公约〉的操作指南》（2005），联合国教科文组织网站：http://whc.unesco.org/en/guidelines.

[②] 阮仪三、林林：《文化遗产保护的原真性原则》，《同济大学学报》（社会科学版），2003 年第 2 期，第 2 页。

原真性的认识在不断加深，遗产原真性认识的发展是国际社会不断总结现有遗产保护经验的基础的结果，反过来遗产认识的加深又可以更好地推动遗产保护工作的开展。

## （二）完整性

相对于原真性概念来说，学术界对于完整性概念的讨论相对较少。完整性（Integrity）一词源于拉丁词根，表示尚未被人打扰的原初状态（Intact and Original Condition）。《威尼斯宪章》是较早提出完整性概念的国际文献，其第十四条指出："古迹遗址必须成为专门照管对象，以保护其完整性（Integrity），并确保用恰当的方式进行清理和开放展示。"与此同时，宪章还要求保护古迹周边的环境，宪章第六条指出："古迹的保护意味着对一定范围环境的保护。凡现存的传统环境必须予以保持，决不允许任何导致群体和颜色关系改变的新建、拆除或改动行为。"① 其后《内罗毕建议》《关于乡土建筑遗产的宪章》《西安宣言》《世界遗产操作指南》等进一步完善了"完整性"概念。

1976 年联合国教科文组织颁布的《关于历史地区的保护及其当代作用的建议》（简称《内罗毕建议》），指出历史地区及其环境是世界遗产的组成部分，应该得到保护。其中"'环境'是指影响观察这些地区的动态、静态方法的、自然或人工的环境"（第一条）。"每一历史地区及其周围环境应从整体上视为一个相互联系的统一体，其协调及特性取决于它的各组成部分的联合，这些组成部分包括人类活动、建筑物、空间结构及周围环境。因此一切有效的组成部分，包括人类活动，无论多么微不足道，都对整体具有不可忽视的意义"（第三条）。② 《内罗毕建议》强调了历史地区及其周围环境的重要性，并将其作为一个相互联系的整体，指出了部分对整体的重要性。

1999 年，国际古迹遗址理事会第十二届全体大会通过了《关于乡土建筑遗产的宪章》，宪章在"乡土建筑的改造过程"中指出："为了

---

① 张松：《城市文化遗产保护国际宪章与国内法规选编》，上海：同济大学出版社，2007 年，第 42 页。

② 张松：《城市文化遗产保护国际宪章与国内法规选编》，上海：同济大学出版社，2007 年，第 70 页。

与可接受的生活水平相协调而改造和再利用乡土建筑时，应该尊重建筑的结构、性格和形式的完整性。在乡土形式不间断地连续使用的地方，存在于社会中的道德准则可以作为干预的手段。"①

2005 年，《西安宣言》将文化遗产的保护范围扩大到遗产周边环境。《西安宣言》第一条指出："遗产建筑、遗址或地区的环境界定为直接的和扩展的环境，是其重要性和独特性的组成部分（或贡献者），除实体和视觉方面的含义外，环境还包括与自然环境之间的相互作用，过去的或现在的社会和精神活动、习俗、传统知识、用途活动以及其他无形文化遗产形式。"② 这里的周边环境不仅指实体和视觉方面的含义，还指与之相关的非物质文化形态。过去的文化遗产保护忽视了环境因素，文化遗产环境因素的消失，直接影响文化遗产的呈现，"广义的文化遗产概念，应考虑到存在于文化和社会中的传统和相互关系的巨大差异，扩展到把整个环境包容进来"③。

此外，《世界遗产操作指南》对完整性概念进行了较多的论述。2002年以前的《操作指南》中，对于完整性的阐述主要面向自然遗产。2005版《操作指南》对完整性概念进行了较大的调整，摆脱了过去将原真性和完整性分别作为自然遗产与文化遗产的判断依据，而将二者统一并入"突出的普遍价值"，明确指出完整性是文化遗产的评价标准之一。《操作指南》对完整性概念进行了详细论述：④

87. 所有申报《世界遗产名录》的遗产必须具有完整性。

88. 完整性用来衡量自然和/或文化遗产及其特征的整体性和无缺憾状态。因而，审查遗产完整性就要评估遗产满足以下特征的程度：a）包括所有表现其突出的普遍价值的必要因素；b）形体上足够大，

①张松：《城市文化遗产保护国际宪章与国内法规选编》，上海：同济大学出版社，2007年，第117页。

②张松：《城市文化遗产保护国际宪章与国内法规选编》，上海：同济大学出版社，2007年，第92—93页。

③张松：《建筑遗产保护的若干问题探讨——保护文化遗产相关国际宪章的启示》，《城市建筑》，2006年第12期，第11页。

④《实施〈保护世界文化与自然遗产公约〉的操作指南》（2005），联合国教科文组织网站：http://whc.unesco.org/en/guidelines.

确保能完整地代表体现遗产价值的特色和过程；c）受到发展的负面影响和/或被忽视。上述条件需要在完整性陈述中进行论述。

89. 依据标准（i）至（vi）申报的遗产，其物理构造和/或重要特征都必须保存完好，侵蚀退化也得到控制。能表现遗产全部价值绝大部分必要因素也要包括在内。文化景观、历史名镇或其他活遗产中体现其显著特征的种种关系和能动机制也应予保存。①

90. 所有依据标准（vii）至（x）申报的遗产，其生物物理过程和地貌特征应该相对完整。当然，由于任何区域都不可能是完全天然，且所有自然区域都在变动之中，某种程度上还会有人类的活动。包括传统社会和当地社区在内的人类活动常常发生在自然区域内。这些活动常因具有生态可持续性而被视为同自然区域突出的普遍价值相一致。

91. 另外，对于依据标准（vii）至（x）申报的遗产来说，每个标准又有一个相应的完整性条件。

92. 依据标准（vii）申报的遗产应具备突出的普遍价值，且包括保持遗产美景的必要地区。例如，某个遗产的景观价值在于它的瀑布，那么只有将临近的积水潭和下游地区同保持遗产美学价值密切相连、统一考虑，才能满足完整性条件。

93. 依据标准（viii）申报的遗产必须包括其自然关系中所有或大部分重要的相互联系、相互依存的因素。例如，"冰川期"遗址要满足完整性条件，则需包括雪地、冰河本身和凿面样本、沉积物和拓殖（例如，条痕、冰碛层及植物演替的先锋阶段等）。如果是火山，则岩浆层必须完整，且能代表所有或大部分的火山岩种类和喷发类型。

94. 依据标准（ix）申报的遗产必须具有足够大小，且包含能够展示长期保护其内部生态系统和生物多样性的重要过程的必要因素。例如，热带雨林地区要满足完整性条件，需要在海平面上有一定的垂直变化、多样的地形和土壤种类，群落系统和自然形成的群落；同样，

---

① 这些标准起初分为两组，标准（i）至（vi）适用于文化遗产，标准（i）至（iv）适用于自然遗产。世界遗产委员会第6届特别会议决定将这十个标准合起来（第6EXT.COM 5.1号决定）。将完整性条件应用于依据标准（i）至（vi）的申报的遗产例证尚在开发。

珊瑚礁必须包括，诸如海草、红树林和其他为珊瑚礁提供营养沉积物的临近生态系统。

95. 依据标准（x）申报的遗产必须是生物多样性保护的至关重要的价值。只有最具生物多样性和/或代表性的申报遗产才有可能满足该标准。遗产必须包括某生物区或生态系统内最具多样性的动植物特征的栖息地。例如：要满足完整性条件，热带草原需要具有完整的、共同进化的草食动物群和植物群；一个海岛生态系统则需要包括地方生态栖息地；包含多种物种的遗产必须足够大，能够包括确保这些物种生存的最重要的栖息地；如果某个地区有迁徙物种，则季节性的养育巢穴和迁徙路线，不管位于何处，都必须妥善保护。

尽管 2005 版《操作指南》完整性概念已经摆脱了以往版本中单指自然遗产的问题，开始将文化遗产纳入其中，但是其对于完整性的描述还存在一定缺陷，"有关文字论述仅是对 2002 版《操作指南》相应段落的简单拼合，这使得调整后的表达仍显意犹未尽"[①]。

在世界遗产领域，多年来"'完整性'的概念和要求一般被应用于自然遗产。关于文化遗产，主要关注点在于'真实性'。人们拘泥于从结构上保存历史文化遗产'完整性'的不现实，曾忽略了从深层次、全方位理解文化遗产'完整性'的重要意义。"[②] 随着遗产保护热潮的逐步兴起，遗产的完整性概念不断发展完善，尤其是将文化遗产纳入其中，这对于国际遗产保护事业的发展来说是一个巨大的进步。目前将完整性概念应用于文化遗产已经成为共识，张成渝就曾指出文化遗产也存在完整性的问题，这种完整性既包括有形的范围上的完整，也包括无形的文化概念上的完整性，在现实中不能机械地运用《操作指南》等国际文献的对于文化遗产对应原真性和自然遗产对应完整性

---

①张成渝：《原真性与完整性：质疑、新知与启示》，《东南文化》，第 2012 年第 1 期，第 29 页。

②郭旃：《"西安宣言"——文化遗产环境保护新准则》，《中国文化遗产》，2005 年第 6 期，第 6—7 页。

的规定来解决实际中的问题。①

　　作为文化遗产保护的核心概念，文化遗产的原真性与完整性概念为我们保护传统文化提供了标准尺度，在对传统文化的保护过程中，应以这两个概念为检验标准，进行具体的操作。

## 三、相关国际文献概述

　　"文化遗产是人类世世代代的创造和积累,积淀着各个历史时期的杰出贡献。人类社会的发展是建立在对过去文化、智慧和结晶的总结上，通过文化遗产，人们才能够认识自己从何处而来，认识祖先如何一步步走到今天。由此更加清晰地了解人类的追求，明确我们如何走向明天，走向未来。"② 自 20 世纪中叶以来，受文物走私、偷盗、战争、环境破坏以及现代化冲击的影响，文化遗产受到了严重威胁，为了更好地保护文化遗产，国际社会加强相互之间的交流和合作，制定了一系列国际文献。③

　　第一个比较重要的文化遗产保护国际文献是《雅典宪章》。在欧洲历史遗产保护运动的推动下，1931 年雅典举行了历史性纪念物建筑师及技师国际会议第一次会议，会议通过了《关于历史性纪念物修复的雅典宪章》（简称《雅典宪章》）。《雅典宪章》关注的是文物建筑单体和局部保护，宪章主要思想就是通过立法、行政、技术、国际合作等手段来保护文物古迹的历史特征。④《雅典宪章》是 20 世纪 60 年代以后一系列关于文化遗产保护国际文件的先驱，为之后众多的文化遗产保护文献的颁布奠定了基础。

　　在《雅典宪章》的基础上，1964 年第二届历史古迹建筑师及技师

①张成渝、谢凝高：《"真实性和完整性"原则与世界遗产保护》，《北京大学学报》（哲学社会科学版），2003 年第 2 期，第 64 页。

②单霁翔：《阅读一座城市》，《中国教育报》，2010 年 7 月 22 日，第 006 版。

③郭玉军、唐海清：《文化遗产国际法保护的历史回顾与展望》，《武大国际法评论》，2010 年第 S1 期，第 4 期。

④张松：《城市文化遗产保护国际宪章与国内法规选编》，上海：同济大学出版社，2007 年，第 35－37 页。

国际会议在威尼斯召开，会议通过了《国际古迹保护与修复宪章》(简称《威尼斯宪章》)。《威尼斯宪章》是关于古迹保护的第一个国际宪章，其第一条指出："历史古迹的概念不仅包括单体建筑物，而且包括能从中找出一种独特的文明、一种有意义的发展或一个历史事件见证的城市或乡村环境。这不仅适用于伟大的艺术作品，而且亦适用于随时光流逝而获得文化意义的过去一些较为朴实的作品。"在对历史古迹的保护范围进行界定的基础上，《威尼斯宪章》对古迹的保护、修复、发掘以及出版等进行了详细规定，体现了其对历史古迹的原真性和完整性的关注。[①]《威尼斯宪章》希望建立保护和修复古建筑国际公认的原则，但是由于其主要以欧洲为中心，随着《威尼斯宪章》应用范围的扩大，其文化代表性的不足逐渐显现出来。

由于《威尼斯宪章》对于历史古迹的保护修复没有对特殊问题进行讨论，为了弥补这一不足，国际古迹遗址理事会与国际历史园林委员会于1981年在佛罗伦萨召开会议，起草了一份以该城市命名的历史园林保护宪章，即《佛罗伦萨宪章》，作为《威尼斯宪章》的附件。《佛罗伦萨宪章》指出，由于"历史园林是一主要由植物组成的建筑构造，因此它是具有生命力的，即指有死有生"(第二条)，"作为古迹，历史园林必须根据威尼斯宪章的精神予以保存。然而，既然它是一个活的古迹，其保存必须根据特定的规则进行，此乃本宪章之议题"(第三条)。此外《佛罗伦萨宪章》还对历史园林的维护、保护、修复、重建、利用、法律和行政保护等进行了叙述。[②]《佛罗伦萨宪章》与《威尼斯宪章》是一脉相承的关系，是《威尼斯宪章》在历史园林这一特殊历史遗产领域的延伸。由于历史园林是具有生命力的文化遗产，因此在对其保护过程中，应与一般的文物古迹不同，而《威尼斯宪章》对这一方面没有明确的界定，《佛罗伦萨宪章》则弥补了这一不足。

由于年久腐变，文化和自然遗产受到了越来越严重的破坏，社会

---

①张松：《城市文化遗产保护国际宪章与国内法规选编》，上海：同济大学出版社，2007年，第42—43页。

②张松：《城市文化遗产保护国际宪章与国内法规选编》，上海：同济大学出版社，2007年，第81—83页。

经济的变化加剧了这种现象。同时国家一级保护由于缺乏相应的经济、科学和技术条件得不到很好的实行，作为全人类共同的遗产，文化和自然遗产的保护需要全人类的共同努力。在这种情况下，1972 年联合国教科文组织大会在巴黎举行第十七届会议，通过了《保护世界文化和自然遗产公约》（以下简称《公约》）。《公约》将文化和自然遗产作为其保护对象，并对文化和自然遗产进行了界定。此外，《公约》还提出了遗产国家和国际保护的措施、设立保护世界文化和自然遗产基金、建立保护世界文化和自然遗产政府间委员会、制定《世界遗产目录》和《处于危险的世界遗产目录》以及通过教育计划加强本国民众对文化和自然遗产的认识等一系列保护文化和自然遗产的条款。[①]《保护世界文化和自然遗产公约》的颁布对于世界文化遗产的保护具有重要的意义，作为当前世界遗产保护的纲领性文件，《公约》的颁布和实施为世界范围内的文化遗产的保护提供了国际性的章程和制度化保障，推动了世界范围内的文化遗产保护方面的合作和交流，有力地促进和带动了世界遗产保护热潮的兴起。

为了协助《保护世界文化和自然遗产公约》的具体实施，世界遗产委员会制定了《实施〈保护世界文化与自然遗产公约〉的操作指南》（以下简称《操作指南》）。《操作指南》的宗旨在于协助《保护世界文化和自然遗产公约》的实施，并为开展下列工作设定相应的程序："a）将遗产列入《世界遗产名录》和《濒危世界遗产名录》；b）世界遗产的保护和管理；c）世界遗产基金项下提供的国际援助；d）调动国内和国际力量为《公约》提供支持。"[②]《操作指南》是世界遗产事务开展的操作性规范，为了顺应世界遗产委员会的决策变化，《操作指南》会定期修改，自 1977 年颁布以来，经过不断修订，迄今已有十几个版本，最新版本的《操作指南》于 2012 年颁布。《操作指南》对《世界遗产名录》相关内容、列入《世界遗产名录》的相关程序、世界遗产

---

[①]《保护世界文化和自然遗产公约》，联合国教科文组织网站： http://www.unesco.org new/zh/culture/.

[②]《实施〈保护世界文化与自然遗产公约〉的操作指南》（2005），联合国教科文组织网站： http://whc.unesco.org/en/guidelines.

保护状况的监测程序、缔约国为实施《世界遗产公约》递交的定期报告、缔约国对《世界遗产公约》的支持以及世界遗产基金会和国际援助等相关内容进行了详细介绍。

第二次世界大战后，随着经济的复苏，大量人口涌入城市，需要进行大规模的住宅建设，但是由于在交通和住宅建设过程中破坏了老城区，导致历史环境被破坏，城镇的历史文脉被割断。人们意识到为了更好地保护历史城镇，不仅要保护文物建筑，而且要保护成片的历史街区，以更好地反映城镇的历史风貌特点，保持城镇历史的连续性。[①]在此背景下，联合国教科文组织和国际遗产理事会制定了《内罗毕建议》和《华盛顿宪章》。《内罗毕建议》和《华盛顿宪章》是针对历史地段保护的国际文件。

1976年，联合国教育、科学及文化组织大会第十九届会议通过了《关于历史地区的保护及其当代作用的建议》（简称《内罗毕建议》）。《内罗毕建议》提出的历史地段内容包括了广泛的内容，《内罗毕建议》第一条指出："'历史和建筑（包括本地的）地区'是指包含考古和古生物遗址的任何建筑群、结构和空旷地，它们构成城乡环境中的人类居住地，从考古、建筑、史前史、历史、艺术和社会文化的角度看，其凝聚力和价值已得到认可。在这些性质各异的地区中，可特别划分为以下各类：史前遗址、历史城镇、老城区、老村庄、老村落以及相似的古迹群。"《内罗毕建议》指出历史地区及其环境，应当得到有效的保护，主张通过立法及行政措施、技术、经济和社会措施，加强教育研究和国际合作来对历史地区进行保护。[②]《内罗毕建议》标志着文化遗产的保护由文物建筑开始向历史地段、历史街区演变。

为了保护受工业化威胁的历史城区，1987年国际古迹遗址理事会在华盛顿通过了《保护历史城镇与城区宪章》（又称《华盛顿宪章》）。《华盛顿宪章》规定了保护历史城镇和城区的原则、目标和方法，进一步扩大了历史古迹保护的概念和内容，提出了历史地段和历史城区的

---

①王景慧：《"真实性"和"原真性"》，《城市规划》，2009年第11期，第69页。
②张松：《城市文化遗产保护国际宪章与国内法规选编》，上海：同济大学出版社，2007年，第69—75页。

概念。《华盛顿宪章》指出历史城区"包括城市、城镇以及历史中心或居住区，也包括其自然的和人造的环境"（定义序言第二条）。《华盛顿宪章》指出历史城区的保护内容包含以下几方面："（一）用地段和街道说明的城市的形制；（二）建筑物与绿地和空地的关系；（三）用规模、大小、风格、建筑、材料、色彩以及装饰说明的建筑物的外貌，包括内部的和外部的；（四）该城镇和城区与周围环境的关系，包括自然的和人工的；（五）长期以来该城镇和城区所获得的各种作用"（原则目标第二条）。在处理现代化、工业化所带来的城市问题，解决现代生活与城市保护之间的关系方面，其指出由于"自然侵蚀和为了满足社会发展和工业化的需求而在各地进行的人为破坏或销毁"给历史城市的发展带来了严重威胁，为此要"寻求促进这一地区私人生活和社会生活的协调方法，并鼓励对这些文化财产的保护""'保护历史城镇与城区'意味着这种城镇和城区的保护、保存和修复及其发展并和谐地适应现代生活所需的各种步骤""新的作用和活动应该与历史城镇和城区的特征相适应，使这些地区适应现代生活需要认真仔细地安装或改进公共服务设施"[①]。《华盛顿宪章》是作为《威尼斯宪章》的补充文件而提出的，它不仅提出了历史地段和历史城区的概念，而且提出了如何协调文化遗产保护与现代生活之间的矛盾，将城市文化的保护纳入了城市规划当中。

1994 年，联合国教科文组织、国际文化遗产保护与修复研究中心和国际古迹遗址理事会合作承办关于《保护世界文化与自然遗产公约》相关真实性的奈良会议，会议起草了关于真实性的报告《关于原真性的奈良文件》，世界遗产委员会在其第 18 次会议（1994 年泰国普吉岛）审核了该文件。《关于原真性的奈良文件》在文化的多样性的基础上对文化遗产的原真性进行了讨论，指出了原真性对于遗产保护的重要性，指出："该框架旨在以全面尊重所有社会的社会与文化价值的方式来验证真实性，并检验被列入世界遗产名单的文化资产的普遍性价值。"

---

① 张松：《城市文化遗产保护国际宪章与国内法规选编》，上海：同济大学出版社，2007 年，第 87—88 页。

"对于真实性的了解在所有有关文化遗产的科学研究，保护与修复计划以及《世界遗产公约》与其他遗产名单收录程序中都起着至关重要的基本作用。"①《关于原真性的奈良文件》继承了《威尼斯宪章》的文化遗产保护原真性的精神，并在此基础上加以延伸。

2005 年在中国古城西安召开国际古迹遗址理事会第 15 届大会，会议通过了保护文化遗产环境的《西安宣言》。《西安宣言》突出了环境对于文化遗产保护的重要性，认为"周边环境"是体现文化遗产原真性的一部分。《西安宣言》指出了环境对历史建筑、古遗址和历史地区具有的重要意义，并希望通过以下措施来保护遗产周边的环境：记录和阐述不同背景下的环境；通过规划工具与规划实践保护和管理环境；对影响环境的变化进行监控与管理；与当地跨学科领域和国际社会进行合作，增强环境保护和管理意识。② 以往的国际文献虽然开始关注文化遗产保护中的环境问题，但是对于相关的内容还缺乏一个明确的认识，《西安宣言》则系统全面地指出了环境对于遗产保护的重要意义。"《西安宣言》是文化遗产保护事业从理念和理论迈入历史新阶段的成熟表征。它系统地宣告相关环境是遗产完整价值不可缺少的组成部分，而不是可有可无的附着物。"③

## 四、非物质文化遗产保护理念的形成和发展

国际社会开始关注非物质文化遗产，一定程度上受日本无形文化财观念的影响。1950 年，日本颁布了《文化财保护法》，明确提出要保护无形文化财；其后日本陆续颁布了多部法律法规都涉及了无形文化财，如《应采取助成措施的无形文化遗产的指定基准》（1951）、《文

---

①张松：《城市文化遗产保护国际宪章与国内法规选编》，上海：同济大学出版社，2007 年，第 92－93 页。

②张松：《城市文化遗产保护国际宪章与国内法规选编》，上海：同济大学出版社，2007 年，第 150－154 页。

③郭旃："西安宣言"——文化遗产环境保护新准则》，《中国文化遗产》，2005 年第 6 期，第 7 页。

化遗产保护法部分修正案》（1954）等。[①]

日本对于非物质文化遗产的关注一定程度上推动了国际社会对于非物质文化保护工作的开展。1989 年 11 月联合国教科文组织在第 25 届大会上通过了《保护民间创作建议书》，呼吁国际社会加强合作促进传统文化的保护。为了应对非物质文化遗产面临消失的威胁，更好地保护非物质文化遗产，1997 年，联合国教科文组织第 29 届大会通过了建立"人类口头和非物质遗产代表作"的决议。其指出联合国教科文组织在各成员国申报的基础上，每两年宣布一次"人类口头和非物质遗产代表作"。2001 年 5 月，联合国教科文组织宣布了首批 19 个"人类口头及无形文化遗产代表作"，我国昆曲位列其中；次年联合国教科文组织又通过了《伊斯坦布尔宣言》，陈述了非物质文化遗产的重要性与紧迫性，呼吁各国采取措施保护非物质文化遗产，加强国际的交流和协作。[②]

在上述基础上，2003 年 9 月 29 日至 10 月 17 日，联合国教育、科学及文化组织大会在巴黎举行第 32 届会议，通过了《保护非物质文化遗产公约》。该公约指出非物质文化遗产与文化遗产和自然遗产有着密切的联系，发展非物质文化遗产有利于文化的多样性发展。虽然在非物质文化遗产保护方面我们进行了积极努力，但是随着全球化和社会转型的加快，非物质文化遗产遭到了越来越严重的破坏。为了提高人们对非物质文化遗产保护的认识，补充现有的国际文献，在已有研究的基础上，联合国教科文组织通过了《保护非物质文化遗产公约》。该公约对非物质文化遗产进行了界定，从国家与国际两个层面提出了保护非物质文化遗产的具体方法和措施。从国家层面来看，缔约国要拟定非物质文化遗产清单，清单进行定期更新，并通过教育和宣传，能力培养，鼓励社区、群体和个人参与等措施，保护非物质文化遗产。同时还要通过下列措施，保护非物质文化遗产："制定一项总的政策，

---

①王晓葵：《日本非物质文化遗产保护法规的演变及相关问题》，《文化遗产》，2008 年第 2 期，第 135 页。

②王鹤云：《建立国际合作机制保护非物质文化遗产》，《中国文化报》，2002 年 9 月 21 日第 1 版。

使非物质文化遗产在社会中发挥应有的作用，并将这种遗产的保护纳入规划工作；指定或建立一个或数个主管保护其领土上的非物质文化遗产的机构；鼓励开展有效保护非物质文化遗产，特别是濒危非物质文化遗产的科学、技术和艺术研究以及方法研究；采取适当的法律、技术、行政和财政措施。"从国际层面来看，"为了扩大非物质文化遗产的影响，提高对其重要意义的认识和从尊重文化多样性的角度促进对话"，要制定人类非物质文化遗产代表作名录，为了使一些濒危的非物质文化遗产得到保护，还要制定"急需保护的非物质文化遗产名录"。[①] 同时，非物质文化遗产委员会要接受、审议和批准缔约国的申请，并在遴选的基础上，配合缔约国开展保护非物质文化遗产的计划、项目和活动，并推广有关经验。此外，《保护非物质文化遗产公约》规定要设立缔约国大会和政府间非物质文化遗产委员会，加强国际合作与援助，设立非物质文化遗产基金等措施来促进非物质文化遗产的保护。《保护非物质文化遗产公约》是非物质文化遗产保护的里程碑，补充了《世界遗产公约》对于非物质文化遗产的缺失，推动了世界范围内的非物质文化的保护。

除了上述国际文献外，还存在大批关于文化遗产保护的国际文献。如《关于保护景观和遗址的风貌与特性的建议》（1962 年）、《关于保护受到公共或私人工程危害的文化财产的建议》（1968 年）、《关于在古建筑群中引入现代建筑的布达佩斯决议》（1972）、《关于历史性小城镇保护的国际研讨会的决议》（1975）、《关于历史地区的保护及其当代作用的建议》（1976 年）、《保护和发展历史城市国际合作苏州宣言》（1998）、《北京宪章》（1999）、《北京共识》（2000）、《会安协议》（2001）、《保护水下文化遗产公约》（2001）、《保护和促进文化表达形式多样性公约》（2005）、《维也纳保护具有历史意义的城市景观备忘录》（2005）、《城市文化北京宣言》（2007），等等，这些国际文献与上述文献共同推动了国际社会遗产保护工作的开展。

---

① 《保护非物质文化遗产公约》，联合国教科文组织网站， http://www.unesco.org/new/zh/culture/.

## 五、文化遗产保护的几个发展趋势和特点

总结上述国际文献，我们可以发现文化遗产保护的几个发展趋势和特点：

首先，保护的范围越来越广泛，表现为从文物建筑单体和局部关注到整个历史城区、历史地段的关注；从物质文化到非物质文化的关注；从文化遗产本身到遗产周围环境的关注。（1）从文物建筑单体和局部关注到整个历史城区、历史地段的关注。《雅典宪章》强调单体和局部保护，《威尼斯宪章》则不仅强调单体局部保护，还主张保护具有历史和文明意义的城市或乡村环境，《内罗毕建议》和《华盛顿宪章》则将保护范围扩展为历史地段。（2）从物质文化到非物质文化。从文化遗产保护的上述国际文献来看，对比物质文化遗产来说，对于非物质文化遗产关注相对较晚。《雅典宪章》《威尼斯宪章》《内罗毕建议》《华盛顿宪章》等较早出现的关于文化遗产的国际文献，主要关注文物古迹、历史城市等物质实体，基本没有涉及非物质文化。《保护世界文化和自然遗产公约》则明确指出文化遗产包括文物古迹、建筑群和遗址三部分，将非物质文化遗产排除在外。但是随着遗产保护运动的推动，国际社会逐渐开始关注非物质文化遗产，由此颁布了多部保护非物质文化遗产的国际文献，其中《保护非物质文化遗产公约》的颁布是非物质文化遗产保护的里程碑。（3）从文化遗产本身到遗产周围环境的关注。在文化遗产的保护过程中，《威尼斯宪章》《内罗毕建议》《华盛顿宪章》虽然部分涉及了遗产周围的环境保护，但是侧重点主要还是文化遗产本身，而且其所指的环境"多数情况下是物质实体的，或者是基于空间或视觉上的关联性的"，而《西安宣言》"将文化遗产的保护范围扩大到遗产周边环境，以及环境所包含的一切历史的、社会的、精神的、习俗的、经济的和文化的活动"[1]。

---

[1] 张松：《城市文化遗产保护国际宪章与国内法规选编》，上海：同济大学出版社，2007年，第12页。

其次，国际文献之间存在承接关系。上述国际文献存在着密切的联系，后期国际文献的保护理念和思想主要是在前期国际文献的基础上继承和发展而来的，其中《威尼斯宪章》是后续众多国际文件的基础。《威尼斯宪章》是在《雅典宪章》基础上提出的，其后的国际文献如《佛罗伦萨宪章》《华盛顿宪章》《关于原真性的奈良文件》等继承了其遗产保护精神，并在此基础上进行了扩展，如《佛罗伦萨宪章》将《威尼斯宪章》的遗产保护精神延伸到历史园林；《关于原真性的奈良文件》继承了《威尼斯宪章》的原真性精神；《华盛顿宪章》则将《威尼斯宪章》的文化遗产保护范围扩展到历史地段和历史城镇等。《保护世界遗产公约》也是在已有的遗产保护国际文献的基础上提出的，其相关的《操作指南》则随着遗产保护概念的不断变化，不断进行完善。而《西安宣言》对遗产和古迹的周边环境的关注则是在《威尼斯宪章》《关于原真性的奈良文件》的相关精神以及联合国教科文组织的公约和建议中关于"周边环境"的概念基础上提出的。

最后，国际组织是文化遗产保护的直接推动者，在上述国际文献的产生和不断完善过程中，发挥了重要作用。目前在推动世界文化遗产保护的国际组织和机构主要有六类：（1）联合国教科文组织（UNESCO）和国际文化遗产保护与修复研究中心（ICCROM）等相关类型的政府间的公共组织机构；（2）国际工业遗产保护协会（TICCIH）和国际古迹遗址理事会（ICOMOS）等专家组成的专业性非政府组织；（3）欧洲议会、东盟（ASEAN）等地区性政府间组织；（4）世界遗产城市组织（OWHC）等与历史城市保护相关的城市间合作机构；（5）志愿者组织之类的遗产保护方面的义务性、非营利性国际团体；（6）为文化遗产保护相关调查研究或其他保护活动提供资金援助和技术等支持的民间非营利组织。在文化遗产的保护过程中，这些国际组织推动了文化遗产相关国际文献的建立，促进了文化遗产保护实践工作的开展，为世界遗产保护工作的开展做出了积极贡献。

## 六、相关文献研究

近年来在社会的推动下，文化遗产保护的重要价值已逐渐被认识到，但是在当前的城市化背景下，我国的文化遗产保护还面临着很多挑战，对此学界展开了大量的讨论。

长期以来，城市的建设和发展一直是传统文化保护工作所面临的重要挑战，当前我国的文化遗产保护虽然已经取得了一定的成绩，但不可否认，城市的建设和发展给当前的传统文化带来了巨大的冲击，对此有必要采取措施。随着我国城市化进程的加快，城市建设和发展给文化遗产带来的破坏不断增加，如城市规划不合理、建设性破坏、年久失修、错位开发、城市建筑缺乏文化内涵、不合理的城市道路建设、擅自改变文物管理体制等一系列原因造成对城市文化遗产的破坏。对于当前城市化过程中的文化遗产保护，要树立历史性城市保护的协调发展观、历史街区的整体保护观和"有机更新"观，落实到具体措施上为探索区域协调发展战略，实施"跳出旧城，发展新区"，树立城市规划中的保护观念，贯彻旧城有机更新观念，保持发扬城市特色等一系列措施，促进城市文化遗产保护。[①]

梅联华将当前我国因城市建设导致文化遗产遭破坏的现象分为建设性破坏、开发性破坏以及规划性破坏三种类型，指出要通过法律保护、全民保护、原真保护、整体保护、科技保护、动态保护等措施构建科学有效的历史文化遗产保护体系。[②]

还有学者从保护模式上提出了保护城市文化遗产的解决措施。梁航琳、杨昌鸣指出城市文化遗产保护是一个动态的过程，会随着社会的发展而变化，但是当前我国的城市文化遗产保护还是以静态保护模式为主，这种静态保护模式"以控制性措施为主，局限于保护过去；保护范围过于狭隘，方法比较单一；时间维度拘囿于过去，较少考虑

---

[①] 单霁翔：《城市化发展与文化遗产保护》，天津：天津大学出版社，2006 年。
[②] 梅联华：《对城市化进程中文化遗产保护的思考》，《山东社会科学》，2011 年第 1 期，第 56—60 页。

现在和未来；没有在保护中将城市文化遗产作为城市总体发展的有机组成部分来考虑；在实际操作过程中，未能取得预期的效果；更多地局限于形式上的保护，缺乏实际意义上的可持续发展性"，正因为如此，在城市化进程中，这种静态保护模式呈现出了很多局限性。为了更好地保护城市化进程中的文化遗产，我们要采取动态的保护模式，将城市文化遗产的保护与城市总体环境保护与发展相协调，同时在保护过程中要因地制宜、与时俱进，使文化遗产的保护能够兼顾真实性与可持续发展的要求。①

在城市化过程中，虽然物质文化遗产和非物质文化遗产都遭受了巨大的冲击，但是由于在保护过程中普遍重物质文化遗产保护，忽视非物质文化遗产保护，因此非物质文化遗产的保护更应当得到关注。薛晓飞以北京袁崇焕祠为例，指出北京袁崇焕祠的余氏守墓现象，是一种重要的非物质文化遗产。但是，根据现有的规定，在修缮袁祠的同时，不准有人居住，使得守墓这一独特的文化现象被终结。对此，他提出了共生的文化遗产保护策略，即明确物质文化遗产与非物质文化遗产之间的关系，将两者共同保护；对非物质文化遗产进行分级保护；将文化遗产的社会价值置于经济利益之上；对于与非物质文化遗产传承密切相关的文化遗产要予以重视，避免单纯从审美、功能等价值取向评判文化遗产的重要性，保护非物质文化遗产的载体。②

随着文化遗产保护热潮的兴起，大量的文物古迹、历史街区被开发利用，在这其中不乏一些经典的文化遗产保护的模式和案例，为我们提供了宝贵的经验，如平遥古镇的保护③，以周庄为代表的江南水

---

①梁航琳、杨昌鸣：《中国城市化进程中文化遗产保护对策研究——城市文化遗产的动态保护观》，《中国城市规划学会.城市规划面对面——2005 城市规划年会论文集》（下），北京：中国城市规划学会，2005 年，第 4 页。

②薛晓飞：《守墓者的消失——城市化过程中的非物质文化遗产保护问题》，《中国风景园林学会 2011 年会论文集》（上册），北京：中国风景园林学会，2011 年，第 3 页。

③张松：《历史城镇保护的目的与方法初探——以世界文化遗产平遥古城为例》，《城市规划》，1999 年 7 期，第 49—52 页。

乡古镇保护①等。实际上，成功的文化遗产保护的范例都存在一些共同的特点。阮仪三、顾晓伟通过对我国城市历史街区保护与更新的实践模式及其利弊的综合分析，指出相对科学的保护更新模式的共同特点在于：坚持政府主导的渐进式保护更新，坚持保护的原真性原则，在最大程度上保持了原社区的稳定，坚持居民参与的原则，坚持土地的非商业性开发原则。鉴于此，要加强历史街区保护与更新需要加强政府的主导作用和管理职能，坚持长期渐进的小规模"有机更新建立适应历史环境保护要求的土地开发管理新机制"原则，确保历史脉络的延续性和真实性，推动基于"社区参与"与"居民自助"的历史街区更新机制，建立适应历史环境保护要求的土地开发管理新机制。②

在城市化背景下，文化遗产与旅游也是学者讨论较多的问题，如何在旅游开发过程中，保护好文化遗产，实现旅游发展与文化遗产保护的共赢，长期以来一直是学界关注的问题。近年来，由于旅游业超载、错位开发等原因，我国的文化遗产正面临着严重的威胁，造成这种现象的原因主要在于将世界遗产当成旅游资源进行牟利开发，而世界遗产不等于旅游资源，世界遗产具有科研、教育、游览、启智等多种价值，而不能仅仅利用其旅游功能。③实际上在遗产地发展旅游业是一把双刃剑，其为遗产地带来经济发展机遇的同时，也带来了弊端和危害。遗产地作为特殊的旅游资源有其特殊的要求，在遗产地的旅游发展过程中我们要根据其特殊性，以保护遗产为前提和基础，旅游发展并行的原则，制定科学合理的规划，建立遗产管理者和旅游经营者良好的合作方式，寻求遗产保护和旅游发展的双赢之路。④

在遗产和经济发展之间的关系上，徐嵩龄也指出遗产具有直接和间接两个方面的经济功能，其中遗产直接的经济功能是旅游功能，间

---

①阮仪三、袁菲：《江南水乡古镇的保护与合理发展》，《城市规划学刊》，2008 年第 5 期，第52－59 页。

②阮仪三、顾晓伟：《对于我国历史街区保护实践模式的剖析》，《同济大学学报》（社会科学版），2004 年第 5 期，第 1－6 页。

③谢凝高：《"世界遗产"不等于旅游资源》，《北京规划建设》，2001 年第 6 期，第 58－59 页。

④阮仪三、肖建莉：《寻求遗产保护和旅游发展的"双赢"之路》，《城市规划》，2003 年第 6 期，第 86－90 页。

接的功能来自于遗产的环境和文化要素。在遗产保护与地方经济发展之间长期以来主要存在着两种立场，即"遗产保护应向地方经济发展让步"与"地方经济发展应向遗产保护让步"，作者认为这两种做法均不可取，遗产保护与地方经济应该是相互依赖、相互协调、相互促进的关系。[①] 作者还指出当前的遗产旅游在促进遗产保护的同时也造成了遗产的破坏，而要解决这一问题的关键就在于遗产保护能否以原真性为前提。当前我国遗产在旅游过程中受损的原因就在于三个方面：从游客方面来看，由于认识能力和水平有限，同时受金钱和时间限制，他们的遗产旅游多是走马观花式的；从遗产旅游管理单位来看，管理者水平有限以及"营利性的商业经营"模式都不利于遗产的原真性保护；从遗产旅游主管部门来看，旅游主管部门和遗产主管部门二者缺乏协调和互补，而且二者对于遗产的原真性认识并不透彻全面，建立的相关制度也不能真正以遗产保护原真性为前提。在上述三个方面中政府发挥了最为关键的作用，为了更好地保护文化遗产，要充分发挥政府的作用，同时遗产单位要加强人才队伍建设，配备高水平的管理人才。[②]

通过上述研究可以发现，国内学者已经普遍认识到城市化背景下文化遗产保护的重要性，并提出了众多的解决对策和建议，这些建议为我们探索城市化背景下传统文化的保护提供了宝贵的经验。与此同时，国际社会众多的文献也为我国当前传统文化的保护工作的开展提供了有利的借鉴。当前我国的城市化进程不断加快，给传统文化带来了巨大的机遇和挑战，为了更好地保护传统文化，我们要积极借鉴和吸取国内外传统文化保护的相关经验，更好地促进当前的城市化背景下的传统文化的保护工作的开展。

---

[①]徐嵩龄：《第三国策——论中国文化与自然遗产保护》，北京：科学出版社，2005 年，第161－163 页。

[②]徐嵩龄：《第三国策——论中国文化与自然遗产保护》，北京：科学出版社，2005 年，第173－179 页。

## 第三节　关键概念界定

### 一、城市化

　　城市化作为一个术语被广泛使用是 1900 年以后的事情[1]，但这个词的出现却已有很长的历史。有学者认为城市化这一概念最早是由马克思在 1858 年的《政治经济学批判》中提出的，他指出："现代的历史是乡村城市化，而不像在古代那样，是城市乡村化。"[2] 在这里"城市化"是指在乡村发生的一个现象，只是乡村变化的一个表现，因此马克思所说的城市化是"乡村的城市化"，而非整个社会的"城市化"，这种城市化是现代历史的一个特征。但随着城市化成为一个更广泛的学术概念，其独立性大大提高，不仅作为乡村发生的变化而被探讨，而且作为一个全社会的重要的进程而被关注，而关于城市化的含义也非常复杂。

　　与城市化概念直接相关的是对城市的界定。早期的城市理论认为区分农村和城市的主要因素是经济，工商业和贸易活动是形成城市的标志[3]。韦伯等学者的考察则更加全面，认为不能单从经济方面来解释城市，政治制度、军事防卫等方面也是定义城市的重要因素[4]。其后又有学者进一步指出城市的基础应该是文化和社会心理，城市应被看作一种心理状态和习俗及传统的体系[5]。

　　而对芝加哥学派的学者来说，城市化意味着一种生活方式，认为"城市生活方式"可以取代乡村生活方式。这个学派的核心人物是帕克和沃思。对帕克来说，城市生活就是各种"从未相互充分了解的人"

---

①高珮义：《国外关于城市化理论的研究概况》，《北京社会科学》，1990 年第 4 期，第 143 页。

②何念如：《中国当代城市化理论研究》，上海：复旦大学（学位论文），2006 年，第 22 页。

③亨利·皮雷纳：《中世纪的城市》，北京：商务印书馆，2006 年，第 84 页。

④Weber,Max（1958）. *The City*. New York: The Free Press,pp.65－89.

⑤奥斯瓦尔德·斯宾格勒：《西方的没落》（上），北京：商务印书馆，1991 年，第 200 页。

的相遇和混合①，"城市是文明人的天然栖息地"②。沃思在著名的《作为一种生活方式的城市化》一文中，试图说明城市的独特在哪里，他将城市定义为"在社会上不同的种类的个体的一个相对较大、较密集的永久居住地"，并描述了长期存在的、往往源于亲属关系的乡村的深厚关系被城市关系取代的过程，后者是非个人的、肤浅的、割裂的、非积累的、不可言喻的和变化更快的。他将城市想象成一个特别的社会系统，一个永久改变乡村生活方式——民间习俗、民间传说、所有民间的东西——的进化阶段。③ 沃思等人的研究开创了城市化研究的新路径，即"城市人口与行为理论"。

而埃尔迪吉于1942年提出"城市化是一个人口集中的过程"，包括集中点的增加和集中规模的扩大。④ 这一概念从人口角度界定城市化，对以后的城市化研究产生了很大影响，至今人口仍是考察城市化水平的重要指标。随着对城市化的关注程度日益增高，对城市化的研究也更加深入，关于城市化的看法也越来越多元。让·德·伏里从多个角度较全面地归纳了对城市化的不同看法，包括人口的城市化、行为的城市化和结构的城市化等视角。⑤ 类似的城市理论划分还有空间城市化、人的城市化等。此外，不同的学科有关城市化的研究视角也有所差异，地理学关注居民聚落和经济布局的空间区位分布以及城乡经济的和人文关系的变化；经济学通常从经济与城市的关系出发，关注城市化产生的经济根源及其对经济格局和产业格局的影响；社会学更多强调城市化的生活方式发展和强化的过程；人口学主要是观察城市人口数量的变化、城市人口规模的分布及其变动等。

以上有关城市化的看法都未从历史的角度考虑城市化在不同时期的情况，但我们必须认识到，城市化是一个过程，在不同历史发展阶

---

①Park,R.，E.Burgess，R.McKenzie（1968）. *The City*. Chicago: University of Chicago Press,p.26.

②Park,R.，E.Burgess，R.McKenzie（1968）. *The City*. Chicago: University of Chicago Press,p.3.

③Wirth, L.（1938）. "Urbanism as a Way of Life", *American Journal of Sociology*, p.44.

④Tisdale,H. Eldridge（1952）. "The Process of Urbanization", in J. Spengler （ed.）.*Demographic Analysis*. New York: The Free Press, p.338.

⑤Vries,Jan de （1984）. *European Urbanization1500-1800*. Cambridge: Harvard University Press，pp.11－12.

段有不同的特点。从考古材料看，世界上最早的城市大约出现在 5500
年前，早期城市主要分布在五个文化区域：美索不达米亚（公元前 3500
年）、尼罗河流域（公元前 3000 年）、印度河流域（公元前 2300 年）、
黄河流域（公元前 1500 年）和中美洲地区（公元前 600 年）。[①] 从某
种程度上说，城市形成和发展的历史就是城市化的历史，城市化的进
程最早可从新石器时代结束时期的"城市革命"开始考察。[②] 在初期
的城市化过程以后，城市化开始在全球范围内的扩张，一直到 18 世纪
中叶，工业革命从英国开始，将世界带进了工业化时代，现代意义的
城市化进程大规模推进。城市史学家对城市的发展阶段进行了分期，
大多数研究者都简单地以工业革命作为标志，将之前的城市称为前现
代城市，之后的城市称为现代城市，显然这不是专门为城市化阶段做
的划分，而是对整个社会历史的划分的一部分。大卫·克拉克做了更
为细致的划分，将城市发展过程划分为农业革命和工业革命两个时期，
前一时期大约发生在公元前 5000 年的近东和中东，这些地区出现了清
晰可辨的城镇和城市；后一时期即 18 世纪发源于英国的工业革命以
后，这个时期大城市和大都会迅速成长，城市结构、生活等发生了巨
大转变。[③]

　　认识到城市化作为一个历史过程，有利于本书对城市化这一范畴
进行清晰的界定。首先，本书中的城市化是指工业革命以后发生的现
代城市化过程，而且是专指当前全球化和信息化时代背景下，正发生
在中国和全世界的大规模、高速度的城市化进程，而非历史上其他时
期的城市化。同时，认识到城市化概念的复杂性和多义性，也是本书
在使用这一术语的一个基础理念。本书作者在研究过程中，不会以单
一的价值标准或取向对城市化进程及相关后果进行判断，坚持具体、
多元、全面地呈现城市化背景下传统文化的遭遇和前景是本书的基本

---

　　①陈恒：《城市起源诸理论》，载《世博会与都市发展国际学术研讨会论文集》，2010 年，第
170 页。

　　②陈春林、梅林、刘继生、韩阳：《国外城市化研究脉络评析》，《世界地理研究》，2011 年第
1 期。

　　③Clark，D.（1982）. *Urban Geography*. London: Croom Helm，pp.48－54.

原则。

因此，本书着眼的城市化进程与现实紧密结合，具有鲜明的时代特点。改革开放以来，我国城市化进程高速发展，我们可以预见，在接下来的一个时期内，我国的城市化速度还会继续加快、城市化的模式还会继续改变，因此这个阶段的城市化非常值得我们关注。

一方面，我国城市化规模的扩大是当前无法阻挡的必然趋势，也是现代化水平的一个重要标志。我国人口基数庞大，经济已高速发展多年，要进一步扩大经济规模，提高人民生活水平，走新型城镇化道路、调整产业结构是必然选择。

另一方面，政府在当前的城镇化进程中扮演着重要角色。由于城市规划理念的成熟，政府在城镇化过程中起着越来越重要的作用，城镇化不再是一个完全自然的发展过程，在我国这一点非常突出。为了促进城市进程，同时也控制城镇化带来的负面影响，将城镇化引向合适的发展方向，中国政府正努力对城市化进行引导和干预。据统计，中国共产党十七大报告全篇提及城镇化仅有两次，十八大报告中则多达七次。中国政府已经将新型城镇化作为一个大战略问题加以重视和推动，李克强近年来更在多个场合以多种形式阐述"城镇化"相关观点达十几次之多，他指出："城镇化是中国现代化进程中一个基本问题，是一个大战略、大问题。特别是在国际经济环境发生深刻变化、我国进入中等收入国家行列以及面临经济下行压力的新形势下，我们要按照贯彻落实科学发展观的要求，深入研讨城镇化科学发展的问题，这很有必要，意义重大。"①

此外，当前新型城镇化的一个重要特征是人的城镇化。所谓新型城镇化，"主要是相对于过去片面注重追求城市规模扩大、空间扩张的城镇化而言的。新型城镇化就是以现代化为目标，以人的城镇化为核心，以市场运作为主导，以内外需为牵引，以创新要素为驱动，以内涵增长为重点，以适度聚集为原则，三化互动，实现低成本、高收益，

---

①李克强：《协调推进城镇化是实现现代化的重大战略选择》，《行政管理改革》，2012年第11期。

促进城乡经济、社会、环境全面协调可持续发展的城镇化。新型城镇化是一项系统工程，具有集中化、组织化、规模化、公共化、便利化、人性化六个特点"[1]。2013年1月15日，李克强在国家粮食局科学研究院考察调研时指出，推进城镇化，核心是人的城镇化，关键是提高城镇化质量，目的是造福百姓和富裕农民。要走集约、节能、生态的新路子，着力提高内在承载力，不能人为"造城"，要实现产业发展和城镇建设融合，让农民工逐步融入城镇。要为农业现代化创造条件、提供市场，实现新型城镇化和农业现代化相辅相成。由此可见，虽然政府推进城镇化的主要目标是扩大内需，促进经济增长，但也认识到人才是城镇化过程中的核心要素，城镇化过程应以人为本。既然人的城镇化是当前新型城镇化的核心，那么我们就不能不考虑人在城镇化以后的生活问题，包括如何保持他们的生活方式和价值理念，如何维系他们的信仰体系和传统伦理等，这些都需要我们在城镇化进程中重视传统文化的保护和发展。

全球化是推动我国城镇化进程的重要力量。如今，先进科技发展、物质财富积累、民主法制健全等成为占据现代世界支配地位的价值理念，也是各国政府和人民追求的重要目标，而城镇化是实现这些目标的重要途径。在可以预见的范围内，越来越多的国家和地区，尤其是发展中国家和地区，城镇化进程会进一步推进。

当前城市化浪潮来势如此凶猛，整个社会发展日新月异，改变无时无刻不在发生，社会生活的各个层面都被波及，我们甚至无法用传统的世纪、年代等词来概括我们生活时代的特点，因为社会发展快到每年一个样甚至每月一个样，五年前生活中的物质、话题、时尚甚至价值与当前都有巨大差异。在如此迅猛的浪潮中，我们这个社会有没有沉淀下来些什么？还是说我们的传统文化在无可奈何的情况下与社会的其他方面一样泥沙俱下，一去不返了？作为一个有着悠久历史的国度，如果连最基本的价值理念、智慧结晶和生活方式都不能凝聚和

---

[1] 甘露、马振涛：《新型城镇化的核心是人的城镇化——"新型城镇化：发展与转型研讨会"述要》，《人民日报》，2012年10月29日。

保存，我们还能用什么来宣扬我们的文明呢？如果我们在时代的大潮中只能随波逐流、束手无策，那么从个体生命到群体文化存在的意义又在何处？这些便是本书试图反思的问题。

## 二、传统文化

英语中传统（Tradition）一词来源于拉丁文"Traditio"一词，有传送、交出、交接之意，其各种词形用法很常见，在拉丁文《圣经》里出现达 500 多次，动词形式多译为传递、传承，而名词形式和如今"传统"一词的用法没太大差别。[①] 中文的"传统"二字最早是分开使用的，《说文解字》曰："传，遽也，从人专声。"郭璞注："皆传车驿马之名。"同书释"统"："纪也，从丝充声。"段玉裁《说文解字注》："众丝皆得其首，是为统。"从字面意思看，"传即相传延续，统即为统一，传统的本义就是世代相传的统一之物"[②]。可见从词义学的角度，传统文化的基本含义就是历史上传承至今的统一文化。庞朴认为传统是"在以往历史中形成、诞生了现在、孕育了未来的民族精神及其表现"，并对"传统文化（Traditional Culture）"和"文化传统（Cultural Tradition）"概念进行了区分，认为前者对应于当代文化和外来文化而言，其内容为历代存在过的种种物质的、制度的和精神的文化实体和文化意识，是产生于过去、带有过去痕迹的文化遗产；而后者是无形的实体，是产生于民族历代生活中，是在人们反复实践中形成的集体意识和集体无意识，即民族精神。传统文化是形而下之器，而文化传统是形而上之道，道在器中，器不离道。[③]

如今我们说到传统文化，总会面临一个问题，即如何认识传统与现代之间的关系。在本书中，我们讨论的是城市化进程中传统文化保

①Nyíri, János Kristóf（1992）.*Tradition and individuality: Essays.* Vol. 221. Kluwer Academic Pub, p.61.

②郑杭生、费菲：《传统、理性及意识形态的多重变奏——传统观问题再探》，《河北学刊》，2009 年第 6 期。

③庞朴：《一分为三——中国传统思想考释》，深圳：海天出版社，1995 年，第 326—327 页。

护的问题，这个题目很容易掉入一个将传统与现代对立起来的陷阱。早期的社会思想家在理解现代性时，就是通过与传统进行区分而完成的。如马克斯·韦伯认为现代与西方理性主义之间有内在的联系，理性化的过程导致了西方宗教图景的瓦解，形成了社会的世俗化。同时，西方社会结构也在目的理性的驱使下发生改变，以资本主义企业和官僚国家机器为核心的两大系统走向分化。此外，前现代根据个体职业而定的传统生活方式也消失了，但这并非目的理性造成的，涂尔干和米德认为理性化的生活世界，更多在于对丧失了本质特性的传统进行反思；在于对行为规范的推广，将交往行为从狭隘的语境中解放出来并扩大普及；最终还在于以培养抽象个体认同为目标和促使成年个体化的社会模式。这就是古典社会理论家所描绘的现代图景。① 这种图景实际上留下了一个"现代/理性－传统/非理性"的对立模式。20 世纪 50 年代以后，"现代化"作为一个术语被广泛使用，学者们用社会学功能主义方法论对其加以讨论，这种方法隔断了现代性与西方理性主义的历史语境之间的内在联系。② 如此一来，"现代化"就不再是与"传统"割裂的一段历史客观化存在，也不是最终会被"后现代"所取代的一个阶段，而成为一个自律的、独立向前发展的一个过程。

　　"现代"如此，"传统"也是如此，不是一个客观化的、具备某些固定属性的实体，而是绵延不断的过程，正如黑格尔所言，传统"不是一尊不动的石像，而是生命洋溢的，有如一道洪流，离开它的源头愈远，它就膨胀得愈大"③。可见，"传统"与"现代"不是时间上先行后继的两个历史阶段，它们的关系不是过去与现在的关系。尽管传统看起来总是与过去有千丝万缕的联系，但传统并非仅仅来自过去，而是贯穿于整个历史阶段，既存在于过去，也存在于现在和未来，传统是一个不断被创造的过程。

　　霍布斯鲍姆等学者的经典著作《传统的发明》向我们呈现了流行在近代的英国传统被建构出来的过程，他们考察苏格兰褶裙、威尔士

---

①哈贝马斯：《现代性的哲学话语》，曹卫东等译，南京：译林出版社，2004 年，第 1—2 页。
②哈贝马斯：《现代性的哲学话语》，曹卫东等译，南京：译林出版社，2004 年，第 2—3 页。
③黑格尔：《哲学史演讲录》，北京：商务印书馆，1978 年，第 8 页。

旧的生活方式、英国皇家仪式、英属印度庆典、非洲中产阶级生活方式等大量看似历史悠久的传统，其起源时间往往相当晚近，而且有时候是被"发明"出来的。霍布斯鲍姆认为，当社会迅速转向削弱甚至摧毁了那些与"旧"传统相适应的社会模式，并产生了旧传统已不能适应的新社会模式时，或这些旧传统及其传播载体不再具有充分的适应性和灵活性时，传统的"发明"就会变得更加活跃。① 而近年来，中国正处于这种剧烈的转型过程中，那么这里传统的发明是否像霍布斯鲍姆说的那样活跃呢？如若不同，我们如何解释这种差异？这也是本书试图去探讨的问题之一。

当然，霍布斯鲍姆不是认为所有的传统都是现代发明出来的，他把传统分为三种重叠的类型：

（1）那些使各个团体的社会凝聚力或资格成员得以确立或象征化的传统；（2）那些使制度、身份或权力关系得以确立的传统；（3）其主要目的是使信仰、价值体系和行为准则得到灌输和社会化的传统。②

作者确定后两种传统是被发明的，而第一种具有普遍性。尽管这些发明很多，"但新传统仅仅填补了旧传统和习俗的长期衰落所造成的空白的一小部分"③。可见，我们看到的传统是从历史上传承下来的旧传统和被创造出来的新传统的结合，这更进一步说明了传统是一个过程。霍布斯鲍姆的研究既让我们看到了传统形成和传承的过程，也让我们看到传统的价值和意义，社会发展的任何阶段都需要传统，公共事务、社会秩序、日常生活甚至物质生产的很多方面都需要传统的维系才能正常运转，而大量的实例也证明我们能够从传统中获取很大利益。

当然，上文的讨论也足以说明本书对传统和过去的态度，尽管我们关注的焦点是保护传统文化，但这并不意味着我们认为过去优于现在，主张保留过去的一切甚至"回到过去"，而是希望在现代化和城镇化的进程中，人们在不同历史阶段实践过程中所创造的维护我们生活

①霍布斯鲍姆：《传统的发明》，顾杭、庞冠群译，南京：译林出版社，2004年，第5页。
②霍布斯鲍姆：《传统的发明》，顾杭、庞冠群译，南京：译林出版社，2004年，第12页。
③霍布斯鲍姆：《传统的发明》，顾杭、庞冠群译，南京：译林出版社，2004年，第14页。

方式和价值理念的物质和精神财富不遭毁坏或遗弃，能够得以保存和延续。

城市化进程带来了社会环境的剧烈变化，传统文化生存的土壤大量流失，原来靠传统维系的许多社会秩序将如何继续维持？在当前，我国新传统的出现能否填补旧传统的衰落和缺失？历史上传承下来的传统文化对我们的现代社会生活有什么样的价值？这些问题都是我们在探讨城市化进程中传统文化的保护时应该进一步关注的。

传统文化的范畴非常广阔，本书中我们难以面面俱到，在对象的选取上会有所侧重。在城市化的背景下，遭遇最严重危机的传统文化主要可以从物质文化和非物质文化两方面概括。物质文化方面，城市更新和工业开发过程中，大量古建筑、历史城区、历史雕塑等面临被拆除的威胁，这是非常迫切的问题；非物质文化方面，未进入学校教育系统和文字记录的民间非物质文化最为脆弱，许多濒临消失。

## 三、文化遗产

自 1972 年联合国教育、科学及文化组织第十七次大会在巴黎通过《保护世界文化和自然遗产公约》（以下简称《世界遗产公约》）之后，文化遗产的范围有了明确的法律界定。

文物：从历史、艺术或科学角度看具有突出的普遍价值的建筑物、碑雕和碑画、具有考古性质成分或结构、铭文、窟洞以及联合体。

建筑群：从历史、艺术或科学角度看在建筑式样、分布均匀或与环境景色结合方面具有突出的普遍价值的单立或连接的建筑群。

遗址：从历史、审美、人种学或人类学角度看具有突出的普遍价值的人类工程或自然与人联合工程以及考古地址等地方。

联合国教科文组织选取"遗产"这一概念来表达其保护的内容，而没用"奇观""杰作""财产"等词汇，与《世界遗产公约》所表达的理念有直接关联。《世界遗产公约》指出："考虑到现有关于文化和自然遗产的国际公约、建议和决议表明，保护不论属于哪国人民的这类罕见且无法替代的财产，对全世界人民都很重要""考虑到部分文化或自然遗产具有突出的重要性，因而须作为全人类世界遗产的一部分加以保护""整个国际社会有责任通过提供集体性援助来参与保护具有突出的普遍价值的文化和自然遗产""考虑到为此有必要通过采用公约形式的新规定，以便为集体保护具有突出的普遍价值的文化和自然遗产建立一个根据现代科学方法制定的永久性的有效制度"。这些表述明确体现了制定该公约的目的是形成一个全世界集体保护属于全人类共享的历史财富的制度。

而"遗产"一词很好地契合了这个理念。首先，"遗产"从法律上指被继承者死亡后遗留的财产，以及法律规定可继承的其他权益，通过"遗留"和"继承"，实现了"物"的传承和延续，可见"遗产"一词体现出了延续的历史观；其次，文物、建筑群、遗址等表现出公共和共享的意识；最后，建筑物等遗产构成了珍贵的人文环境。[①]

世界遗产委员会还规定了保护世界遗产的核心原则，即原真性（Authenticity）原则。该原则既是衡量文化遗产价值的重要标尺，也是保护文化遗产必须遵守的关键依据。有学者认为，《世界遗产公约》的核心就是保持文化遗产的原真性和自然遗产的完整性。[②]"原真性"概念最早出现在 1964 年通过的《威尼斯宪章》中，提出"将文化遗产真实地、完整地传下去是我们的责任"[③]。其后《世界遗产公约实施行动指南》（Operational Guidelines for the Implementation of the World Heritage Convention）明确规定"列入'世界遗产名录'的文化财产（property）至少应具有《世界遗产公约》所说的突出的普遍价值中的一项标准以及真实性标准""每项被确认的项目都应满足对其设计、材料、工艺或背景环境以及个性和构成要素等方面的真实性的检验"。

而对"原真性原则"进行详细解释的是 1994 年通过的《关于原真性的奈良文件》，第 13 款指出："想要多方位地评价文化遗产的原真性，

①刘守柔、闫华芳：《"文化遗产"概念回溯及我国之运用》，《中国文物科学研究》，2009 年第 1 期。

②张成渝：《"世界遗产公约"中两个重要概念的解析与引申——论世界遗产的"真实性"和"完整性"》，《北京大学学报》（自然科学版），2004 年第 1 期。

③阮仪三、林林：《文化遗产保护的原真性原则》，《同济大学学报》（社会科学版），2003 年第 2 期。

其先决条件是认识和理解遗产产生之初及其随后形成的特征，以及这些特征的意义和信息来源。原真性包括：遗产的形式与设计，材料与实质，利用与作用，传统与技术，位置与环境，精神与感受。有关'原真性'翔实信息的获得和利用，需要充分地了解一项具体文化遗产独特的艺术、历史、社会和科学层面的价值。"由此我们看到文化遗产保护的一个重要理念是原真性，着重于对文化遗产的保存和延续，而不要求或不允许发展和再创造。

虽然《世界遗产公约》对文化遗产的界定已经非常明确，但在实际使用过程中，尤其在中文语境中，文化遗产一词的内涵远比该公约所规定的内容丰富。我国法律对这些文化遗产的界定与《世界遗产公约》在用语上有很大差别，《中华人民共和国文物保护法》（以下简称《文物保护法》）并没有单独对"文物"进行定义，而是直接规定了其范围，总体上分为不可移动文物和可移动文物。不可移动文物主要包括古文化遗址、古墓葬、古建筑、石窟寺、石刻、壁画、近代现代重要史迹和代表性建筑等；而可移动文物则包括历史上各时代重要实物、艺术品、文献、手稿、图书资料、代表性实物等。

从上面的界定看，《世界遗产公约》保护的文物、建筑群、遗址三类文化遗产对应自然遗产而言，且都是物质的、不可移动的，而我国《文物保护法》规定的文物也只包括有形的物质遗存。但在通常的中文表达中，文化遗产不仅包括物质文化遗产，还包括非物质文化遗产。

联合国教科文组织对非物质文化遗产也有明确的界定，2003年在巴黎召开的联合国教科文组织第三十二届大会通过的《保护非物质文化遗产公约》（以下简称《非遗公约》）对非物质文化遗产进行了定义："非物质文化遗产"，指被各社区、群体，有时是个人，视为其文化遗产组成部分的各种社会实践、观念表述、表现形式、知识、技能以及相关的工具、实物、手工艺品和文化场所。这种非物质文化遗产世代相传，在各社区和群体适应周围环境以及与自然和历史的互动中，被不断地再创造，为这些社区和群体提供认同感和持续感，从而增强对文化多样性和人类创造力的尊重。在本公约中，只考虑符合现有的国际人权文件，各社区、群体和个人之间相互尊重的需要和顺应可持续发展的非物质文化遗产。

同时,《非遗公约》还规定非物质文化遗产的种类。

"非物质文化遗产"包括以下方面:(1)口头传统和表现形式,包括作为非物质文化遗产媒介的语言;(2)表演艺术;(3)社会实践、仪式、节庆活动;(4)有关自然界和宇宙的知识和实践;(5)传统手工艺。

非物质文化遗产是人类创造的宝贵财富,是文化多样性和人类创造性的体现,也是传统文化的重要组成部分。非物质文化遗产"无形"的特征,使其与物质文化遗产有很大不同,它本身不能直接保存,只能通过人作为载体才能延续和传承下来,传承难度更大,保护起来也更不容易。

同时,非物质文化遗产在概念方面也更难以界定,从《非遗公约》的界定看,非物质文化遗产的概念包含范围广泛,内涵丰富,非常复杂。一方面,虽然名为非物质文化遗产,但其概念中明确表明"工具、实物、文化场所"等也被囊括在内,可见"非物质""无形"等表达并非绝对的,而是灵活的。另一方面,非物质文化遗产作为遗产,是从历史上传下来的,但是,我们不一定能找到是固定的、准确的、唯一的某种事项,而经常是不确定的、灵活多变的文化。因此,《非遗公约》指出非物质文化遗产既是世代相传的,又是不断被创造的,也就是说,非物质文化遗产是活态的遗产。

在本书中,我们采用文化遗产一词广义的用法,作为传统文化的重要方面,既包括物质文化遗产,也包括非物质文化遗产,还包括《世界遗产公约》和《非遗公约》保护范围以外的其他历史上留下的具有价值的文化遗产。文化遗产是传统文化的精华,具有较高的历史价值、艺术价值和科学价值,有的能够直接或间接转化为经济价值。许多重要的文化遗产获得了国际组织和各国政府的官方正式认定,受到了更多重视和保护,在全社会具有较高的知名度和接受度,是传统文化的优秀代表。

当前我国的城镇化进程加速发展,文化遗产面临的威胁进一步加剧,物质文化方面,在城市的扩张和更新过程中,许多遗迹、遗址、建筑群、历史街区等都面临被毁坏的威胁；非物质文化遗产方面，许多艺术、语言、仪式、工艺等与城市生活脱节，失去了传承的基础，以及农村人口大量进城，不少非物质文化遗产难以找到合适的传承人，处境岌岌可危。因此，有关文化遗产的问题是我们在保护传统文化的过程中应该首先关注的问题。

但是，联合国教科文组织和各级政府认定的文化遗产毕竟只是人类文化遗产中的一部分，尚有大量具有重大价值和意义的文化遗产并未受到应有的重视和保护，在城市化浪潮中面临着严重威胁，值得我们更加关注。

## 四、文化自觉

"文化自觉"是费孝通先生在 1997 年北京大学人类学研究所举办的第二届中国社会人类学高级研讨班上提出来的概念，也是他晚年最重视的一个概念，他曾在不同场合和作品中多次就此做过论述。对文化自觉的概念他做了如下论述：

文化自觉是指生活在一定文化中的人对其文化有"自知之明"，明白它的来历、形成过程、所具有的特色和它发展的趋向，不带任何"文化回归"的意思，不是要"复归"，同时也不主张"全盘西化"或"全盘他化"。自知之明是为了加强对文化转型的自主能力，取得决定适应新环境、新时代时文化选择的自主地位。[①]

费孝通先生是在全面回顾他自身几十年的学术历程的基础上提出这个概念的，在回顾的过程中伴随着深刻的反思。他说："学术反思是这几年来我为自己定下的一个工作内容，就是要求自己对过去发表过的学术思想回头多想想，我的思想是怎样来的，为什么这样想，现在看来是否还有点道理，是否要修正，甚至改动。这可以说是我个人的'文化自觉'"[②]。

---

①费孝通：《反思 对话 文化自觉》，《北京大学学报》（哲学社会科学版），1997 年第 3 期。
②费孝通：《从反思到文化自觉和交流》，《读书》，1998 年第 11 期。

在完成个体的"文化自觉"后，费孝通先生再将文化自觉进一步推广到群体层面，探讨西方社会反思他们社会文化的过程，以及中国社会文化的历程和发展趋势，也就是说，费孝通先生所言的"文化自觉"有两个不同层面的指向，即个体层面的文化自觉和群体层面的文化自觉，当然重点是后者。同时，从费孝通先生的相关论述中，我们还可认识到，"文化自觉"是从反思开始的，"反思实际上是文化自觉的尝试"①，通过反思对自身或本文化的来历、过程和发展趋势有了全面的评估，才能实现"文化自觉"，实现文化自觉之后，我们才能进一步与他文化进行交流和对话。因此，费孝通先生的"文化自觉"理论包含"反思－文化自觉－交流对话"几个不同阶段。②

费孝通先生的"文化自觉"理论不是神思忽来，而是有深刻的思想根源和现实意义的。究其思想根源，一方面在于他对自身学术历程的文化自觉，另一方面在于他对中国传统文化本质的把握和对中国文化发展历程的反思。"但是思想的来源，可以追溯到的历史则相当长了，我想大家都了解自 20 世纪前半叶中国思想的主流一直是围绕着民族认同和文化认同而发展的。以各种方式出现的有关中西文化的长期争论，归根结底只是这样一个问题，就是在西方的强烈冲击下，现代中国人究竟能不能继续保持原有的文化认同还是必须向西方文化认同，上两代中国的知识分子一生都被困在有关中西文化的争论之中。"③他认为，要解决这个问题，必须先对中国传统文化有充分的认识，这只有回到历史中认真研究才能办到，"我们真要懂得中国文化的特点，并能与西方文化进行比较，必须回到历史研究中去下大功夫，把上一代学者已有的成就继承下来，切实做到把中国文化里边好的东西提炼出来，应用到现实中去"④。

中国文化博大精深，传统学者多是从小就开始训练，才能达成对

---

①费孝通：《反思 对话 文化自觉》，《北京大学学报》（哲学社会科学版），1997 年第 3 期。

②费孝通：《反思 对话 文化自觉》，《北京大学学报》（哲学社会科学版），1997 年第 3 期。费孝通：《从反思到文化自觉和交流》，《读书》，1998 年第 11 期。

③费孝通：《文化自觉的思想来源与现实意义》，《文史哲》，2003 年第 3 期，第 15 页。

④费孝通：《文化自觉的思想来源与现实意义》，《文史哲》，2003 年第 3 期，第 16 页。

儒释道经典和相关文化的理解。费孝通先生认为他自己在这方面也还存在不足，曾自谦地说："我从小没进过私塾，没受过四书、五经的教育……我和上一代人的差距的一个方面，就是国学的根子在我这里不深。"[①] 他从阅读梁漱溟、陈寅恪、傅斯年、钱穆、顾颉刚等前辈国学大师的传记和著作中认识到这一点，为继承这些前辈们的传统，他直到晚年还在进行"补课"，加深对中华传统文化的理解。但事实上，费孝通先生的国学对中国传统文化的认识深刻程度远胜常人，虽然他不专门研究国学，但是作为一个人类学家，他长期立足乡土，深入调查，经历了中国社会发展的许多重要时刻，并且受过严格的西方学术训练，具有丰厚的学养，对中国社会尤其是乡土社会的理解非常到位。李亦园先生对费孝通先生说："那些前辈国学大师多是纯粹从大传统里边，从经典里边得到传统文化，您是从一般人的实际生活里得到中国的文化，这不一样。他们也许没有对实际生活的系统观察和体验，您是经常性地接触实际生活，面对生动的现实进行思考，提出问题，发表意见，这一点是他们没有的。"因此，费孝通先生所了解的中国传统文化与当代文化，更为切实与鲜活，而这种对传统文化的理解和反思，正是"文化自觉"理论的思想根源。

　　而"文化自觉"理论的现实意义，根源于当代社会的全球化背景，费孝通先生指出："（文化自觉）也许正表达了当前思想界对经济全球化的反应，是世界各地多种文化接触中引起人类心态的迫切要求，要求知道：我们为什么这样生活？这样生活有什么意义？这样生活会为我们带来什么结果？也就是说人类发展到现在已开始要知道我们的文化是哪里来的？怎样形成的？它的实质是什么？它将把人类带到哪里去？这些冒出来的问题不就是要求文化自觉么？"[②] 这段论述点明了"文化自觉"理论产生的背景和试图解决的问题，说明文化自觉是当前我们需要完成的重要使命。

　　当前，现代化、全球化的浪潮席卷世界，我国从近代以来就面临

---

①费孝通：《费孝通论文化与文化自觉》，北京：群言出版社，2005 年，第 277 页。

②费孝通：《反思 对话 文化自觉》，《北京大学学报》（哲学社会科学版），1997 年第 3 期，第 20 页。

着中国文化和西方文化的选择问题，过去的中国虽然历史悠久、文化深厚，但是科技落后，生产力低下，社会制度不适应工业化和现代化的浪潮，在与西方列强的接触过程中饱受屈辱，这导致人们对中国传统文化的批判和指责。而实现了工业化、信息化和现代政治制度的西方仍然面临着种种问题，法国思想家埃德加·莫兰总结道：西方文化的个人主义包含了自我中心的闭锁与孤独；它的盲目的经济发展给人类带来了道德和心理的迟钝，造成各领域的隔绝，限制了人们的智慧能力，使人们在复杂问题面前束手无策，对根本的和全局的问题视而不见；科学技术促进了社会进步，同时也带来了对环境、文化的破坏，造成了新的不平等，以新式奴役取代了老式奴役，特别是城市的污染和科学的盲目，给人们带来了紧张与危害，将人们引向核灭亡与生态的死亡。① 西方学者深刻揭露出的现代性危机让人们不得不对西方现代文化进行反思，也表明中国的发展不能全盘西化，仅从西方文化中无法找到出路，必须在继承传统文化、吸收外来文化的过程中，对传统文化和外来文化都有充分的清醒认识，再在继承和吸收的基础上进行创造，才可能发展中国的现代文化，适应新时代、新环境。

在这种情况下，中国应该如何对待我们的传统文化，又如何与其他文化相处？费孝通先生给出的路径就是"文化自觉"，在充分认识和理解本文化的基础上，平等地与其他文化进行交流与对话，最终实现所有文化避免冲突、彼此包容、和谐相处。实现文化自觉，是费孝通先生晚年的一大心愿，他在 80 岁生日时说的一句话道出了这一心愿："各美其美，美人之美，美美与共，天下大同。"他认为这句话便是对文化自觉艰辛历程的概括。②

与文化自觉紧密相关的另一个概念是文化自信。文化自信"是一个国家、一个民族、一个政党对自身文化价值的充分肯定，对自身文化生命力的坚定信念"。做到文化自信，署名云杉的文章认为，关键是

---

①乐黛云：《和谐社会与文化自觉》，《广东社会科学》，2006 年第 6 期，第 48 页。

②费孝通：《反思 对话 文化自觉》，《北京大学学报》（哲学社会科学版），1997 年第 3 期，第 22 页。

要不忘本来、吸收未来、着眼将来。[①] 从逻辑上看，真正的文化自信是建立在文化自觉的基础之上的，中华民族在文化上历来具有很强的自信，但也经常出现"自卑自弃"和"自大自傲"两种倾向，其原因便是没有做到文化自觉，对本文化的认识和反思不足。而文化自信也是文化自觉的应有之义，文化自觉要求我们对本文化的历史发展过程有清醒认识，对本文化的责任有主动担当，也就意味着对本文化价值是充分肯定的，也就是自信的。

完成文化自觉、做到文化自信是传统文化保护的基础，孙家正指出，文化遗产的保护"应该是全民的一种文化的自觉，应该是全社会的一种行为"[②]。只有提升广大民众的文化自觉和文化自信，才能提高人们保护传统文化的积极性，全社会共同努力，是保证传统文化保护取得实际效果的重要保证。同时，保护传统文化又是实现文化自觉和文化自信的必然选择，文化自觉和文化自信要求我们对本文化有充分、清醒的认识和理解，如果传统文化遗产都被毁坏殆尽，不能留存和传承，我们又如何去认识和了解我们的文化呢？因此，实现文化自觉和文化自信既是我们在城市化进程中保护传统文化的重要目标和追求，又是我们对传统文化进行考量的重要原则。

## 第四节 传统文化的保护与传承的意义

文化是一个民族的灵魂和特质所在，同时也是一个国家综合国力的重要表现。实现中华民族的伟大复兴和构筑美丽的"中国梦"必须要中华文化的繁荣和兴盛。中共十八大报告中指出："文化是民族的血脉，是人民的精神家园。全面建成小康社会，实现中华民族伟大复兴，必须推动社会主义文化大发展大繁荣，兴起社会主义文化建设新高潮，

---

①云杉：《文化自觉 文化自信 文化自强——对繁荣发展中国特色社会主义文化的思考》（中），《红旗文稿》，2010 年第 16 期，第 4 页。

②孙家正：《提高民族文化自觉,做好我国非物质文化遗产保护工作》，《文艺研究》，2005 年第 10 期，第 4 页。

提高国家文化软实力，发挥文化引领风尚、教育人民、服务社会、推动发展的作用。"[1] 当今时代，文化越来越成为民族凝聚力和创造力的重要源泉，随着全球化进程的加快和城市化的推进，一个国家，一个地区如何在竞争中发挥优势？这是一个值得思考的话题。笔者认为应该充分发挥文化的优势，就中国而言应该充分发挥传统文化的优势，增强竞争力；就地区而言应该充分发挥各个地方优秀的传统文化，体现地方特色。

文化的传承离不开民族和传统，决不能将文化与民族和传统相割裂，传统文化在一个民族的生存和发展中起着至关重要的作用。联合国教科文组织在 1989 年 11 月在巴黎通过的《保护民间创作建议案》对"民间创作"（或"民间传统文化"）的定义是：民间创作（或民间传统文化）是指来自某一文化社区的全部创作，这些创作以传统为依据、由某一些群体或一些个体所表达并被认为是符合社区期望的作为其文化和社会特性的表达形式；其准则和价值通过模仿或其他方式口头相传。它的形式包括：语言、文学、音乐、舞蹈、游戏、神话、礼仪、习惯、手工艺、建筑艺术或其他艺术。

改革开放以来，我国的经济发展速度较快，文化建设却相对较为滞后。中华文化源远流长，在漫长的历史长河中，勤劳智慧的中华民族形成了优秀的传统文化。然而，在现代化进程中，中国人正在享受着越来越充裕的物质条件，但却忽视了精神文化生活的需要。因此，寻找文化传统，保护优秀的传统文化，也慢慢地成为人们的一种自觉行动。人们在审视自身和社会发展的目标时，也越来越清楚地认识到传统文化的重要价值，更加清醒地认识到对其保护的重要性和紧迫性。

## 一、传统文化的价值

为了更好地保护发展、深入研究传统文化，首先应该知道它有何

---

①胡锦涛：《坚定不移沿着中国特色社会主义道路前进　为全面建成小康社会而奋斗——在中国共产党第十八次全国代表大会上的报告》，北京：人民出版社，2012 年，第 5 页。

重要价值，并依此来增强我们的认识，提高对其保护、发展、研究的重视。

事物的价值取决于价值的主体，主体需要的改变、主体观念的改变都对事物的价值起着重要影响，价值的意义在于人对它的需求性和它对人的有效性。然而，事物价值的本身却来源于事物的多样性和事物本身的功能。传统文化中蕴含了丰富的历史资源、文化资源、经济资源、审美资源、教育资源，并具有相应的了解历史、传承文化、创造经济效益、审美体验、丰富教育等功能，这些多样性的功能决定了传统文化具有历史价值、文化价值、经济价值、审美价值、教育价值等多方面的价值。

**（一）历史价值**

某一地区、某一民族的传统文化，经历了悠久的历史，在历史发展中保存和流传下来，是认识一方地域、一个民族、一段历史的重要手段和方式。因为它们是在一定历史条件下人类社会的历史遗存，是历史的产物和时代的印迹，有丰富的历史文化内涵，在特定的时空里，反映出了文化的历史变迁，成了活的历史见证，具有无法替代的历史价值。

传统文化承载着丰富的历史，是流传下来的历史财富，我们可以从中认识和了解历史。传统文化有其产生的特定的历史条件，附带着特定的时代特点，通过这些传统文化，我们可以从中了解到特定的历史时期生产力发展水平、生活方式和社会组织结构、道德习俗等。我国第一部诗歌总集——《诗经》，其所收入的诗歌，内容广博，有描述战争和徭役之苦的，有写婚姻爱情的，有写农牧业生产场景的，有记载时代发展历史的，再现了当时的社会历史面貌。[1]

传统文化内容丰富，以其民间的、口传的存在形式，可以弥补正史之类史籍的不足、遗漏，有助于人们更加全面、真实地去认识已逝的历史。

---

[1] 白寿彝：《中国史学史教本》，北京：北京师范大学出版社，2000年，第9—10页。

## （二）文化价值

传统文化包含了丰富的文化资源，生动地记录了不同民族、不同族群、不同地域人们的聪明才智和创造成果，是认识这些民族、族群、地域文化史的活化石，是一笔巨大的财富，弥足珍贵。中华民族的传统文化，饱含着中华民族的文化精髓，反映着中华民族的文化特色，体现着中华民族的思维方式和审美方式，生动地展现了中华民族的独具特色的文化发展轨迹，凸显出鲜明的文化价值。

传统文化是文化的活化石，对其进行保护有利于保持各民族文化的独特性，保持文化的多样性，利于文化的传承、延续，有利于文化生态的规划、建设。

## （三）经济价值

在商品化和市场化的时代背景下，要从文化产业的角度认识到传统文化资源的丰富性。只有将文化资源转化为经济资源，成为文化生产力，带来经济效益，才能有利于传统文化的传承和发展。

传统文化的经济价值包括直接从传统文化本身得到的各种收入，比如销售纪念品、培训等收入，以及由此带来的旅游业、餐饮业等服务业创造的收入。传统文化尤其是其中的非物质文化遗产，具备了遗存价值，只有确保其能够存活而不消亡，才可能被传承、发展。只有在遗存价值的基础上，才可能实现其经济价值。

## （四）审美价值

中国传统文化，既有物质与精神的分别，又有功利与审美的区别。[1] 传统文化中的艺术门类众多，最充分地体现了中国传统文化的艺术价值和审美价值。传统文化中的工艺品、表演艺术等，具有较高的艺术价值、审美价值，是进行艺术研究和审美的宝贵资源。丰富多彩的传统艺术和工艺，展现了一个民族的生活面貌、艺术创造能力和审美情趣，传统文化的审美价值主要体现在：第一，传统文化中表演艺术、服饰文化、婚姻习俗、饮食文化、书画艺术等普遍具有审美价值，它们是不同民族、不同地域、不同时代的文化活化石，反映出这

---

①李建中：《中国文化概论》，武汉：武汉大学出版社，2005年，第177页。

些民族、这些地域人们的艺术创造才能；第二，传统文化中流传下来的艺术品，是历史上各族人民劳动和智慧的结晶，是当时艺术眼光的产物，但是直至今日仍然具有较高的艺术价值和审美价值。

如中国的书法艺术，是用线条的变化来表现不同的风采和神韵。从墨法、笔力、气韵来表现书法的艺术之美，透过文字结构、用墨的浓淡、落笔的轻重、整体的神韵来表现书写者的心境和艺术创造力。[①]

### （五）教育价值

在现今这样一个信息化时代，如果不发掘传统文化的教育价值，就会使得传统文化的自然传承缺失良好的社会生态环境。传统文化有利于个体教育和社会教育，能促进个体和社会的发展。发掘传统文化离不开学校教育，现在各个高校已成为发掘传统文化的主力军，弘扬中国传统文化已经成为时代赋予大学生的责任，同时也是每一个中华儿女的共同责任。传统文化的教育价值主要表现在：首先，传统文化本身包罗万象，蕴含了丰富的历史人文知识、科学知识，同时还有历代流传下来的艺术精品，用这些富含人文思想、极具艺术价值的传统文化去进行教育；其次，文化的传承离不开人的主体作用，因此传统文化的传承必须要进行教育，无论是学校教育还是社会教育；再次，传统文化中儒家、道家、佛教思想，其中富含了做人做事的道理，富有哲理，是促进修身养性的重要材料，如《弟子规》对儿童的启蒙教育、人的成长、尊师重道就具有很好的劝诫作用；最后，传统文化中有许多民族民间文学，是促进民族教育和爱国主义教育的重要读本，有助于提高文化素质，增强民族自豪感和民族自尊心。

## 二、传统文化对城市生活的意义

城市是人类社会文明的标志，是人们经济、政治和社会生活的中心。城市化的程度是衡量一个国家和地区经济、社会、文化、科技水

---

①李正元：《美的情结》，北京：中国文联出版社，2001年，第249—251页。另见张应杭：《中国传统文化概论》，杭州：浙江大学出版社，2005年，第243—247页。

平的重要标志，也是衡量一个国家和地区社会组织程度和管理水平的重要标志。城市化是人类社会结构变革的一个重要线索，是人类进步必然要经历的过程，城市化是实现现代化目标的重要指标。我国现在正处在一个农耕文明向工业文明转折时期，是发展中国家的代表。中国历史和现状决定了传统文化的保护和传承具有代表性，传统文化是我们民族的历史集体记忆。我们国家现代化进程加快，城市化也经历了几个阶段，现在正在进行中国特色的新型城市化进程。改革开放以来我国的城市化在如火如荼地推进，经历了城市面积的扩大、城市人口的扩展、城市数量的增长。现在回首我国城市化的过程，总结历史经验，我们发现城市的精神文明建设远远不够，传统文化缺失甚至消失了，一个城市的传统文化特色得不到体现，相反，从经济角度认可某一个城市被许多人所认同，精神文明建设与物质文明建设严重失调。

传统文化是丰富多彩的，体现着文化的多样性。今天，我们的传统文化面临着普遍性的危机，前文化部长孙家正曾说过："在汹涌澎湃的现代化大潮中，重视抢救和保护传统文化，尤其是重要的文化遗产和优秀的民族民间文化艺术，已成为一项非常紧迫和重要的任务。现代化进程的加快发展，在世界范围内引起各国传统文化不同程度的损毁和加速消失，这会像许多物种灭绝影响自然生态环境一样影响文化生态的平衡，而且还将束缚人类思想的创造性，制约经济的可持续发展及社会的全面进步。"[①] 因此保护传统文化对城市精神文明建设具有重要的意义，传统文化对城市生活具有重要意义。城市是社会分工和社会进化的产物，是社会文明的结晶。城市是政治、经济、科技中心，因而必然会影响城市生活。城市生活节奏快，因为工作影响人们的思维方式，城市生活受到工作压力影响，人们的时间观念在发生变化，表现在人们很多时候缺乏足够的时间去进行交流和社区活动，导致了人际关系的冷漠，邻里之间如陌生人一样。同时城市生活中的难题也较多，照顾老人、教育子女、家庭不和睦等问题突出，反映在文

---

① 孙家正：《人类口头与非物质文化遗产丛书·总序》，载郑雷：《昆曲》，杭州：浙江人民出版社，2005年，第2页。

化层面就是传统文化中的传统美德的缺失。

　　传统文化对于维护城市居民的生活方式和价值体系具有重要意义，事物本身的特点决定了其意义，传统文化本身具有诸多的特点，这些特点在一定程度上影响了城市生活。首先，表现在追求稳定。中国传统文化根植于农业宗法社会之中，是在半封闭和半隔绝的环境下成长起来的，宗法先王、崇拜祖先、求稳喜静成了中国人的同性。虽然它也曾面临过多次挑战，有过起伏，但是始终表现出了强大的稳定和再生能力，而今传统文化对于城市居民生活的意义，是表现在其追求稳定的方面，有利于维护社会稳定，构建和谐社区。其次，强调伦理，注重群体的内在追求。在中国古代，人们的注意力集中在家庭、邦国内部人与人之间的长幼、尊卑的人伦关系中，对人伦关系维护的重视程度远超过其他方面的探索，这对城市生活的影响也是显著的，在家庭关系中，忽视老人的状况，已经到了严重的地步，以致国家现在出台相关法律，规定了子女要定期回家看看父母。再次，传统文化中的贵中尚和的追求，讲究对事物的度，做到不偏不倚，不要也不能够过头，做到和睦、和谐，中国人一贯追求群体的和谐、社会的和谐，传统文化有利于城市社区的和谐。最后，中国传统文化素有兼容并包、有容乃大的气魄。在传统文化中就有不少的内容来自周边国家和世界其他国家的优秀文化，如佛教思想来自于印度。城市化的进程表现在城市规模的扩大，将周边的乡村纳入城市的范围，原来居住于乡村的居民也就成了城市居民，带来了新的文化，形成了一种传统与现代交融的文化，但是其本质是传统文化的现代转型，有利于维护他们的价值体系和生活方式，适应新生活。①

　　传统文化对城市生活的意义，表现是多方面的。传统文化有物质化形态和非物质化形态两种表现形式，其中物质化形态的传统文化可以为我们提供一种景观的享受、一种视觉的刺激，比如故宫丰富了城市生活，为市民提供了一个修身养性的地方，现在很多城市都有古城墙，也可以为市民生活提供休闲和娱乐。其实传统文化很大程度上保

---

　　①梁国楹、王守栋：《中国传统文化概论》，北京：人民出版社，2011 年，第 22—24 页。

留了历史记忆，正如城市化发展中将周边的乡村纳入城市的范围，之前的乡村生活，也可以视为某一群体人们的传统文化，其实我们可以在这个地方慢慢地回溯，比如说透过这个村子我们可以想到几百年前的历史，可以想到这个城市与整个历史的交通、贸易网络的连接，这个村子所处的历史地位，该地区有多少历史名人，由此我们可以加深对这个地域、对这个城市文化的理解。保护好传统文化对于保存一个城市的历史记忆具有重要作用，从某种程度上讲是构建一个城市的认同感，这是非常重要的。传统文化中的社会组织，其背后的意识行为，或者说是其深层次所蕴含的在日常生活中表达出来的人跟人之间的一种和谐的、亲切的、可以交流的关系，是目前一个高度城市化城市所非常欠缺的。因此，保护和发展传统文化有利于促进城市文化多元化，有利于城市精神文明建设，可以丰富城市生活，防止千城一面的单调景象，维护城市居民的生活方式和价值体系。

## 三、传统文化与现代文化创新

当今世界，文化越来越成为综合国力竞争的重要因素，成为民族凝聚力和创造力的源泉，文化的现代化问题关系到一个国家能否整体上实现现代化。如何利用中国传统文化，加强现代文化建设，寻找这两种文化的结合点，成了现今文化建设一个重要的着力点。如何认识传统文化，怎样定位传统文化在精神文明中的作用？在中国共产党第十七次全国代表大会上，胡锦涛同志说："弘扬中华文化，建设中华民族共有精神家园。中华文化是中华民族生生不息、团结奋进的不竭动力。要全面认识祖国传统文化，取其精华，去其糟粕，使之与当代社会相适应、与现代文明相协调，保持民族性，体现时代性。加强中华优秀文化传统教育，运用现代科技手段开发利用民族文化丰富资源。加强对各民族文化的挖掘和保护，重视文物和非物质文化遗产保护，做好文化典籍整理工作。加强对外文化交流，吸收各国优秀文明成果，增强中华文化国际影响力。推进文化创新，增强文化发展活力。在时代的高起点上推动文化内容形式、体制机制、传播手段创新，解放和发展文化生产力，是繁荣文化的必由之路"。① 全面认识传统文化，寻找传统文化优秀因子，使其与现代文化、现代文明建设相适应，推进文化创新工作，是时代赋予的责任。

　　中华民族有着五千年的文明史，拥有深厚的文化积淀和丰硕的文化成果，有独具特色的传统文化。在近代以前，我们对自己的文化充满了自信，但是在外国坚船利炮下开放的中国，传统文化受到前所未有的冲击，随之怀疑否定的声音四起。正如冯天瑜先生所说："19 世纪中叶以后的百余年来，现代化浪潮自西徂东，日渐迅猛地推进，经历着'三千年未有之变局'的中国文化，面临着'现代性'的反复拷问：从器物层面到制度层面，再到观念层面，中国文化迎受现代化的能力如何？中国固有的'内圣外王'之学，历经工业文明的激荡，是否可以开出新'内圣'，以提升人的精神世界，成就健全的'现代人'；建设新'外王'，以构筑可以持续发展的制度文明与物质文明，跻身现代世界强国之林？"② 面对文化现代化的拷问，中国文化，准确地说是传统文化经历了几个模式：原封不动、中体西用、全盘西化。历史已经证明这些模式皆不适合中国，只有在传统文化基础上进行的现代文化创新才符合中国国情。

　　创新是事物发展的关键环节，没有创新，新事物就不会发展起来，文化亦是如此，只是一味地继承原来的文化，是远远不够的，文化必须与时俱进，不断创新。文化创新是文化发展的生命之源，而传统文化又是文化创新的源泉。文化创新的内涵十分丰富，包括思想和观念、内容和形式、体制与机制等，保护与发展传统文化将在这些方面促进文化的创新。传统文化的现代化，其实质是传统文化的创造性转换，保护与发展传统文化就是在其基础上完成现代文化的创新，就是"用中国特色社会主义的先进文化所具有的价值取向、思维方式、道德观念和行为方式来改造、更新传统文化，使之符合现代化的要求，使之

---

　　①胡锦涛：《高举中国特色社会主义伟大旗帜　为夺取全面建设小康社会新胜利而奋斗——在中国共产党第十七次全国代表大会上的报告》，北京：人民出版社，2007 年。

　　②冯天瑜：《序言"文化自觉与文化复兴"》，载于平、傅才武主编《中国文化创新报告》(2012)，北京：社会科学文献出版社，2012 年，第 1 页。

在自我超越中获得新的生命力"①。

现代文化相对于传统文化，是在传统文化基础上的创新，现代文化创新是合理地选择、继承传统文化中的精华部分，剔除其中的糟粕，利用传统文化的积极因素进行实践和改造。传统文化是经过几千年的过滤而积淀下来的，深深地根植于历史和现实之中，是无数中国人的智慧和劳动的结晶，它为现代文化创新提供灵感，为现代文化创新构建价值导向和理论机制。

## 四、传统文化的处境不容乐观

中国传统文化具有强大的绵延性和鲜明的扩展性，并以其强大的生命力渗透到人们的思维方式、价值取向、道德情操，落实到了人们生活的每一个细节。然而，传统文化的处境却不容乐观。中国传统文化从近代以来一直在经历变革，刘志国在论述近代以来中国传统文化变革的历史特点中提到，随着鸦片战争的爆发，面对列强的侵略和西方文化的强烈冲击，传统文化却不得不发生深刻的变革，正是"不得不"的发生，使变革呈现如下的历史特点：缺乏理性的准备和思考、存在严重的两极思维倾向、单线进化的片面性。同时他还认为传统文化和现代化之间存在着冲突，表现在道德至上的价值取向与科学价值观的冲突，以及整体直观思维方式与现代科学知识论的冲突。② 正是因为有这样抑或那样的冲突和历史原因，导致现在传统文化的处境不容乐观。传统文化该何去何从呢？传统文化的出路在什么地方？笔者认为在于与时俱进、推陈出新、符合时代和社会发展的要求，最重要的就是变革。交流与创新就是传统文化的出路，文化交流是文化得以进步和发展的动力，在人类文明的历史进程中，各民族文化、各区域文化是在相互学习、相互借鉴、相互交融中得到发展和提高的。③ 然

---

①王文章：《中国先进文化论》，北京：文化艺术出版社，2004年，第185页。

②刘志国：《全球化背景化中国传统文化的现代转换》，山东大学（学位论文），2007年，第23—24、28—29页。

③闻丽、李朝军：《中华传统文化的传承与创新》，《理论月刊》，2013年第3期。

而交流与创新首先就必须保护好传统文化，中华民族在保护民族民间文化传统方面有着悠久历史，有官方行为也有民间和个人行为，使得灿烂辉煌、绚丽多彩的传统文化得以流传。

传统文化面临的种种危机，显示了保护传统文化的急迫性，尤其是在城镇化进程处于高潮期的当今中国，如果我们再不对传统文化保护给予足够的重视，采取适当的措施，那么我们的文明就真的岌岌可危了。

综上所述，传统文化自身具有不可取代的历史价值、文化价值、经济价值、审美价值和教育价值，对当代城市人的生活具有重要意义，是我们进行创新的重要源泉，但是面临着现代化和城市化带来的冲击和严重危机，处境不容乐观。因此，积极研究和保护传统文化具有重要的理论和现实意义。

# 第五节  本书的研究内容与框架

当前，新型城镇化已成为中国新一届政府的重大战略性举措，这不仅意味着在政府的推动下，我国的城市化进程会进一步加速，也意味着城市化方式会产生新的转变：人的城市化已成为当前新型城镇化的核心。将传统文化的传承和发展融入城市化过程无疑是"人的城市化"的重要内容。在全球化、现代化背景下的传统文化保护和发展面临着许多从未遭遇过的全新问题，本书从新的视野出发，全面考察城市化进程中传统文化保护和发展的理论背景和现实经验，进而提出相关建议和思考成果，具体说来有以下几个方面。

## 一、传统文化保护相关议题总结

首先，我们要做的是对传统文化保护的一般理论进行梳理，并对不同观点进行比较和分析。有关传统文化保护的理论问题，有传统文化保护的对象、主体、原则、依据、手段、机制等相关研究。传统文化保护的对象是个老问题,很容易陷入将传统与现代对立起来的陷阱,本文结合什么是传统文化、传统文化在当前的形式等对这个问题进行了进一步思考。保护传统文化的主体包括政府、个人、民间组织等,从不同主体出发,人们对城市化进程中保护传统文化的动力、手段等有不同的看法,本书将分别进行讨论。保护传统文化的原则也受到学界的广泛关注,其中最重要的是《世界遗产公约》中提出的原真性原则,此外还有不少学者从不同角度出发提出了各类原则,本书对这些原则也会进行深入思考。保护传统文化既有国家、国际组织等通过实施的依据,如法律法规,也有学理上的依据,如文化认同、信仰习俗等,这是传统文化保护研究的重要内容。保护传统文化的手段是传统文化保护能否成功的技术保障,也是学界相关研究的重头戏,本书也会在已有研究基础之上提出对应措施和建议。单靠一个个孤立的保护是不够的,因此我们也注重传统文化的体系研究,试图探寻能够促进传统文化保护可持续进行的运作机制。

此外,我们将对我国传统文化保护的历程进行回顾,了解我国传统文化保护在观念意识、制度规范方面的基础,以及我们曾经为保护传统文化做出过哪些努力、取得过什么成果。同时,我们在回顾这一历程时还注重了解不同阶段传统文化保护的特征,并将这些特征放到一个大的历史背景中进行理解。中国有着悠久的历史和深厚的传统文化,是一个非常注重传统的国度,从夏、商、周三代至今,中国文明从未中断,拥有世界上延续最长的历史传统,无疑与其他文化,尤其是西方文化相比有较大的差异。张光直先生指出:"过去数千年,在财富的生产与人事管理上,中西两者一直保持这两种不同的方式……如果没有外来的干扰,中国今日可能还在走它自己的道路。在悠长的历史中,这条路时而导向兴隆,时而导致衰败。我们无法估计一个假设未受过外界干扰的中国,今天会是一个富强之邦,还是衰弱之国。"[①]可见,中华文明拥有独立的传统,而且这个传统一直保持,直至受外力干扰。如此悠久的传统是通过什么样的方式保持下来的?回顾这一

---

①张光直:《考古人类学随笔》,北京:生活·读书·新知三联书店,1999年,第49页。

过程对我们今天保护传统文化具有很大的启示性。

## 二、我国的传统文化保护现状

### （一）保护现状

国内有关传统文化保护的经验研究主要有两种类型：一是以政府作为主体的保护类型，即文化遗产的认定和保护；二是民间传统文化的保护，这是自发的、活态的保护，但困难也更大。

文化遗产包括物质文化遗产和非物质文化遗产，这些遗产通常具有重要价值，而且比较稀少，由政府或其授权的组织进行认定，并依据相关法律法规进行保护，形成了相对完整的保护体系。当前，我国通过了《文物保护法》《城市规划法》等法律和《城市紫线管理办法》《历史文化名城名镇名村保护条例》等有关传统文化保护的法规文件，并且加入《保护世界文化和自然遗产公约》《保护非物质文化遗产公约》等国际公约，为城市化进程中文化遗产的保护提供了法律依据。依据这些法律法规的，我国形成了几个文化遗产保护体系。

最早建立的是文物保护单位体系，这是根据我国《文物保护法》规定，依据《中国文物古迹保护准则》等文件，对我国的文物古迹进行调查，对其价值进行评估，按照其价值的大小确定文物保护单位的级别，分为三级，即全国重点文物保护单位、省级文物保护单位和市县级文物保护单位。文物保护单位根据其级别分别由中华人民共和国国务院、省级政府、市县级政府划定保护范围，设立文物保护标志及说明，建立记录档案，并区别情况分别设置专门机构或者专人负责管理。这套体系纳入了我国主要的不可移动文物古迹，在整个文化遗产保护体系中占据重要地位。

其次是世界文化遗产和非物质文化遗产的申报和保护体系，这两项遗产在我国的保护程序有很大差异。世界文化遗产实际上指不可移动的文化遗产，依据《世界遗产公约》的规定进行申报和确定；而非物质文化遗产在国内建立了较统一的保护体系，不仅有依据《非物质文化遗产公约》申报的世界级非物质文化遗产，国务院和各级地方政府还公布了不同级别的非物质文化遗产名录，按照相关规定对这些传统文化进行保护。

第三套体系是历史文化名城、名镇、名村的申报和保护。"历史文化名城"根据《文物保护法》规定，是指"保存文物特别丰富，具有重大历史文化价值和革命意义的城市"，"由省、自治区、直辖市人民政府提出申请，经国务院建设主管部门会同国务院文物主管部门组织有关部门、专家进行论证，提出审查意见，报国务院批准公布"，迄今为止，国务院已先后确定了120个历史文化名城（其中海口市琼山区与海口市分计为两处）。历史文化名镇和名村"由所在地县级人民政府提出申请，经省、自治区、直辖市人民政府确定的保护主管部门会同同级文物主管部门组织有关部门、专家进行论证，提出审查意见，报省、自治区、直辖市人民政府批准公布"。《历史文化名城名镇名村保护条例》规定了相关的保护措施，明确国家对历史文化名城、名镇、名村的保护给予必要的资金支持，并且国家鼓励企业、事业单位、社会团体和个人参与历史文化名城、名镇、名村的保护。

前三套体系是对文化遗产本身进行保护的措施，而第四个措施则从城市规划的角度避免对文化遗产进行破坏的措施，即"城市建设紫线"的规定。2003年建设部通过的《城市紫线管理办法》，这是我国城市历史文化遗产保护规划方面的第一部专门法规，该办法第二条规定："本办法所称城市紫线，是指国家历史文化名城内的历史文化街区和省、自治区、直辖市人民政府公布的历史文化街区的保护范围界线，以及历史文化街区外经县级以上人民政府公布保护的历史建筑的保护范围界线。"在紫线范围内，不得进行"违反保护规划的大面积拆除、开发；对历史文化街区传统格局和风貌构成影响的大面积改建；损坏或者拆毁保护规划确定保护的建筑物、构筑物和其他设施；修建破坏历史文化街区传统风貌的建筑物、构筑物和其他设施；占用或者破坏保护规划确定保留的园林绿地、河湖水系、道路和古树名木等；其他对历史文化街区和历史建筑的保护构成破坏性影响的活动"。

目前政府和学界关注的焦点主要集中在国家规定的文化遗产的保护上，而对民间传统的保护则没有引起足够的重视，这部分传统文化，与人们的生活息息相关，在人们生活中更有实质性的意义，是真正能承载传统生活方式、蕴含民族精神价值和思维方式的活态传统。同时，在城市化进程中，民间传统文化遭遇的冲击和破坏不亚于前者，因此值得我们更加关注。

中国疆域辽阔、历史悠久，因此有关民间传统文化的信息非常丰富，本书在把握民间传统文化时紧紧围绕其两个特征，即多样性和区域性，既注重对差异性的理解和解释，又试图对传统文化中共同的特性进行总结和吸收。有关民间传统文化，我们着重关注它们如何才能在城市化进程中生存下来，并更好地融入城市化的过程之中，这是当前传统文化面临的最迫切的问题。

**（二）面临的问题**

虽然目前我国传统文化保护越来越被重视，相关法律法规越来越完善，保护措施也越来越具体，但是，仍然面临着很大的问题，尤其是在高速城市化进程的冲击下，我国传统文化保护工作，尤其是民间传统文化的保护工作，还远远没达到理想的效果。

城市化进程大大加快了社会生活的节奏，促使生活中的各种文化事项加快更新换代，这对传统文化的保护造成很大的冲击，使许多传统文化处于濒临灭绝的境地。在物质文化方面，许多传统城区、历史建筑、道路、碑刻等由于不能带来经济效益，因而不被人们重视，被一味追求经济利益的政府、企业或个人肆意破坏，代之以现代基础设施或其他项目。同时，不少传统物质文化虽然未受到物理破坏，但是被严重商业化，被过度开发，没受到应有的保护，其历史价值和公共价值被严重削弱，成为资本的附庸，待其经济利益被压榨完后，其寿命也就宣告终结，这种保护是不可持续的。

政府对文化遗产的保护遇到了不少困难和问题，这点有许多学者曾经关注到，如单霁翔指出，我国城市化进程中文化遗产保护遇到很大冲击，城市规划采取单一中心的"摊大饼"模式，千城一面问题比较突出，旧城改造引发建设性破坏，建筑设计缺少文化内涵，穿城式交通道路破坏了传统城市道路格局，错位开发使文化遗产受到伤害，人满为患，楼满为患，商业化、人工化、城镇化严重破坏了文化遗产地的原生环境。① 仇保兴认为当前急功近利的心态和现行干部管理体制的缺陷是导致传统文化破坏的重要原因，片面的政绩观、错误的干部评价体系、错误的审美观和发展思路等都使文化遗产的保护受到很大威胁。② 还有学者指出历史文化遗产及周边环境遭遇建设性大破坏，重建、恢复历史古迹以及"仿古""复古"之风盛行，保护观念尚未得到广泛认同，法制法规不健全等问题在我国广泛存在。③ 梅联华将城市化进程中文化遗产所受的破坏分为建设性破坏、开发性破坏和规划性破坏三种类型，这几种破坏方式将带来古城历史风貌消失、过度开发使文化遗产价值受到伤害、城市丧失文化个性等严重的后果。④

　　传统的非物质文化也面临严重危机，非物质文化的载体是人，而城市化过程改变了人们的生活方式，尤其是改变了人们的生活和作息时间周期，大量需要付出人力和时间进行学习和传承的非物质文化遗产因而失去了延续下去的载体，许多艺术、技艺逐渐被遗忘，以致失传，令人叹息。同时，不少非物质文化遗产还与其产生的社区生活密不可分，当地的生态环境、历史传承、生活习俗等都是这些传统文化具有生命力的土壤。城市化的进程不仅改变了当地的生活方式，还改变了当地的生态环境，让这些传统文化彻底脱离了人们的生活，失去了传承下去的动力。

　　民间传统文化保护所遇到的问题值得我们更加重视，因为它们的处境更为艰难，并且没有正式的法律法规做保障，也没有强大的政府支持做后盾，显得格外脆弱。城市化浪潮给传统生活方式造成了巨大冲击，经济利益和物质财富成为人们生活中追求的首要目标，并且在社会价值体系占据了支配性的地位，这严重压缩了传统文化生存的空间。传统文化产生于传统的生产和生活方式中，所宣导的价值理念和审美取向通常不是物质或金钱至上的，因此很容易被认为是现代经济

---

　　①单霁翔：《城市化进程中的文化遗产保护》，《求是》，2006 年第 14 期，第 44－45 页。

　　②仇保兴：《城市化过程中的历史文化名城保护》，《中国名城》，2008 年第 1 期，第 5－6 页。

　　③倪斌：《历史文化遗产保护现状探析》，《同济大学学报》（社会科学版），2005 年第 5 期，第 42－43 页。

　　④梅联华：《对城市化进程中文化遗产保护的思考》，《山东社会科学》，2011 年第 1 期，第 58－59 页。

发展的阻碍，是过时和落后的东西，应该被推翻、被抛弃。在面临是保护传统文化还是发展经济的选择时，多数人毫不犹豫地选择后者。造成这种现象的一个重要原因就是城市化进程带来的价值观多元化，甚至是价值观的混乱，这种混乱的一个重要表象就是人们在对传统文化的界定上出现了很大困惑。什么是传统文化？影响人们获取更多物质利益或者说是与社会"进步"有冲突的是传统文化吗？尤其是对于民间的、未被政府界定为文化遗产的那部分传统的信仰、价值、艺术、技艺、习俗等与个人和群体现实生活紧密联系的文化因素，在城市化的背景下应该如何去界定和选择，成了一个困扰人们的普遍性问题。

界定这些传统文化的主体无疑是当地的文化持有者，保护这些传统文化的主体也是他们。但文化持有者会如何对待传统文化却是一个不确定的问题，多数人在现代理念和资本的"驯化"下，不再认同这些传统文化的价值和意义。然而，社区中总会有一些能够意识到自己文化重要性的人希望能够坚守他们的生活方式，希望传承和保护他们的传统。面对这种分歧，我们可以做些什么呢？作为外来者，我们应该做的是尽量让社区中的人认识到他们传统文化的存在和价值，然后再由他们做出评判和选择。

因此，让当地人更深入地理解他们原有的生活方式，主动处理经济利益与文化传统之间的关系，才是对他们以及他们的文化负责的行为。在他们意识到传统文化存在的前提下，再让他们做出抉择，这种抉择是经过他们思考的选择，这样他们才能真正负起对自己传统文化的责任。不管是选择保留还是放弃传统文化，都是经过他们思考和参与抉择的产物，而非直接被城市化的洪流所淹没。

## 三、中国经验

目前，西方发达国家处理城市化进程与传统文化保护的经验受到学界更多的关注，尤其是欧洲和美国的经验，概括而言，欧洲经验与美国经验取向各不相同，我们可以将其称为城市化取向和传统文化取向。前者主要流行于美国，以城市基础设施和景观建设为中心，其他事务都服务于这一目的。在这种取向下，传统文化保护的目的是为了更好地建设城市，让城市更加美丽、更加有特色、更加适宜人居等。以建设更宜居城市为中心，隐含了一层含义：如果不用保护传统文化也能够达到这种效果，那么传统文化保护对城市建设并非必要之举。以城市建设为中心的取向曾经有非常多的实践，如著名的西雅图模式和巴尔迪摩模式。

这两个城市在旧城老化、破败后，对城市进行美化和更新，采取成片大规模地推平老旧城区，再进行建设和美化的方法，按照新的理念和规划修建大量宽阔的广场、美丽的花园绿地等对城市进行美化。这种方法取得了立竿见影的效果，大大改善了生活环境，提升了城市形象，花园城市、公园城市的理念一时间成为流行时尚，在全世界造成了很大影响。但是，在城市更新过程中，这些城市大量具有历史价值的传统建筑被夷为平地。这些古老的建筑沉淀了这些城市过去的文明，许多建于殖民地时期，体现了城市的特色。而新建的城区以高层建筑为主，样式和风格千篇一律，极易被模仿和复制，很快变得随处可见，形成了千城一面的单调格局。因而这些城市的吸引力很快下降，尤其是巴尔迪摩在进入 21 世纪后急剧衰落，风光不再。

另一种取向是以传统文化为中心，认为城市建设应服务于传统文化的传承和固有生活方式维护，这种取向在欧洲国家的实践较为明显。欧洲城市历史悠久，保存着大量古老的传统建筑，不同国家、不同城市的建筑和街区各具特色，很有文化底蕴，这与欧洲国家的城市化思路和传统建筑保护制度很有关系。在欧洲，城市中心的古老建筑都有相关制度进行保护，对自然毁坏的建筑进行维护，维修时也遵循修旧如旧的原则，整体拆迁更是极不可能，同时政府还严格限制与旧城风格不协调的现代建筑布局在城市中心。这些措施反映了欧洲以传统文化为中心的城市化理念，使具有历史文化价值的城市建筑和街区原貌得以保存。这一理念得到欧洲人民的理解和拥护，人们积极参与保护传统文化，监督和抵制破坏城市风貌的行为，取得了很好的效果。保护完好的欧洲城市传统建筑，很多建筑遗址可以上溯到中世纪甚至古希腊、罗马时代，具有独特的历史韵味，是欧洲国家不可复制性的宝贵财产和重要文化资源，极大地推动了文化产业和旅游业的发展，创造了巨大经济收益，同时也获得了很好的社会文化效益。

比较城市化进程中传统文化保护的美国模式和欧洲模式就会发现，欧洲重视保护的理念比美国重视更新的理念更具效益，也更值得我们借鉴。

相较西方而言，我们对中国城市化与传统文化保护的经验总结就显得非常不足，更未形成系统的保护模式，但这并不意味着我们没有进行相关的实践和探索，因此我们应该加强研究，从我国的历史和实际出发，总结我们在多年来保护传统文化的历程中所付出的努力和取得的成果，也总结我们遇到的困难和做得不足的地方，系统反思城市化进程中保护传统文化的中国经验和教训，为今后的实践提供参考，探寻传统文化保护理论的中国模式。

## 四、建议和对策

在了解城市化进程中传统文化的历史、现状并总结相关经验教训的基础上，本书还将进一步提出具有实际意义的相关建议和对策，将理论思辨与实际应用结合起来。有关传统文化保护的建议和对策已经非常多了，几乎凡是关注这个方面的学者都会给出相应的对策和建议，这些对策建议涉及不同角度、不同层面，但是存在各说各话、重复论述甚至千篇一律的情况。本书不再简单地重复前人已经提出的对策建议，而是在总结已有观点的基础上，结合新的研究成果和新的发展形势，提出城市化进程中，传统文化保护各个主体应该关注的重点和应采取的举措，包括政府层面的法律、法规、政策以及实际操作，社会层面的公共意识、集体行为、监督机制，个体层面的伦理道德、文化认同等。

## 五、本书架构

本书主要由五部分内容构成。第一章导论部分主要就本书要讨论的问题、概念、理论及研究意义等进行了较为深入细致的论述；第二章以大量翔实的案例从"当前中国城市化的进程及其与传统物质文化保护与发展的关联""城市化进程中传统服饰文化的保护与发展""城市化进程中传统饮食文化的保护与发展""城镇化进程中的古民居建筑群""城市化进程中的传统器具"等层面探讨了中国城市化进程中传统物质文化的保护与发展问题；第三章从"非物质文化遗产的概念及特征""国外非物质文化遗产保护模式及经验""国内非物质文化遗产保护现状及发展建议"及"国内外非物质文化遗产的传承与发展"等方面论述了城市化进程中非物质文化遗产的保护与传承问题；第四章主要就"传统文化保护与发展面临的挑战与机遇""现阶段城市化进程中传统文化保护与发展的战略与要求"等问题从国家、社会与个人层面讨论了传统文化保护与发展对策问题；第五章结语部分从"保护传统文化是城市化过程中的文化自觉""保护传统文化有利于形成都会文化与城市品牌""保护传统文化是保护我们的文化认同与文化荣誉感"以及"要处理好保护传统文化与文化多样性的关系"等方面探讨了城市化进程中的文化自觉问题。

# 第二章
## 城市化进程中传统物质文化的保护与发展

　　物质文化，是指为了满足人类生存和发展需要所创造的物质产品及其所表现的文化，包括饮食、服饰、建筑、交通、生产工具以及乡村、城市等，是文化要素或者文化景观的物质表现。[①] 物质文化中既凝聚着制度文化的因素，又凝聚着观念形态的因素。例如，故宫的建筑布局既体现了过去的宫廷制度，同时也体现着君权至上、尊卑有序的观念。传统是人们用来界定人类发展历程的一个定性词语。它是一个相对的概念，对应的一面是现代。传统在人们的使用当中，用得特别广泛，几乎渗透到人类活动的每一个领域。例如，针对思想的状况，可以有传统思想之说，针对行为方式，可以有传统行为方式之说，针对物质文化，则可以有传统物质文化之说。传统物质文化是人与环境之间关系的重要写照，直接表现了人们在历史上的生产和生活方式，是反映人类社会发展的最根本的东西。对物质文化，我们不仅应该关注它的物质性的表象，还应关注它的文化内涵，保护与发展传统物质文化对于我们了解过去，以及从中汲取民俗智慧都具有重要的意义。

　　城市化是社会发展的总趋势，中国当下正处于城市化的快速发展

---

　　① 《物质文化》；参见 http://baike.baidu.com/view/605961.htm? fr=aladdin.

期，这一进程对传统物质文化的保护与发展既形成一定的冲击，同时又提供了某种契机，如何在此背景下有效地保护与发展传统物质文化是一个重要的课题，本章即围绕着这一主题而展开。其一，讨论的是中国的城市化进程及其对传统物质文化形成的冲击与提供的契机；其二，讨论当前传统物质文化保护与发展的现状、存在的问题。为方便讨论，本章在考察城市化进程对传统物质文化影响的时候将城市化划分为五个维度，包括地理空间、人口、产业结构、生活方式和思想观念，同时将传统物质文化按内容要素也进行了分类，共分为传统服饰文化、传统饮食文化、传统古民居建筑群以及传统器具文化四大主要类别。

## 第一节　当前中国城市化的进程及其与传统物质文化保护与发展的关联

中国是具有几千年农业文明历史的大国，到中华人民共和国建立初期的 1949 年，中华人民共和国仍是一个典型的农民大国，城市化水平只有 10.65%，近 90%的人口都是农民。中华人民共和国成立后的 20 世纪 50 年代，曾有一个城市化快速发展时期，到 60 年代初城市化水平达到 17%。但由于"大跃进"的冒进、60 年代初的严重自然灾害和"文革"期间大规模青年下乡，致使城市化进程长期停滞。从 1962 年到 1978 年，在长达 16 年的过程中，城市化水平几乎没有任何进展，一直停滞在 17%。1978 年改革开放后，我国城市化进入快速发展时期，通过近几十年的发展，完成了发达国家几百年的城市化进程，城市化率由 1978 年的 17.92% 上升到 2013 年的 53.7% 。[①]

纵观改革开放后我国的城市化进程,李培林将之划分为三个阶段：

① 2013 年中国城镇化率为 53.7%，2014 年 01 月 20 日 14:35；来源：人民网·房产频道 http://house.people.com.cn/n/2014/0120/c164220-24172141.html.

第一阶段是 1978—1985 年，这一个阶段是以"非农化"为主要特征的。随着家庭联产承包责任制的普遍实行，农村经济得到快速发展，小城镇开始复兴，乡镇企业的"异军突起"，出现农村人口向小城镇聚集、向非农领域转移的潮流。第二阶段是 1986—2000 年，这一阶段以农村人口向城市聚集的"城市化"为特征。20 世纪 80 年代中期以后，"离土离乡"进城打工的农民工总量超过了"离土不离乡"在乡镇企业工作的农民工，成为农村劳动力转移的主渠道，从 90 年代后期开始的大规模国有企业改革，使城市经济更加活跃，各种发展机会更加向城市集中，数以亿计的农民工进城。第三阶段是 2000 年至今，这一阶段以城市规模迅速扩大和城市群的出现为主要特征。进入 21 世纪以后，城市住房制度改革的效益逐步显现，买车和购房进入普通家庭消费，房地产业迅速兴起，土地升值速度加快，城市不断向郊区扩展，高速公路和高速铁路的发展使 1 小时城市圈的区域规模大幅度增加，由 1 小时城市圈相互连接的城市群不断涌现。①

从以上我国城市化的三个阶段可以看出，城市化包含了以下几个方面的内容：一是产业结构的转变，从以农业为主转为以工业和第三产业为主导产业；二是农业人口的非农化，农村人口向城市集中；三是在地理空间上表现为城市数量和规模的扩大。除此之外，城市化还包含了生活方式、思想观念等方面的内容，包括衣、食、住、行的都市化，思想观念的现代化等。

城市化的这些方面面对传统物质文化的保护与发展都形成了很大的冲击。如城市的扩建、无序发展导致"建设性"破坏不断蔓延，一些遗址、建筑遭到毁灭性的打击，城市的自然和文化个性被破坏。一些农村地区大拆大建，照搬城市小区模式建设新农村，简单用城市元素与风格取代传统民居和田园风光，导致乡土特色和民俗文化流失。还有很多农村地区人口向城市的聚集导致了"空壳村"现象，村落衰败，古建筑失修、垮塌问题严重。另外，工业化和第三产业的发展改

---

① 李培林：《城市化与我国新成长阶段——我国城市化发展战略研究》，《江苏社会科学》，2012 年第 5 期。

变了传统物质文化的生存环境，加之人们对现代化思想观念和生活方式的追求，作为传统物质文化载体的传统服装、传统食物、传统居所、传统器具等迅速走向消亡。当然，城市化也给传统物质文化的保护与发展带来了契机，关键是如何利用这些契机，避免出现新的问题。例如旅游业的发展，一定程度上对发掘和传承传统物质文化有着积极的意义，但同时一些地方也出现了因过度改造、包装而导致的失真问题，以及粗制滥造、千篇一律而造成独特性丧失的问题。因此，认清城市化进程中传统物质文化保护与发展的状况及存在的问题，对于今后如何有效保护和发展传统物质文化意义重大，以下按内容进行分类阐述。

## 第二节　城市化进程中传统服饰文化的保护与发展

服饰是人类文化的重要组成部分，除了满足人们的物质需求外，服装面料、款式和颜色的选择，以及人们特定场合的着装习惯，均记录着特定时期、特定文化群体的生产力状况和科技水平，反映着人们的生活环境、劳作方式、审美情趣、社会制度以及思想观念。在中国漫长的历史中，形成了具有中华民族特色的传统服饰文化，然而在城市化、现代化的冲击下，传统服饰文化正在逐渐失去其赖以生存和发展的环境和空间，逐渐走向消亡。中国传统服饰文化是中国传统文化的重要组成部分，保护和发展传统服饰文化既是弘扬民族文化的需要，也是传承人文精神的需要。虽然越来越多的人意识到保护传统文化刻不容缓，政府、学者和文化保护人士等都为保护和传承传统服饰文化做了不少相关工作，然而依然存在着一些问题。本节将阐述中国传统服饰文化的保护与传承现状，在此之前首先要对中国传统服饰的范畴进行界定。

中国传统服饰是什么？对于这一问题，不同的人有不同的看法。外国人把源于满族服饰的马褂、旗袍当作中国的传统服饰。有人说是唐装，但在对唐装的理解上却有分歧。在中国，大众对唐装较为广泛的理解是指西式剪裁的改良马褂，特征是立领、盘扣、对襟，而不是唐朝的服装，2001 年 APEC 会议上领导人的着装即是"唐装"。有批评者认为，唐装的提法，广义的应该是华人服装的总称，狭义的应该是唐朝的服装，无论哪种都不应由满族服装来代表。理由是，从历史上看，汉服是中国明朝灭亡以前的主流服饰，传承了 4500 多年，因为清初的"剃发易服"令，才非正常消亡，而满装的历史只有三百来年，历史较短，不足以代表中国各个民族和几千年的历史传承。因此，有人提出了"汉服说"。"汉服"泛指三皇五帝时期到清政府实行剃发易服前的汉族所着服装系统。虽然汉服在各个朝代根据经济水平、社会文化、审美标准的不同而有不同变化，但是章法基本没有变。例如唐代社会文化开放外向，所以广袖博带以及抹胸女装的审美在保守的宋代就发生了一些变化，但是男子的圆领袍服却自唐代一直延续到明代，而交领右衽的形制一直未发生根本改变。也有人担忧将汉服作为中国传统服饰会引发大汉族主义，影响汉族与少数民族的关系。

为了避免大汉族主义，同时考虑到地域文化特色，本文中的传统服饰包括了汉服、汉族传统民间服饰以及各少数民族传统服饰三个类别。

# 一、中国传统服饰——汉服的保护与传承现状

中国的传统服饰汉服有两种基本的形制，即上衣下裳制和衣裳连属制。上衣下裳制，相传起于传说中的黄帝时代，是中国最早的衣裳制度的基本形式。上衣的形状多为交领右衽，下裳类似围裙的形状，腰系带，下系带。这种服制对后世影响很大。衣裳连属制，古称深衣，始创于周代。深衣同当代的连衣裙结构类似，上衣下裳在腰处缝合为一体，领、袖、裾用其他面料或刺绣缘边。深衣这一形制，影响了后世服饰，汉代以它为礼服，古代的袍衫也都采用这种衣裳连属的形式。公元 1644 年，满洲人入关后，推行"剃发易服"政策，使延续了三千年的汉服以及汉文化几近消失。[1]

---

① 《物质文化》：参见 http://baike.baidu.com/subview/684113/11247588.htm.

　　进入 21 世纪，随着中国综合国力和国际地位的提升，中华文化重新又得到世界的关注与重视。与此同时，部分国人开始反思我国的传统文化，并举力保护继承，在此背景下汉服又开始进入现实社会，并兴起了汉服运动。汉服运动的参与者认为汉服运动是 21 世纪初在中国国力上升，以青年族群为主体，以重现清朝统治前中国人服饰为出发点，借此复兴中华传统文化为目标的一场文化运动。[①] 其开端是 2003 年 11 月 22 日，民间人士王乐天把汉民族的传统服装穿上了街头。很快，网络上出现了很多王乐天身着汉服的照片，新加坡《联合早报》的记者张从兴偶然看到了这些照片，并据此写成了一篇报道，这篇文章也成为第一篇报道汉服的文章，并引起了国内外媒体的广泛关注。王乐天的举动因此广为流传，也得到了很多人的支持响应，并在全国掀起了汉服复兴的浪潮。

　　汉服运动的重要网上基地是汉网、百度汉服吧等网上论坛。汉服吧是百度众贴吧之一，所属目录为"民族文化"，是所有汉文化复兴者和汉服复兴者交流的网络平台，短短几年已经拥有 257880 名贴吧成员（2014 年 2 月 13 日统计数据）。汉服运动的活动场域除组织及讨论活动计划的互联网外，多为大中城市所在的高等院校、具有传统意义的事业单位、景点、公园等。参与主体以 70 后、80 后和 90 后居多，中心力量是年轻白领和在校大学、高中、初中学生。

　　近来由于不少城市实体汉服店或与汉文化相关的文化机构、商业场所的应运而生，汉服运动也开始从网络上的热议更进一步地迈向公众的日常生活。据汉服"运动事记"记载，2005 年 4 月 17 日，十多位来自全国各地的新儒生在山东曲阜孔庙，首次践行明代式奠礼，也是第一次统一着装的祭礼。2006 年 4 月 9 日，中国人民大学的"诸子百家园"里，十几名学生身着汉服，手持弓箭，这是 360 年来中国大陆第一次举行射礼。2006 年 12 月 17 日，全国第一家品牌汉服实体店"重回汉唐"成立，实体店位于成都文殊坊金马巷，经营各种款式汉服。2007 年 3 月 24 日，国内首家汉文化餐厅"汉风食邑"在北京开张，

---

　　① 《汉服运动》：参见 http://baike.baidu.com/view/732492.htm？fr=wordsearch.

店内的顾客都是身穿汉服就餐。2007 年 3 月 11 日，两会期间，全国政协委员叶宏明提议，确立"汉服"为"国服"；全国人大代表刘明华则建议，应在中国的博士、硕士、学士三大学位授予时，穿着汉服式样的中国式学位服，这是汉服第一次进入全国两会议案。2007 年 5 月，福建汉服天下经文化局批准成立，民政局正式核准登记，成为全国首个官方认可的汉服文化协会。2009 年 3 月 7 日，英国汉服同袍聚会，以巡游方式宣传汉服，是第一次被报道的海外汉服宣传事件，也拉开了全球汉服运动的序幕。2009 年 6 月 1 日，浙江理工大学学生自制汉服学士服，为首次媒体报道实践汉服毕业照。2010 年 6 月 16 日，南京汉服端午祭祀，接受了中央电视台英语新闻频道（CCTV－NEWS）采访，汉服活动再次被国家媒体所关注。2011 年 2 月 3 日，首届汉服春晚发布。2013 年 04 月 30 日，首届海峡两岸汉服文化节在福州举行。①

以上我们可以发现，自汉服运动发起至今已经十几年了，汉服仍旧只是出现于运动参与者的宣传活动之中以及一些节日、重大礼仪等场合，并没有成为日常生活的着装。

## 二、汉族传统民间服饰的保护与传承现状

### （一）实际状况

汉族是中华民族的主体，人口最多，分布最广，由于地理环境、生计方式、社会生活和民俗风情的差异，形成了不同的地域文化，反映在民间服饰上则在形制、色彩表现、材料选择、图案运用等方面呈现出诸多差异性。汉族民间服饰文化遗产中代表性的有江南水乡民间服饰、闽南惠安女民间服饰、中原民间服饰、广西高山汉族服饰、贵州屯堡汉族服饰、齐鲁民间服饰、客家民间服饰等。但是随着工业化、城市化的发展，传统服饰文化的生存空间已经发生改变，原有农耕文明建构下庞大的民间服饰文化体系在逐渐散失，传统民间服饰在生活

---

① 《汉服运动》：http://baike.baidu.com/view/732492.htm? fr=wordsearch.

中基本上处于消亡状态。

以惠安女服饰为例，目前其传承面临着严峻的挑战。惠安女服饰指的是福建省东南沿海中部惠安县的独特女装，其特征是"封建头，民主肚；节约衫，浪费裤"，主要包括黄斗笠、花头巾、节约衫、银腰链、塑料或绣花腰带、黑绸裤（黑旷裤／大折裤）、塑料拖鞋等。自改革开放以来，随着第三产业的发展，传统的捕鱼业已不再是惠安女的主要工作，越来越多的惠安女从事着新兴行业，惠安女服饰赖以生存的环境和土壤发生了较大改变，她们不再需要竹笠头巾来防御风沙，也不需要紧缩的短衣短袖来方便劳动，因此传统惠安女服饰的功能性开始弱化。失去了服饰的功能性，惠安女服饰的审美价值也随着现代女性审美标准的转化而变弱。由于交通运输便利化，大量外出经商、求学、打工的惠安女带来了新的文化生活信息，使传统的生产、生活消费习俗产生了很大的变化。原有的婚俗、礼俗等传统民俗也随着惠安女现代意识的加强而渐渐消失，同时简便、时尚的现代服饰，无论是在功能上还是在造型上都强烈地冲击着传统服装。据调查，在崇武、小岞、大岞等地惠安女的服饰也已经出现了消亡的迹象，基本上三四十岁以内的年轻人在日常生活中已不穿传统服饰，其服饰与普通汉族人无异。而四五十岁的中年人平时也不再穿着传统的整套服装，比较流行的装束是：头上梳辫子，有的戴方巾也有不带方巾的；上衣仍穿"节约衫"；裤子是20世纪八九十年代在大陆地区流行的裤管宽大的西装裤，用黑色线布或尼龙布制成；男性腰上别着手机；鞋仍是塑料拖鞋。只有上了年纪的老人家的服装才保留着惠安女服饰的原貌，其余大部分女性只在婚礼、葬礼、回夫家或外出做客时，才穿整套的传统服装。①

再如苏州吴东水乡的胜浦农村，现在已经属于"苏州—新加坡工业园区"，是一个没有农民、没有农田、没有农业的三无农村。在这里，原引以为自豪的极具"稻作文化"特色的水乡拼接衫、百褶作裙和"扳

---

① 牛犁等：《惠安女服饰文化的保护与传承研究》，《广西民族大学学报》，2013年第1期。

趾头"绣鞋已基本消亡。①

最重要的是目前掌握传统服饰制作技艺的人已为数不多，且年龄已高，技艺传承困难，后继乏人，这样发展的结果必然是"衣随人葬"和"人亡艺绝"。

**（二）目前保护与传承的形式与存在的问题**

目前关于服饰类别中只有少数汉族民间服饰类文化遗产进入各级政府非物质文化遗产名录，在政策的扶持下进行传承，如江苏吴东水乡服饰、福建惠安女服饰等，大量珍贵的民间服饰和相关非物质文化遗产正在迅速消亡。其他保护和传承形式比如建立专门性场馆进行保护和传承，国内在专门性文化遗产保护和传承方面做得较好的有民族服饰博物馆、妇女儿童博物馆、云锦博物馆、丝绸博物馆、陕西群众艺术馆等，这些基本是以物质保护形式为主；还有，民俗展览、演出、论坛、表彰等活动形式是目前常见的进行宣传和推动文化遗产保护的形式。但是，保护的背后也存在着一些问题：

第一，注重艺术夸张，忽略服饰本真。例如为了保护惠安女服饰等文化传统，当地政府建立了崇武古城风景区、博物馆等宣传惠安女服饰文化、当地石刻文化等，同时大力发展旅游业以推广惠安女品牌。艳丽而夸张的服饰色彩、耀眼而突出的佩饰、肤白如雪的美女模特，都强烈地吸引着游客的眼球，然而我们在媒体的宣传中所看到的惠安女与惠安女服饰与真正的惠安女和惠安女服饰却渐行渐远，真正的惠安女长期生活在海边以渔业和采石业为生，皮肤黝黑，体格强健，服饰也为了方便生产劳动，色彩深沉，佩饰简单。②

第二，注重固态保护，忽略活态传承。随着传统文化遗产保护的日益紧迫，现在已经有很多艺术家和博物馆开始重视传统服饰的传承问题，比如惠安崇武的哈克等一批摄影家用影像的方式记录惠安女的服饰与刺绣并编纂成书；江南大学服饰文化传习馆等官方或私立的博物馆也收集了大量服饰品和影像资料……然而这些记录和保护往往是

①崔荣荣等：《文化圈视野下汉族民间服饰类文化遗产保护与传承》，《创意与设计》，2012年第3期。

②牛犁等：《惠安女服饰文化的保护与传承研究》，《广西民族大学学报》，2013年第1期。

固态的居多，保存了服饰的"形"，而服装制作的技艺、文化等真正以活态传承的方式被保护的则比较少见。

第三，注重向外宣传，忽略向内宣传，作为主体的文化中人保护意识不强。在现实中，高喊保护传统文化口号的通常是当地政府、专家学者以及艺术家们，当地民众并没有意识到传统服装的真正价值。有些人或是把这种服装当成牟取利益的手段，或是把它当成封建糟粕；有些经常和外界学者、记者打交道的人已经练就了一套说辞或是刚刚开始意识到这是传统文化遗产；大部分人则是漠不关心，因为他们从小就是穿着或是看到周围的女性穿着这样的服装，在他们看来这种服装再平常不过，就如同每个人都要穿衣服一样。其实，文化主体之外的人如何高喊保护文化遗产的口号，做多少保护的工作，最主要的还是要靠原生环境下的穿着者和传承人自觉自愿的传承。

我们认为，要使传统服饰长久地保持生命力离不开创新与改变。目前全国尚有很多地区的特色服饰处于消亡的边缘，在今后的研究和保护过程中，为了能使传统服饰得到更好的传承和发展，我们可以向传统服饰中注入新鲜的元素，使其适应现代生活和流行趋势。

## 三、各少数民族传统服饰的保护与传承现状

各少数民族的传统服饰凝聚着民族的历史、文化传统和审美倾向，有着典型的族别特征，是民族文化研究的重要内容之一。在城市化的背景下，各少数民族传统服饰的保护与传承情况如何？以下从人口流动、发展旅游经济、生产性保护与传承以及本真性保护与传承四个方面进行讨论。

### （一）人口流动对传统服饰的冲击

随着城市化进程的加快，少数民族村寨与外界联系的加强，许多地区的青壮年都外出打工。几年都市工作和生活环境的熏陶，使得他们的价值观念、思维方式和生活方式都发生了很大的变化，传统服饰也受到了前所未有的冲击。他们的审美意识逐渐被城市主流审美法则影响，许多年轻人已经不愿意花大量的时间去做一套民族服装，更愿

意选择现代化的服饰款式及衣料。现代服饰的渗透，使民族服饰的空间越来越狭窄，呈现出礼仪化的趋势，人们只有在传统的节日里才穿着民族服饰，传统服饰在日常生活中也基本上处于消亡状态。

笔者 2003 年在海南五指山黎族村寨调查时发现，传统服装只是中老年妇女们结婚时才穿的衣服，在日常生活中她们都穿现代的服装，婚服成为压在箱底的一种纪念之物。而方圆村庄只有个别的老妇人还在用织布机织黎锦，准备给孙女们做嫁妆，一厢情愿地延续着传统。

再以黔东南的苗族服饰为例，黔东南作为我国苗族最大的一个聚居区，其苗族人口占总人口的 61%，被称为"苗族服饰的博物馆"，是苗族服饰文化保存最好、最完整的地区。苗族作为一个没有文字的民族，传统服饰是其记录历史、记录文化的载体，尤其是苗族妇女的传统服饰，被称为"穿在身上的史书"。苗族妇女传统服装的风格反映了苗族的生存环境和迁徙历史，刺绣的色彩与图纹记载着苗族的祖先崇拜和宗教信仰，银饰的造型与纹样展现了苗族的生产生活方式和民间传说，银饰的佩戴习惯体现了苗族妇女的审美情趣。而如今，传统的民族服装日益走向礼仪化，仅在一些盛大的节日里才会被穿戴，苗族妇女的传统服饰开始淡出她们的日常生活。[①]

与此相伴随的是，传统服饰的传承人和传承活动难以为继。因为传统服饰技艺的传承都是世代相传的，家庭是女孩学习的场所。现代，年轻一代更多地进入了学校接受现代学校教育，或者辍学外出务工，女孩们没有充足的时间学习传统的服饰制作技艺，同时在现代审美的影响下对传统的民族服饰也并不喜欢，因而掌握传统服饰制作技艺的人也越来越少。

**（二）发展旅游经济对传统服饰的影响**

旅游对传统服饰的影响是很明显的。以少数民族风情为主题的旅游开发是以传统文化为资源依托的，它重新唤起了人们的民族传统文化记忆，无疑对在现代化进程中弘扬民族传统文化有着非常重要的作

---

①吴海燕、但文红：《黔东南地区苗族妇女传统服饰文化保护研究》，《贵州师范大学学报》（自然科学版），2011 年第 1 期。

用。如已经消失了的服饰文化活动又被重新组织起来,使民族传统文化在现代化的发展进程中找到了切入点,但有组织的服饰文化活动毕竟与过去民族群众自发的不同。

现在由于组织者的主观需要或对少数民族传统文化缺乏了解,常常会出现一些混淆和变异,将本来是其他民族的传统文化元素混淆到本民族的传统文化里面,或者改变了本民族传统文化特有的表现形式。某些地方政府官员、外来的"文化商人"以及部分"地方精英"不断在建构一些子虚乌有的"伪民俗"和"伪文化"。在这种民俗、民间文化的背后却隐藏着一股受商业利益驱动的、粗制滥造的"伪民俗"服饰的暗流。例如在侗族地区建立的"民族村""民俗村"之类意在招徕游客的新型"人造景观",往往都会在仅仅经历过昙花一现般短暂的繁华热闹后,便陷入难以收回开发成本的乏人问津的尴尬境地。这种"伪民俗"注重的只是外表,大多只在感性的器物的层面上下功夫,缺乏对民俗文化、服饰文化的真正兴趣,如穿着盛装进行民间舞蹈、庆典演绎的当代人,对这些民俗既缺乏心灵上的认同,也缺乏情感上的共鸣,很大程度上只不过是为了展示给其他人看的,是为经济工作等中心工作服务的。这些无一例外以赚钱盈利为主要目的、并以虚假与肤浅为其特征的"伪民俗"和"伪文化",不仅极大地糟践和破坏了当地自然淳厚的民风,而且还往往引起了外地游客的误解乃至不满,对于传统服饰文化的保护和传承十分不利。①

再如,有学者指出在黔东南发展旅游业的苗族地区,伪传统服饰泛滥。随着现代旅游业的不断发展,苗族传统服饰文化也成了一种旅游资源。旅游业增加了苗族人民经济收入,同时也为苗族传统服饰的存在创造了一个平台,实现了苗族传统妇女服饰的现代价值。但是,在过度的利益驱使下,催生了一种新的苗族传统服饰即旅游伪服饰。旅游伪服饰是一种有民族特征、无民族文化的以获取利益为目的而形成的一种服装形式。这种服装形式的社会功能已经发生了大大的改变,

---

① 曹寒娟:《侗族服饰文化在社会转型期的演变研究》,天津师范大学研究生学位论文,2010年。

不再是苗族人民物质文化与精神文化的载体，其目的仅是为了吸引游客的兴趣，以获取商业利益。旅游伪服装的泛滥模糊了苗族传统服饰的文化内涵，损害了服饰记忆历史的社会功能。①

**（三）市场经济下的生产性保护与传承**

生产性保护包括服饰文化遗产的开发和创新，包括服装可视元素、技艺等的设计运用等，纺织品的图案和色彩的设计与运用，装饰艺术品开发与运用，文化产业开发与配套运用。然而，现实中这种生产性保护与传承的实践效果也并不理想。

以云南少数民族传统服饰产业化道路为例。它开始于国内实行改革开发政策后的 20 世纪 80 年代，丰富的民族服饰文化资源，在当时被当作一个极具市场潜力的开发热点，激起了许多商家的高度热情。在如何把民族服饰转化为经济效益方面，开发者们曾为此进行了一系列的实践与探索。早期进入民族服饰开发行业的国营、集体、个人企业，已清醒地认识到只有"传统与现代"结合的产品，才可能在现实生活中占领市场。以民族服饰风格为设计元素开发出的产品，因为保存了传统的工艺，又迎合了现代人的审美情趣，在初始的几年内，销路一直看好。20 世纪 90 年代开始，国有企业陷入困境，云南最早开办的几家国营民族服饰企业也难以摆脱体制僵化、负担过重和管理不善的困扰，最终停业倒闭。集体及个体企业的竞争日趋激烈，大量价格低廉的仿制品充斥市场，迫使企业降低成本，产品质量流于粗糙，继而失去民间工艺特色。少数经营有道的私营企业，尚能保存民族风格特色，近年来获得了民众的认可和支持，却因规模小、资金少、产品单一，无法引领市场导向。轰轰烈烈的民族服饰开发形式转入了零星、小型的特点。

就在城镇民族服饰企业发展徘徊不前的时候，云南少数民族地区却涌现出一批本土的集体或个体经营者。这些新兴的民族商人经营小型的家庭手工作坊，生产半机械化的新材料的民族服饰。这种新型服

---

① 吴海燕、但文红：《黔东南地区苗族妇女传统服饰文化保护研究》，《贵州师范大学学报》（自然科学版），2011 年第 1 期。

饰基本保持传统服饰的外形特征，具有轻便、耐磨、价廉的实用特点，也较适于农村较低的消费水平。本土的民族服饰市场出现归于两个方面的原因：一是当地的少数民族突破了自然经济的生产方式，因为具备一定的购买能力不愿再沿袭自给自足的穿衣形式。改制后的民族服饰价格低廉，可与进入本地的工业成衣形成竞争。另一方面，云南的发展以强调"民族"为基调，使民族的自我意识在各地区出现强化的趋势，敏感的商人便发掘了改装服饰的巨大市场。出现在文山、红河两大苗族聚居区的苗装贸易街，已成为当地新增的一道人文景观，这些苗装出自本地的私人手工作坊，买者和卖者大多数皆为苗族妇女。我们还可以在一些傣族、瑶族地区看到同样的场景，传统的首饰由仿银质取代了银质也可以在市场上买到，就连从前要耗费多年心血的嫁衣，也有人愿意购买经过简化了的仿制品。与非本土的服装企业相比，这些民族地区的手工作坊显得较为粗陋，投资者和经营者皆为本民族商人，生产、设计、销售的随意性较大，最重要的一点是：这种改装服饰作为商品仅仅只在本民族内部流通，缺乏跨地域的竞争能力，这里也反映出传统工艺与市场需求间的矛盾问题。由此，30 年过去了，云南少数民族服饰的发展至今并未走上产业化的道路，以开发为主的企业经营形式，并未使民族服饰的发展走上产业化道路，而本土的民族服饰流通市场的兴起，却加快了传统工艺的消亡。[①]

**（四）以博物馆、民俗馆、文化馆、群艺馆为代表的本真性保护与传承**

目前，对少数民族传统服饰主要的保护和传承形式是以博物馆、民俗馆、文化馆等为代表的本真性保护与传承。但是因为理念和经费投入等问题，少数民族传统服饰资源损毁、消亡、流失状况极为严重。由于少数民族地区一般都是边远贫困地区，经济基础薄弱，财政资金困难，再加上人们缺乏经济与文化协调发展理念，只重视自然资源开发，忽视文化资源的保护利用，对开发保护民族服饰文化工作认识还

---

①余鸣：《文化保护与妇女脱贫——云南少数民族传统服饰未来发展模式构想》，《西南民族学院学报》，2001 年第 9 期。

不是很到位，在抓经济建设时忽视了这方面的工作，投入开发保护经费没有一定的合理比例，缤纷浩瀚的少数民族服饰文化资源大多分散存留或流传于民间，传统服饰文化的代表性资料难以得到妥善保护，大批有历史、文化价值的珍贵实物与资料遭到毁弃或流失，甚至消亡。近年来，一些国家和地区的有关机构和个人，通过各种渠道私下收购、倒卖民间服饰珍品，使这些资源大量流失，目前世界上最好的旗袍服饰博物馆居然是在加拿大（阿尔伯特博物馆）就是典型例证。又据《新民晚报》2000年1月17日载文说仡佬族仅存的一套民族服装被法国买走了，将来人们要到法国博物馆才能看到。

## 四、可以借鉴的案例

1. 用标准化技术保护传承少数民族服饰文化

内蒙古自治区标准化院开拓性地把标准化技术应用于少数民族文化保护上。该院专门组织包括技术骨干和自治区内专家的研究团队，按照标准制定的规律和方法，借鉴和利用内蒙古"蒙古族服饰"研究成果，深入各旗县博物馆、民俗馆，对内蒙古自治区蒙古族服饰艺术传承人进行了面对面的专访，同时进行了大量调研、发掘、收集，确认服饰标样，采录各种蒙古族服饰信息，拍摄大量的照片，对28个蒙古族部落的服饰进行了全面的确认整理。后经过专家、学者的多次讨论和严格审定，《蒙古族服饰》内蒙古自治区地方标准出台并于2012年8月1日实施。《蒙古族服饰》自治区地方标准共收录56套蒙古族服饰实物标准样品，有彩色效果图、款式图和裁剪图，并以蒙古语、汉语两种版本发行。该标准为内蒙古自治区规范蒙古族传统服饰的制作和使用提供了科学、权威的依据，为民族优秀传统服饰文化的保存、保护、传承、教学、科研以及创新发展开辟了新的途径，建立了新的平台。内蒙古自治区标准化院已免费为蒙古族服饰艺术传承人、传统蒙古族服饰制作企业、高等院校提供《蒙古族服饰》自治区地方标准200多份，成为蒙古族服饰生产、流通、使用等方面的准则和依据。2012年，内蒙古自治区标准化院借鉴《蒙古族服饰》自治区地方标准的科学方法，着手"三少"民族服饰标准研究，制定了"达斡尔民族服饰""鄂伦春民族服饰""鄂温克民族服饰"内蒙古自治区地方标准，并已于 2013 年 9 月 25 日发布实施。[①]

2. 民间服饰传习馆

江南大学"民间服饰传习馆"融"收藏、展示、研究、教学"于一体，在汉族民间服饰文化遗产的抢救、保护和传承创新工作中做出了一定的贡献。共计收集清末民国时期以来的民间服饰 2100 余件（套）以及与之相适应的制作工具，考察地域有江苏、山西、安徽、江西、山东、河南、福建、辽宁、陕西等汉族特色文化圈层地区，共计 10 省 35 个县市，涉及有袄、裤、眉勒、裙、鞋、蓑衣、云肩、披风、各种首饰等 20 多个品种，为研究汉族各文化圈层的人类生活习俗、文化的变迁以及发展规律提供了强有力的实证依据。同时，通过十余年积累，成功沟通了一大批愿意奉献的掌握民间服饰技艺与民俗文化的传人，为该研究奠定了独一无二的基础。[②]

3. 传统与现代融合的唐装与旗袍

少数民族传统服饰中对现代影响最大的是中国满族的服装。清朝以来，男子以剃发梳辫、长袍马褂的满族服饰为基本装束，满族女子着旗装，汉族女子装束沿袭明代，出现满汉服饰融合的民族服装的经典——旗袍。在 2001 年的上海 APEC 会议上，中国作为东道主请前来参会的亚洲及太平洋经济体的领导人穿"唐装"，并由之而掀起祥和喜庆的"唐装"新潮，这不仅是传统与现代的融合，而且是流行规律的必然，更是中国在国际大家庭中地位与风度的体现。唐装的源起时间离人们很近，因此比较容易重新融入人们的生活。比如说穿着唐装上衣，还可配以西裤、皮鞋，外面能罩风衣，里面衬高领衫……这种特质是唐装风云再起的文化层面以外的实用因素，但这个因素在流行中同样不可或缺。满族的旗袍以长袍为主体，采用圆领、右掩襟，

---

①籍凤英、刘默、姚继红：《用标准化技术保护传承少数民族服饰文化》，《中国文化报》，2013年 10 月 24 日，第 004 版。

②崔荣荣、牛犁：《民间服饰文化遗产的保护与传承体系建构》，《2012 年中国艺术人类学年会暨国际学术研讨会论文集》，2012 年 7 月。

但是不开衩，其式样宽大平直，衣长到脚，选用的衣料都是绣花红缎，在旗袍的领、襟、袖的边沿部位都用宽图案镶边。20 世纪 20 年代初，旗袍逐渐普及到满汉两族女子，袖口窄小，边缘渐窄。20 世纪 20 年代末由于受外来文化的影响，长度缩短，腰身收紧，至此形成了富有中国特色的改良旗袍。后来经过巩俐连续穿着几件旗袍式的礼服出席国际影展，以及张曼玉在《花样年华》中身穿旗袍的精彩演出，旗袍在国际上掀起东方风潮来，如今，谈到东方服饰，旗袍无疑成为最具东方神韵的首选。

4. 王一扬与 UCZUG（素然）

UCZUG 是上海新锐设计师王一扬在 2002 年创立的个人品牌，品牌定位由早先的个人设计师品牌逐渐转型为更多元化的本土设计品牌。有人把王一扬称作中国的三宅一生，这位吉林省的设计师，早在 20 世纪 90 年代初到上海学习时装设计时，就想要设计拥有中国印记的服装。王一扬本人也凭借独特的设计在 2012 年获得《华尔街日报》中文版"2012 年中国创新人物奖"。中国很多时尚评论人士认为，早在 Gap 和 H&M（Hennes & Mauritz）进入中国之前，素然便已开创出了一种可持续发展的经营模式，并用各类藏族印花帽衫、中国生肖图案围巾和毛衣来表达一个时代以及与西方不同的文化。[1]

现代都市文化引导着消费者有一种"求新""求变"的时尚诉求，这给传统服饰文化的保护与传承提出了新的命题。传统的传承并非僵死的，而是活态的、流动的，只有对传统文化进行全面的分析与提炼，寻找与社会需求的契合点，才能透过文化的表层深入内心，将中国文化的精髓用更加现代的方式进行演绎，从而延续下去。如今在国际政治、经济和文化交流的舞台上，中国人在展示充满民族文化的时装，例如 APEC 会议上的唐装，电影节上中国演员的着装，旗袍成为礼仪服装等。只有民族的才是世界的，只有在中国五千年传统文化的根基之上，才能在世界时尚舞台上展示东方文化的个性与魅力。

---

[1]《王一扬与他的本土时装品牌"素然"》，《华尔街日报》，2012 年 11 月 12 日。

# 第三节　城市化进程中传统饮食文化的保护与发展

　　饮食文化是物质文化中的重要组成部分。俗话说，"民以食为天""人生大事，吃穿二字"，足见"吃"在人们生活中的重要性。我国由于地域广阔，加上气候、物产、历史条件、风俗习惯、民族宗教等因素的影响，形成了不同的饮食文化，体现出地域性和民族性的特点。当前，我国正处于城市化加速发展期，城市化不仅是社会转变的过程，同时也是文化转变的过程。那么在城市化的进程中，我国传统饮食文化受到哪些影响？当前保护与发展的状况如何？这是本节要探讨的问题。

## 一、城市化对中国传统饮食文化的影响

　　城市化对于中国传统饮食文化的保护和发展同样也是一把"双刃剑"。从积极的方面讲，城市化有利于传统饮食文化的传播、交流与创新；但另一方面，它也可能影响传统饮食文化特色和特点的延续，以下具体阐述。

　　第一，城市化的一个重要特征是人员流动与物资流通的日趋频繁，随着城市规模扩大，人口异质性的增加，对饮食也提出了多样化的需求，这无疑对地方传统饮食的传播具有积极的作用。例如，以前我们想吃家乡菜只能靠回乡来满足，现在身在大都市，任何地方特色菜都能找到与之对应的餐馆。但同时我们也会看到，城市外来人口的迁入也促进了本地文化与外地文化的冲撞与融合，在饮食文化上也是如此。餐馆为了吸引更多口味不同的客源，从而模糊了原有的特色，许多传统菜系在与其他菜系汇聚与交流过程中，逐渐趋于适合南北口味，川菜和湘菜的辣度降低即是一个典型的例子，于是我们时常也会听到食客的抱怨，诸如某个风味的餐馆"不地道"之类的说法。

　　第二，城市化也是一个由农业为主向工业和服务业为主的产业结构转换的过程，产业结构的调整对传统饮食文化的影响是多方位的。

随着越来越多的工业园区的建设，用来生长各种作物的土地面积减少，同时从事农业的人口也大幅度下降，人们越来越倾向于种植和养殖商业化程度高的品种，这在很大程度上降低了食材的多样性。同时，建立在现代工业、农业和交通运输业基础上的现代食品工业的出现，也改变了传统饮食的结构和技术条件。但如若现代食品工业对传统饮食文化进行清理，吸取其积极合理成分，也是对传统饮食文化的一种推广。例如为了培养现代食品工业的人才，有关大专院校在专业设置和课程设置上开设了有关传统饮食文化的课程，使传统饮食文化的精髓部分可以在现代食品工业中得到继承和发扬。

此外，旅游业作为一个新兴产业，已成为许多地方国民经济的支柱产业之一。在经济发展相对落后的许多民族地区，都试图通过发展旅游事业来壮大地方经济，增加群众收入，改善人民生活。旅游业发展所带来的一个重要结果是餐饮业异军突起，快速增长的餐饮业与各地重视发掘传统饮食文化是密不可分的，从这个意义上说，旅游业促进了传统饮食文化的传承与发展。

第三，工业化和城市化的进程改变了人们的生活节奏，从而也改变了人们的饮食方式。随着人们生活节奏的加快，方便而快捷的食品为人们所追寻，复杂、费时的烹饪方法已无法满足人们的需求，这无疑对传统饮食文化是一种冲击。但是，工业化生产的食品又常常出现安全问题，生活在都市中的人们被无所不在的快餐垃圾食品包围，被迫天天吃进各种可疑乃至有毒食品，这在心理层面上又使得他们渴望回归传统饮食。另外，随着人们生活水平的提高，人们普遍把目光投向了康体益寿，而我们的祖先很早就以"天人合一""阴阳平衡"等学说为依据，注重膳食模式在人们生活中的重要地位，以及饮食与人体的密切联系。传统饮食文化中的科学观和保健观，在当前康体益寿的需求下可以得到发扬。

第四，伴随着城市化的进程，无论是大量的农村青年往城市转移，还是城市向农村的扩展，城市文明的一些价值观念，如行为的理性原则、科学精神、法制意识、环保意识等日趋普及，这些都对传统饮食观念和饮食行为产生了影响。比如，相对于传统饮食文化中的炫耀性消费，现在很多人在饮食消费上比较理性，在饭店就餐后剩下的饭菜能打包则打包。在饮食结构上，人们也更加强调科学的营养搭配。此外，公众的法制意识和环保意识增强，逐步认识到环境和生物保护与自己休戚相关，与子孙后代的平安幸福相关，从而自觉地抵制和反对破坏环境、破坏生物多样性以及野蛮加工、进食等不良现象。

第五，伴随着城市化和全球化，西方餐饮文化对中国传统饮食观念、食材的选取、烹饪方法、饮食习惯等也产生了一定的影响。相较于中国饮食追求的味觉享受，西餐饮食则更加理性与科学，大多数西方人都是将食物的营养放在第一位，每天摄取的蛋白质、维生素、热量是否足够是他们进食的考虑重点，中国传统饮食中各种营养损失过多、烹饪时间过长的菜式将逐步被社会淘汰。在食材上，西餐用料精、加工细，食材使用也更专业，例如，肉类的取料都是按照部位分档进行的，目前在中餐中也大量借鉴了西餐原料。在烹饪方法上，西餐更为简单，更注重体现食材原味，较为简捷、朴实，其主要的烹饪方法有铁板、烧、烩、扒、煮、烟熏、煎炸等。在快速、方便的西餐烹饪技法的影响下，中餐也开始对烹饪技法加以改良、创新，通过应用西餐烹饪技法，开发出了一系列"西菜中做"的菜式。西餐的分餐制对中餐也产生了较大影响。中国人的就餐习惯一般都是围坐在一起，共同分享餐桌上的所有食物，有时为表示尊重，还会相互夹菜。而西方人则使用分餐制，每人一份，各自吃自己的食物。中国人逐渐改变了传统的"围餐"饮食习惯与心理，分餐制更加卫生，能有效避免一些疾病的传染，于人们的身体健康有益，同时还能克服中餐中铺张浪费、讲排场的缺点。随着人们健康意识的不断增强，近年来，不少的中国家庭都开始使用公筷。在很多的餐厅中，也开始推行"公筷食法"。[①]

全球化对传统饮食文化的保护与传承也有积极的影响。例如，随着中韩两国正式建交，两国之间的经济文化交流日益频繁，韩国饮食文化不断传入中国，使很多濒临灭绝的朝鲜族饮食文化得以复生，一

---

① 袁林：《西餐饮食文化对中国传统饮食观念的影响》，《产业与科技论坛》，2013 年第 10 期。

些朝鲜族饮食开始寻根走向正宗，复苏传统饮食文化的内涵。[①] 再如，随着越来越多的中国人走出国门，在世界各地只要有中国人聚集的地方，中国餐馆便也随之落地开花，如今中华美食在世界享有盛名。

## 二、传统饮食文化的保护与发展状况

### （一）城市中的传统饮食——中华老字号

老字号是指"经营者在长期的市场竞争中以其商品的独特性、优质性和信誉的可靠性而确立的，区别其他经营者及其商品的称谓。简言之，老字号指的是历史悠久的商品品牌或商店招牌"[②]，老字号蕴含着浓郁的民族文化和企业的发展历史，是弥足珍贵的民族文化遗产，一座城市之所以有它的个性，不仅仅是因为它拥有独特的山川地理形势，更重要的是它拥有这些独特的文化标识。老字号见证着城市的兴衰，在悠长的岁月中，这些老字号给城市积累了一笔宝贵的财富，它们已成为城市的一张张名片。

据不完全统计，中华老字号中有超过 1/3 是经营饮食的。饮食行业老字号的文化内涵更多的是通过非物质文化遗产的形式加以肯定。已经有许多老字号的制作工艺入选非物质文化遗产目录。如全聚德挂炉烤鸭、东来顺饮食文化、牛栏山二锅头、狗不理、广式月饼、六必居酱菜等。北京老字号六必居，其酱菜早在明清时期就十分热销，并且成为皇家御用佐餐的佳品，而大小官员的宴席、百姓庶民的饭桌，更是少不了六必居的酱黄瓜、甜辣萝卜干等甜酱小菜。

如今，随着城市现代化进程的加速和市场经济的冲击，许多地方的老字号经营萎缩，境地困顿。主要原因有三个：

一是现在的人们更重视食品的营养，对食品的口味要求也倾向于多样化，这就使得老字号的顾客不断地流失，并且难以吸引年轻一代

---

① 全信子：《民族学视野下的朝鲜族传统饮食文化及其传承》，《南宁职业技术学院》，2010年第 4 期。

② "北京老字号发展研究"课题组：《北京老字号的发展现状及对策研究》，《北京行政学院学报》，2004 年第 3 期。

的顾客，从而造成老字号顾客群体老龄化的局面。来老字号的食客一般有两种：一种是为怀旧而来，这些顾客多是老人；另一种是慕名而来，一般是初次到这个地方的人或一些观光的游客。[①] 而天津的狗不理包子因为过高的价格和口味上优势的丧失，连本土的老年人顾客也丧失掉，其消费群体多数是那些慕历史品牌之名而来的初来乍到者，而这些人品尝过之后多数不会再想品尝第二次。因此，尽管其在经营方式上学习麦当劳、肯德基，开了一些便利连锁店，但是食客寥寥。要想吸引和留住顾客，必须以满足顾客口味为导向，对产品及其价格做出调整。

二是随着人们生活节奏的不断加快，消费观念的不断更新，饮食方式也随之变化，人们更追求快捷、方便的饮食。一些有眼光的商家抓住这个有利时机，开发各种方便食品，以迎合人们食品消费结构变化的要求，而一些老字号在开发方便食品方面则明显落后，需要在创新能力方面有所提高，从而开发出被广大消费者认可的方便食品。方便食品不仅适应现代消费结构的变化要求，它还能突破地域限制，扩大老字号的影响力，可谓是一举多得。一些老字号的实践也证明了老字号利用品牌优势开发方便食品，是培育新的经济增长点的成功之路。

三是老字号普遍存在服务品质差的问题，这也是造成本土老字号竞争不过西式快餐的主要原因。在现代社会，消费者追求更舒适、更自由的生活，人们在消费过程中更注重服务，而产品只不过是服务的一个载体。人们希望通过服务来实现对人性的重视，并满足心理需求。因此，服务成为人们消费的核心，良好的服务才是为顾客创造真正价值的手段。"海底捞"成功的秘诀是其高品质的服务，走进麦当劳或肯德基，无论是就餐环境还是服务态度，都让顾客感觉很舒适、很自在。而我们的老字号与之形成鲜明的对比，服务人员素质不高，服务态度差，这与消费者的生活追求背道而驰。

---

①姚伟钧：《老字号与中国饮食文化遗产的保护与传承》，《留住祖先餐桌的记忆：2011 杭州·亚洲食学论坛论文集》，2011 年 8 月 17 日。

总体而言，尽管也有一些老字号企业发展成绩骄人，如全聚德已成功上市，但很多老字号的发展陷入困境，呈现衰落趋势。因此，对老字号的保护与开发，是亟须解决的事情。

**（二）旅游业中的传统饮食文化保护与发展**

旅游中的"食"是游客在旅游地追寻的重要内容之一，特别的饮食消费在旅游经历中具有不可替代的地位，品尝传统食物也是游客认识旅游地地方文化与民族文化的一个重要方式。现今在国内所有的旅游景点中，无一不在彰显有地方特色与民族特色的食物。因此，不管是开发城市游、乡村游还是民族风情游，这些项目对于传统饮食的保护和发展都提供了契机，但同时我们也应该看到存在着的问题。

首先，尽管传统饮食文化资源在旅游中得到认识和开发，但在饮食文化的参与性方面开发得不够。目前，已有的饮食文化资源的旅游开发基本上以品尝佳肴的基础层次为主，往往忽视了饮食资源的文化内涵，并没有看到旅游者对于饮食文化的精神需求，更谈不上参与性了。饮食文化不仅包含传统食品本身，还包括餐饮器具、饮食习俗和饮食礼仪，目前在饮食习俗和饮食礼仪方面还比较欠缺。如对开展"农家乐"旅游的当地农户来说，"吃农家饭"就是给游客烧制当地特色的菜肴，然后上桌任由游客一吃了事。远道而来的游客只不过是换了一个就餐环境，吃到了风味不同的食物而已。

目前，许多地方在民族传统文化资源参与旅游业开发的过程中，旅游业获得发展的同时也是民族传统文化的消失和变异的过程，旅游者所带来的主流强势文化观念、价值观念是造成这一问题的最主要因素。如果在民族传统饮食文化的开发中，不仅让旅游者品尝到该民族美味的传统饮食，还可以让他们参与食品的制作过程，按照民族传统的饮食礼仪和习俗就餐，向他们讲解其中蕴含的意义，就会使旅游者在饮食中觉得自己就是一个"当地人"，亲身参与其中，从而获得完美的生活体验。如此一来，作为参与者的旅游者所做的是如何使自己更像是一个生活在此时此地此文化中的一员，这样就会把旅游者对旅游地文化的影响减少到最小限度。因此，从纯粹的"客位"参观旅游向"主位"参与性旅游转变将是解决民族传统文化消失和变异这一问题的一个有效途径。

其次，我们也应该看到，与其他传统文化开发中所出现的问题相同，在传统饮食文化的开发上也有这样一种倾向：随着对其商业价值的看好，越来越多的商家涌向此领域，纷纷打出弘扬传统饮食文化的招牌，一拥而上，其结果是鱼龙混杂，败坏了名声。以敦煌饮食文化开发为例，目前，一些商家看到"敦煌饮食"巨大的吸引力和市场前景，不进行艰苦细致的研究开发便匆匆打出"敦煌"的旗号，随便戴一顶"敦煌"的帽子，餐厅里贴几张临摹的敦煌壁画，胡乱起一些相关的名称，就称其为"敦煌饮食文化"，甚至大言不惭地标榜"填补了敦煌学的空白"。[①]

最后，还有一些旅游地对传统饮食文化的挖掘不够重视。例如在四川泸沽湖旅游地区，作为旅游接待的饮食缺乏传统特色食品，大多是现代馔肴，像牛头饭、苏里玛酒、咣当酒、酸鱼、烤鱼干、泡梨、花花糖、花纹粑和"呷尼"等特色食品，都没有见到。旅游宾馆中的一日三餐是请汉族厨师做的内地菜饭，大大降低了游客的兴趣与食欲。而且，在整个旅游地中，除了有几家特色餐饮店外（专卖烧烤鱼干），很少有系列展示摩梭饮食的场所。究其原因，一是旅游相关部门对展示、宣传、创新民族传统饮食文化认识不够，只考虑划船、歌舞等项目，服务内容单调；二是其特色产品来源较少，且有季节时令之限，存在供需矛盾，从而制约了本地旅游饮食的发展。[②] 传统饮食文化及其产品主要是以传统手工艺（特别是个人的技艺）为主要生产手段的，这一方面表现出了传统饮食文化及其产品的特殊魅力，但另一方面，在推向市场时，必然存在着如何保证产品质量、规模和效益的问题。因此，进一步提高质量，创新技术，这是推广传统饮食文化及其产品亟须要做到的事情。

---

①高启安：《从敦煌饮食文化的开发看中国传统饮食文化的创新》，《食文化：提高企业竞争力的重要途径——2005食文化与食品企（产）业高层论坛论文》，2005年4月1日。

②张利：《四川泸沽湖旅游发展与传统饮食文化的利用创新》，《四川烹饪高等专科学校学报》，2007年第2期。

**（三）以纪录片、美食节目的方式弘扬传统饮食文化**

纪录片的方式不失为一种保存和弘扬民间传统饮食文化的有效途径。典型的成功案例是 2012 年首播的《舌尖上的中国》，它是中国中央电视台播出的美食类纪录片，主题围绕中国人对美食和生活的美好追求，用具体人物故事串联起各地、各民族、各习俗造就的中国特有的饮食习惯和文化。该纪录片播出后引起了很大的反响，对中华各地民间传统美食的传播起到了一定的作用。

以陕西的"黄馍馍"为例，2012 年 5 月 17 日央视播出的纪录片《舌尖上的中国》中，制作黄馍馍的陕北老汉黄国盛向观众展示了绥德县的地方名吃"黄馍馍"的制作过程。之后，黄国盛夫妇与西贝餐饮企业正式签约，成为该企业"黄馍馍"的形象代言人。黄国盛作为该企业的技术指导，传授"黄馍馍"的制作工艺，在该企业北京、上海、广州、深圳等地的分店进行技术指导。黄国盛的"独家秘方"制作出来的"黄馍馍"，于 2012 年 8 月份在该企业全国的所有店面开卖，售价每个 3 元，至此，陕西的黄馍馍由绥德县走向了全国各大城市。笔者在位于天津南开大学西门附近的一家"西贝"餐馆进餐时，总会看到主食的橱窗口摆着金灿灿、热气腾腾的黄馍馍，而在点主食时服务员也总不忘记指着菜谱上的图片向笔者推荐"这是《舌尖上的中国》中的黄馍馍"。

《舌尖上的中国》第二季于 2014 年 4 月 18 日在央视开始播出，播出后同样受到美誉和好评。这部美食纪录片的热播，带动了观众对其他美食类节目的关注。目前，各大卫视上播出的美食类节目，就有《爽食行天下》《闻香识男人》《时尚美食》《妈妈的味道》等近十档之多。但是，相比于《舌尖上的中国》所受到的美誉和好评，这些同样主打味觉元素的电视节目，却总是难以讨好观众。综合来看现有的一些美食节目，节目形态非常雷同，大致可以分成三类：一是"搞馆子"，主打旅游美食，寻找当地的小馆子；二是"进厨房"，展示烹饪妙门；三是主打美食类综艺，让选手进行美食大比拼、过关卡。这些美食节目目前的一大通病是偏重于娱乐和服务，总是在做表面文章，缺少深度挖掘，很少有人关心食物背后的东西。

传统饮食提供的不仅是营养，传达的不仅是味道，更蕴含了与人情、时令相关的特殊意义，甚至被寄寓某种信仰。《舌尖上的中国》给我们呈现的正是这些，这是它打动观众的地方。但是伴随着工业化和城市化的浪潮，年轻一代进入城市，乡土食物的传承也在遭受冲击，许多传统的饮食制作工艺日渐失传，这个问题在加速的城市化面前尤其突出，正如有人评论《舌尖上的中国》所说："饮食是简单的，讲究的是附在上面的一颗深心。只是，想着，念着，却未必奉行，我们被拴在高速运转的时代之轮上，惦记着生活最朴素的质地，却照旧身不由己向着奢靡狂奔。《舌尖上的中国》真正的主角，是沦陷的故乡、沦丧的乡愁，以及正在沦亡的旧式生活。"①

## 三、批判性地保护与发展中国传统饮食文化

我国传统饮食文化优秀部分固然价值很高，但是也存在着一些不值得提倡的因素。对于中国传统饮食文化，我们在保护与发展的同时也要有所扬弃，对于那些随着时代的发展已经被认识到是消极的、不科学、不环保、不文明的成分要进行批判。

"吃"的生命意向。中国人将吃视作头等大事，"民以食为天"这一古老谚语就充分说明了中国人对"吃"的重视程度。"吃"不仅是维持生命的需要，而且"吃"本身还是一种"艺术"，具有审美情趣，是一种人生享受。传统文化中这种对饮食生活的特殊嗜好，有把人的生命意向导向"身体化"的作用，这与西方某些人的饮食观大相径庭，后者倾向于把"吃"视为机器加燃料，以便更好地运转从而实现自我的理想，"吃"在这里更多地表现为维持肉体的存在，以便使灵魂"自由"。②而某些中国人往往把"吃"视为一种人生目的，"吃"已经不再是一种"手段"，而变成了"目的"。

营养问题。人们对美味的极致追求丰富、提高了中国饮食的烹饪

①韩松落：《"舌尖上的中国"生活里的百姓味道》，参见 http://ent.sina.com.cn/zl/discuss/blog/2014-04-19/13271481/1152440821/44b0d9f50101s7ly.shtml.

②龙夫：《透视——中国传统饮食文化负效应》，《四川烹饪》，2002 年第 5 期。

技术，但由于我们过分地追求味觉享受，使得食物本身的营养价值被忽略。中餐烹饪中的煎、炸、炖的方式很大程度上破坏了食材的营养成分，在加工过程中，就已将食物的营养成分破坏殆尽。因而在中国传统饮食文化中，食物的营养问题是最大的弱点。

合餐问题。我们今天的共食合餐制虽是我们传统的就餐方式，但至今只有一千多年的历史。在宋代以前，中华民族的进食方式始终是共食分餐制。这种方式起源于原始社会的生产力水平和生活方式，共同劳动，共同分享劳动成果。"席地而坐"，每人一份就是当时的就餐方式。到了西晋时期"胡床"输入中原地区，改变了人们"席地而坐"的习惯，因而产生了与之相适应的、腿比较高的食案。到了宋代，现代式的座椅已初见雏形，资本主义萌芽的出现使人们的交往越来越频繁，而共同就餐无疑是增进人们情感的重要方式之一。于是人们的就餐方式逐渐由原来的分餐制转变为合餐制。如果说合餐制是当时人们出于自身物质和精神的需要而创造的，是在特定条件下进行的一种最佳的选择，那么，当前一些传染性疾病发生之际，人们便深刻认识到这种合餐制已经构成了对公众安全的威胁，对自己生命的挑战。所以，合餐制已经不是现代人就餐方式的最佳选择。我们今天提倡分餐制，并非是放弃传统，在某种意义上说是继承了我国饮食文化中能适应当今社会需要的部分，是一种弘扬。[1]

饮食中的炫耀性消费问题。历代统治阶级在饮食奢靡上，既是开风气者，又是积极的推行者。另外，我国有一些地区的人们，几乎无所不吃，"吃"除了满足人们探索未知的好奇心以外，还能满足人们的虚荣心。追求时尚和炫耀性的消费是我们中国人传统消费观念的一部分，吃别人不曾吃过的东西、珍稀罕见的东西，是大可以在别人面前引以为荣的事。所以，猎奇求特便成了我们中国人追求美味的普遍心理。

野生动植物资源的保护问题。中国传统饮食文化食材取用十分广泛，历来重视山珍海味的加工，如满汉全席中的山、海、禽、草"四

---

①郑昌江：《关于我国传统饮食文化的一点思考》，《光明日报》，2003 年 7 月 16 日。

八珍"。此外，我国很多地区都有食多种野生动植物的习惯，尤其是近年来，传媒对天然食品的宣传，人们对在农牧业生产中使用化肥、农药、生长素等对人体可能的危害，使人们越来越倾向于野生动植物，这无疑对于生态环境的保护、生物多样性的维持是不利的。维持生态圈的平衡和生物的多样性是我们人类维系生存的根基。目前，我国的生态环境已经对我们的生存环境构成了威胁，要解除这种生态危机，远不只是科学技术的问题，也不只是制定法律法规的问题，同时还涉及我们最根本的生活方式和生存哲学的问题。"吃什么，怎样去攫取，怎样吃"构成了人类今天生活方式和生存哲学的核心。①

此外，中国传统饮食文化中还存在着一些不人道的做法，如残酷的加工方式（如采用活烤、活烫、活断、活取、活剐等方法进行取料加工）、"活食"等野蛮的进食方式。一些不够合理、健康的习俗也需要改革，如一些地区敬酒必须喝干的礼俗，对那些不胜酒力的人的确勉为其难；一些地区男女不同席的礼俗，妇女不上正席的习俗，反映了封建男尊女卑的思想残余。

总而言之，我们对于中国传统饮食文化的保护与发展要有所"扬弃"，即"去其糟粕，取其精华"，这样才能使中国饮食文化真正健康地与世界接轨，走向全球。


# 第四节　城镇化进程中的古民居建筑群

本节内容关注的是作为传统物质文化遗产的"古民居建筑群"，因其常以古村落、古镇的形态存在，因此不妨直接考察城镇化进程中的古村落和古镇。

---

① 郑昌江：《关于我国传统饮食文化的一点思考》，《光明日报》，2003 年 7 月 16 日。

# 一、城镇化进程中的古村落

2000 年，安徽省黟县西递、宏村被 UNESCO 列入世界文化遗产，这是世界上首次以村落民居列入世界遗产名录的地区。"申遗"成功引发了很多人对我国遗产保护的反思，国家建设部、国家文物局从 2003 年开始在全国范围内选择一些保存文物特别丰富并且具有重大历史价值或革命纪念意义、能较完整地反映一些历史时期的传统风貌和地方民族特色的村镇，分期分批公布为中国历史文化名镇和中国历史文化名村，其中已分四批共公布了 108 个国家级的历史文化名村。在当前快速现代化、工业化、城市化的背景下，古村落文化遗产获得了旅游开发、城镇化等发展机遇，同时也面临着一系列严峻的问题或矛盾，出现了历史建筑多种原因的损毁、建设性破坏、村民传统生活方式的异化、旅游过度商业化等现象。传统古村落独特的建成环境和其历史文化遗产是极其脆弱和不可再生的，保护传统古村落已成为国际社会的广泛共识和迫切任务。针对古村落保护和发展中所面临的现实和潜在问题，理清传统古村落保护与发展的内外部作用机制，是对部分有价值古村落实施有效的保护并促进其持续健康发展的关键。

但是值得注意的是，这些古村落的保护与发展状况呈现出一定的差异性，不能一概而论，笔者将分为三种类型对此进行讨论，第一类是旅游业繁荣的古村落，像被列为世界文化遗产的西递、宏村等；第二类属于虽然被列为国家重点文物保护单位，但是旅游业并未成为村民主业的古村落；第三类则属于处于自然状态下的古村落，社会的关注度比较低。这些不同类型的古村落目前的运作逻辑不同，保护与发展的过程中也就呈现出不同的形态与问题。

### （一）旅游业高速发展下的古村落

近年来，在古村落的保护与开发的关系上学者们达成了一致的意见，即保护性开发，认为发展旅游观光业是古村落保护性开发的重要出路。自 21 世纪以来，古村落在乡村旅游中占据重要的地位，但由于历史原因，现存的古村落多多少少都受到了破坏或改变，而一些传统的民间艺术、民俗风情也因为时代关系渐渐淡出人们的生活，同时古村落本身也面临着不断发展的压力。发展古村落乡村旅游一方面对于古村落保护有着积极的意义，因为它使人们重新认识到古村落的价值，同时也为当地政府、企业和居民带来了可观的经济收入，另一方面也会因旅游发展而对古村落带来新的威胁，古村落旅游发展过程中也存在着诸多问题和限制性因素，如旅游容量饱和、过度商业化倾向，旅游开发与居民生活的矛盾，旅游开发与遗产保护的冲突等。因此，必须加强古村落旅游的可持续发展研究，走可持续发展的开发与保护之路。以下以西递和宏村为例阐述当前的保护与发展的状况和问题。

1. 商业化气息过浓

当前以旅游业为主的古村落，过于商业化是很多游客的感触。以下摘自同程旅游网上游客的点评：

1999 年的寒假，笔者和同学在冬雨中来到宏村。那感觉，比西递好多了！安安静静的村子，和善的村民，可以随意进去和村民聊天，无意中看见让人心动的美景。那是单纯而原始的美。这次是陪爸爸来的，就笔者本意，是不愿意来的，笔者知道来了就会破坏我心里那个美丽的印象。果然，商业已经渗透在村里的每个角落。超贵的门票，不咬掉一块肉绝对不松口。我没能再找到让我心动的那个有倒座水榭的宅子。满村都是民宿。离开游览线路的水槽已经大半干涸。那些流动的水也不再清澈如初，可以看到油污和其他脏物。这里的美丽正在渐渐消散。[①]

临街都是各种卖茶叶的、卖米酒的、卖竹子工艺品的，卖糯米糕的。……坑爹的小山村，应该叫"宏村小商品批发市场"。收 100 多的门票，过分了！下次谁爱来谁来，反正我不来了。[②]

以下这则是对西递的评论：

建筑很美，风景如画。可惜的是全村的人都在做旅游生意，浮躁

---

①137nqsop969，2014-02-27 http://www.17u.cn/scenery/BookSceneryTicket.aspx？id=999&refid=9291476.

②136npnmr463，2013-06-18 http://www.17u.cn/scenery/BookSceneryTicket.aspx？id=999&refid=9291476.

的商业气息浸染了这世界文化遗产,让人感受到一丝淡淡的悲哀,悲哀的不是商业浸淫了文化,而是老祖宗宝贵的文化遗产却变成了后人浮躁的赚钱机器,每个村民都在拉客人,不像某些遗产地,商人只是静静地等着客人光顾,即使你不消费,他们也能乐呵呵地与你分享生活的乐趣,享受当地的阳光和雨露,那才是旅行的意义。[①]

2. 旅游产品单一,对于历史文化遗产的深度挖掘有待进一步加强

宏村和西递的文化旅游产品开发处于初级阶段,基本上以观光旅游产品为主,旅游产品类型单一,主要为工艺品、食品、土特产茶叶等,其中工艺品出现同质化倾向,旅游产品质量过分下降将导致古村落旅游业不可持续发展。宏村和西递旅游发展中尚缺乏对徽州文化内涵的深度挖掘,对当地具有浓郁地方色彩的民风民俗、传统民间工艺等无形资源重视不够。

3. 修缮资金投入不足

自然因素对宏村珍贵的历史文化遗产的损坏日益加重。目前由于保护和维修资金不足,许多古民居的墙体已发生了开裂、倾斜,木构件也不同程度地发生了霉烂,白蚁、粉蠹、黑蜂大量繁衍对古民居构件侵蚀非常严重(经东南大学普查,白蚁、黑蜂对宏村古民居建筑的侵害面已达 80%)。宏村居民认为政府对古民居的修缮、维护投入不足,部分古民居年久失修。另外,在宏村内没有完善的村民自治监督,政府对破坏或变相破坏古民居的惩治力度不足。[②]

4. 环境容量的制约

大量的游客导致旅游垃圾增多,尚不完善的环境保护设施无法及时有效处理这些旅游垃圾导致古村落环境污染问题出现。造成古村落有限的环境容量与逐步增长的旅游者之间的矛盾日益突出。游客的到来,占据了古村落居民生存与活动的空间,加剧了古村落的环境污染和水资源、食物资源等的耗竭。

---

① 139ryvjw913, 2013-05-03 http://www.17u.cn/scenery/BookSceneryTicket.aspx？id=29001& refid=9291476.

② 卢松、陈思屹、潘蕙:《古村落旅游可持续性评估的初步研究——以世界文化遗产地宏村为例》,《旅游学刊》,2010 年第 1 期。

5. 保护与居民生活的矛盾

目前遗产保护还属于自上而下以政府为主导的保护行动，对居民生活需求关注较少，未能与社区自下而上的内生力量形成有效的社会互动和共同建构，最终造成了文化遗产保护趋向于表面化、静态化、无机化、旅游化。以宏村为例，为了维持古朴的古村落氛围，对村民的行为进行约束：不能在游客视线内晾晒衣物、不能在旅游时间拉板车等。社区在功能上也趋向单一，学校、政府、农贸市场等为本地居民服务的功能都被迁出，相当一部分的居民也都迁出，目前宏村只保留旅游功能和本地居民居住功能。这些措施都体现了保护的表面化、面向旅游化，保护成为一种"严格控制建设和居民行为"的静态保护，居民生活的可持续性受到阻碍。再如古建的色彩、外形、体量等外观和整体氛围保护较好，而内部却潮湿、阴暗、发霉，甚至梁柱断裂、倒塌、残损不堪。外观与内部结构保护效果形成巨大反差，对于直接影响居住条件的潮湿、采光、水患的解决没有加以考虑，对居民生活涉及很少，这也引起了居民的抱怨"没有足够的补贴，却要我们不能做这个做那个，连个厕所都不能建"。古建保护规划实施的外观化、对人的居住条件的忽视，造成民怨的加重和对保护工作的不配合，出现居民放弃维修、搬迁、故意违反规划规定等现象。[1]

6. 当地居民参与旅游程度不够，政府、旅游企业与当地居民的关系有待进一步融洽

西递旅游经营主体——西递旅游服务公司是当地的村办企业，旅游发展过程中当地社区参与程度高。而宏村的经营者则是作为古民居的世代居住者和产权所有者，村民普遍感到被排斥在旅游业之外，没有从旅游经营收益中享受到应有的份额，从而不断引起了当地村民与旅游业企业之间、村民与当地政府之间的矛盾和冲突，发生了一些不利于旅游发展的事情：如村民联名上访、上诉，有意"用牛马粪涂在墙上"，拒绝让游客参观，村民私下带游客逃避检票口进入旅游景点，

---

[1]徐红罡、万小娟、范晓君：《从"原真性"实践反思中国遗产保护——以宏村为例》，《人文地理》，2012年第1期。

破坏整体旅游形象的行为等。经营者常因当地居民的不接纳、不配合、不断上诉、上访等而疲惫不堪，政府部门也因所出现的问题而焦头烂额。①

另外，有学者观察到了旅游高度发展的古村落中存在的重大问题，即游线固化，这一问题影响了古村落整体经济、社会、文化和环境的可持续性发展。徐红罡等通过对西递和宏村的调查研究说明了这一点。

在过去二十余年的旅游发展探索中，西递、宏村都形成了各自独特的"参观线路"。这些参观线路常年固定在古村落的每个街道，游客活动在游览线路上高度集中，导致西递、宏村在旅游资源开发、游客市场管理、社区发展、遗产及环境保护等方面处于次优化状态，主要表现在以下几个方面。

旅游资源开发和游客管理上的次优化状态。西递、宏村的旅游景点都不约而同地集中在村落的西部，东部只有很少的古民居成为观光景点。然而，集中在西部的游线减少了东部的资源被感知、开发、优化利用的机会，降低了东部居民参与旅游的可能性。游客管理和旅游市场开拓方面，西递、宏村在 2000 年后获得了量上的飞跃，除 2003 年受"非典"影响外，历年游客量增长率分别保持在 17% 和 19.8% 以上，然而，西递、宏村游线在近十年内却没有大的变化，在游客抵达的高峰时段，大量游客在同一游线甚至是同一古建内聚集的现象明显，古建内人头攒动，导游争相讲解矛盾突出，给游客旅游体验、旅游环境造成了负面影响。

社区发展机会和利益分配上的次优化状态，主要表现为业态分布、家庭收入和就业以及人口结构的空间差异。首先是业态分布：西递、宏村的核心旅游线路都集中于村落西部，游线及道路交汇节点较为开阔的空间上主要分布有餐饮、旅馆、三雕手工艺品、茶叶、古董、特色服饰等面对旅游者的商铺，旅游商业是游线上经商家庭的主业。而与游线相对接近的大部分民居内亦有 2～4 间不等的灵活住宿和小规模餐饮，作为家庭的副业。相比之下，东部的居民很少直接经营旅游。

---

①卢松、张捷：《世界遗产地宏村古村落旅游发展探析》，《经济问题探索》，2007 年第 6 期。

其次是家庭收入和就业：在西递、宏村旅游公司与本村居民的协议中规定的凡居住在西递、宏村拥有本村户口的居民都有权力享受旅游门票分红，而被选为游客参观景点的西部的民居每年还可获得固定的房屋租赁收入和古民居修缮保护专项资金；另外，西部游客活动集中，带动商业机会发展，形成了游线上较高的级差地租，民居所有者可以通过出租房屋获得稳定的收入。在西递，导游选拔的特殊机制也加强了收入的差异，与政府部门或旅游公司有关系的居民（往往在西部）更容易得到导游职位，导游为有回扣协议的特定商家输送客源，并形成盘根错节的利益关系。而两村东部的居民家庭收入主要来源于劳务输出及种植业，部分居民季节性地在餐馆、宾馆打工间接获取旅游收入。最后是人口结构：旅游发展格局和东西经济结构差异推动社区人口改变，东部更多的青壮年男性和年轻女性到外地务工，留守家中的多为孩童和老人；而随着旅游分红和旅游商业机会上升，更多临近游线的家庭从外地回流，开始经营旅游商业，同时，游线上的老房子吸引更多的外地人经商，使村内外来人口集中于村落西部。在村落空间、家庭经济、人口状况的空间差异和非均衡化发展格局的影响下，未有游线经过的村落东部，发展趋势明显落后于西部，西递、宏村的东边区域，已逐渐成为村中最没落、破败的聚居区。

遗产保护的次优化状态。西部地区为游客聚集及商业热度较高的区域，政府部门、旅游公司以及居民对古建筑保护、设施修建的资金投入更为充沛，积极性更强，西部单体古民居状态、整体风貌的规划和管理都优于东部。宏村调研发现，东部许多重点保护民居由于住户迁离、产权不清、日久失修、白蚁侵蚀、潮湿腐蚀等原因，已经坍塌或濒危，保护状况堪忧。古建筑是西递、宏村作为世界文化遗产地的最宝贵的财富，游线固化导致保护投入上的偏袒使得整体遗产保护和管理面临困境。①

---

① 徐红罡、吴悦芳、彭丽娟：《古村落旅游地游线固化的路径依赖——世界遗产地西递、宏村实证分析》，《地理研究》，2010年第7期。

### （二）追求现代物质文明和生活方式下的古村落

中国大多数古村落的旅游发展状况和社会关注度都与西递、宏村等作为世界遗产的古村落相去甚远，旅游尚未成为、也很难成为影响大多数古村落居民行为逻辑的作用力，毕竟在一个地区中，能发展成大众旅游地的古村落数量极少，这种一般常态下的古村落保护则没有那么好，景观处于变迁之中，这种变迁是在村民们追求现代物质文明和生活方式下发生的。

农村的经济和社会发展是一种必然的趋势，古村落内居住的农民也有享受现代物质文明的权利，这种追求必然与原有的生活方式产生矛盾。传统古村落的房屋由于自然与人为的因素，部分老屋已经损毁、老化，卫生等基础设施条件不完善，村民热衷于建造宽敞明亮的新房而不屑于对老屋进行修补，随着农村居住生活需求和方式的改变，传统古村落原来的风貌也随之受到破坏。

翁时秀从发生学上给我们阐述了政府与村民的行为对古村落及景观变迁的影响，总结出常态下中国古村落景观变迁中的四种行动者：县（市）政府、乡镇政府、有关系村民和无关系村民，并归纳出各自的行为逻辑。

现代砖混结构建筑因其容易建造、可建多层、建材容易购置、建筑更牢固、居住更舒服等优势，对传统乡土建筑的保存产生了极大冲击。这是中国古村落景观变迁的一个基本动因。在此背景下，古村落居民通常倾向于选择砖混建筑。为了保护古村落，政府不得不限制村民建新宅。于是，政府与村民之间形成一种张力。古村落景观变迁便在这种张力中发生。芙蓉村的建筑景观变迁体现了这一点。

当前，芙蓉村存在五种类型的建筑：一是保存较为完好的明清乡土建筑，如司马第大屋、陈氏大宗祠、芙蓉书院等；二是 20 世纪 80 年代后期至 1996 年间建的 2～3 层砖混结构建筑；三是 1996 年之后村民未经政府批准自行建设、建成后应政府要求改造外立面的砖混结构建筑；四是村民未经政府批准自行搭建的各种单层、低矮而凌乱的建筑；五是村民未经政府批准自行建设、被政府部分拆毁的未建成住宅。

建筑景观混杂的情况始于 20 世纪 80 年代后期。当时，永嘉县开始古村落保护，但对古村新宅的管制并不严格。而当时有能力建新宅的村民多为村中"能人"，可以轻易建起砖房。至20世纪90年代中期，村中建成了若干新砖房。与此同时，其他村民对新住宅的需求也逐渐增强。

1996年，楠溪江沿线古村落保护和旅游发展规划完成，永嘉县加大古村保护力度，加强古村新宅建设管制。随后几年，村民多处于观望状态，但由于居住空间过分狭小（有些村民一户人家十几人同住一座房）、旧房毁损、男性年轻村民结婚分家等原因，村民对新宅的需求在观望中渐增。尽管政府并非完全禁止古村落兴建新宅，但新宅建设手续烦琐，村民需先行申请，然后政府协助村民进行选址和建筑设计，任何环节稍有问题，建宅手续可能就难以审批通过。尤其是芙蓉村这样的国家重点文物保护单位，建宅手续的办理更是难上加难。因而，1996年之后，芙蓉村就再没批过一座新宅。

于是，村民开始私下建宅。首先是部分村民通过"关系"兴建新宅，政府对此没有过多追究，但新宅不发予土地证和房产证。由于有"关系"村民的示范效应，无"关系"村民也跟着建宅。对于这些无"关系"村民，镇政府通常不愿强制拆除其新宅。

但县政府不同，当事态严重时，县相关部门就会采取捣房行动（即强制拆毁违法违章建筑的局部，但这种拆除通常是不彻底的，拆过之后，村民能够继续修建其房屋）。在芙蓉村，2006年、2008年都曾有过大规模捣房行动。村民一旦遭遇捣房，马上通过上访、破坏旅游设施等危及"稳定"的手段迫使政府让步。为了避免引起不稳定情况发生，同时鉴于相关规定，县政府也无法全部强拆违法新宅。

对于违法新宅，由于无法全部强拆，政府曾试图通过新宅改造来改善古村落的景观，但这些改造在乡土社会中难以贯彻，改造很难达到理想效果。政府于2002年和2006年曾试图对芙蓉村新宅进行改造，但都没能取得令人满意的结果。除了大刀阔斧地修建与改动之外，更多的是村民对住宅日常的小修小改，增建厨房、卫生间、杂物间或局部修补老建筑等，都在不知不觉中改变着古村的面貌。[①]

## （三）人口流出、发展内在动力不足的古村落

在城镇化的进程中还有一些古村落正面临着被破坏甚至消亡的压力，这多发生在一些经济欠发达地区。由于人口的外流，尤其是大量的青壮年外出务工，造成村中人口构成比例失衡和趋向于"老龄化"，以及古村落在其历史文化传统延续上产生"断档"，使古村落失去生长和发展的动力。这种古村落发展内在动力不足的情况在罗长海等调研过的爵誉村中得到充分体现。

爵誉村位于江西省泰和县螺溪镇境内，因历代村里的人封官受爵多而得名，历代科举考中进士者多达 42 名。村里原有宗祠 70 多座，随处可见百年古樟，宗祠内外不乏珍贵匾额。由于地理位置偏、交通不便捷，爵誉村的经济发展相对较落后，目前爵誉村的产业结构单一，村民收入较低，2005 年全村农民人均纯收入仅为 1400 元。经济落后也导致了大量劳动力的外流，2005 年爵誉村共有人口 2308 人，劳动力人口 1266 人，其中外出务工劳动力 600 余人，占劳动力总数的一半，现居住在古村中的大多是老人与小孩。大量劳动力的外流导致了该村经济发展内在动力的缺失。在笔者对该村进行的问卷调查中发现，由于受到其他地区古村落依托其历史文化资源兴办旅游业拉动经济的示范效应的影响，100%的受访者赞成发展古村旅游的想法，但由于人口结构的失衡，古村的发展失去了应有的活力，原有的生活方式和文化活动得不到延续，该村特有的一些民俗活动如练武术、舞狮灯等在平时都很难开展。由于经济上的原因，爵誉村现有的很多古祠堂也不能得到有效的保护，原本 70 多处祠堂现今保存比较完整的只有 20 余处。

同时，这些古村历史文化遗产保护的意识在提高经济收入和追求生活水平提高的愿望面前，也显得格外脆弱。对该村的问卷调查同样显示，几乎 100%的受访者赞同在村内发展工业项目，而无暇顾及发展工业项目可能给古村历史文化资源造成的毁灭性破坏。如果将内生

①翁时秀：《政府与村民的行为对古村落保护及景观变迁的影响——基于本土社会学理论视角》，《地理科学》，2011 年第 3 期。

型成长阶段的古村落看成是一个自组织的健康的有机体，那么，时至如今，随着外部环境的变化，这个自组织结构的有机体已经不能完全依靠自身的能量继续维持，必须从外部获取一定能量，方可继续存在、保持健康。①

## 二、城市化进程中的古镇

古镇是传统物质文化的一种类型，也是凝聚了传统文化多种要素的一个集合体。在城市化的进程中随着城市人口所占比重的上升以及城镇数量的增加，城市化对古镇产生了不小的冲击。由于"重开发，轻保护"的观念作祟，一些古镇在商业化的浪潮中早已失去了原汁原味，古镇的文化内涵和物质风貌都消失殆尽，拯救古镇已刻不容缓。但同时，我们也要看到，城市化给古镇带来的不仅仅是冲击，其中也蕴含着积极的因素。

### （一）城市化对古镇的影响

第一，人口的城市化对古镇的影响。城市化进程中人口变动主要有两个方面，其一是人口由农村向城市集中，非农业人口占总人口的比重上升，其二是城市人口的自然增长与机械增长。这两种过程的结果就是城市人口的突飞猛进，引发人口问题，即住房拥挤、交通堵塞、治安紊乱、环境污染、生态破坏等。对于古镇来说，有可能超负荷承载人口，对古镇的房屋建筑、环境卫生、治安管理都会带来困难。同时，古镇中又不能没有人，王云才曾指出，以乌镇为代表，为了保留古镇的原真性，把原先居住在保护区内的居民另迁他处，禁止居民在沿街的房屋进行商业活动，使得游客在游览乌镇的过程中，普遍感到乌镇缺乏生活气息，或者说缺乏"人气"。② 古镇不应该是人气凋零的"死镇"，而是有人居住的"活镇"，荒无人烟的古镇只能慢慢沦为荒草丛生的遗址，要想让古镇焕发新春，必定要人口相互流通，使古

①罗长海等：《中国传统古村落保护与发展的机制探析》，《上海城市规划》，2010 年第 1 期。
②王云才：《江南六镇旅游发展模式的比较及持续利用对策》，《华中师范大学学报》（自然科学版），2006 年第 1 期。

镇与整个社会相连。

第二，城市化带来的地域空间变化有时会给古镇带来彻底的摧毁。由于城市规模的不断扩大和城市数量的不断增多，城市用地紧张的问题难以缓解，一些人将主意打到了古镇和历史街区建筑上。旧城改造、旧区翻新、郊区入城的结果，往往就是蕴含传统物质文化的遗址建筑被拆除丢弃，古镇变为"新镇"后，虽然面貌一新、整齐明亮，却再无文化底蕴可言。但同时我们也可以看到，随着城市版图的不断扩大，"千城一面"的现象愈演愈烈，古镇和乡村反而以其独有的风景、文化，显得与众不同，从而增加了生活在都市丛林中的人们的渴求，增强了古镇的保护意识。

第三，城市化意味着产业结构的更新升级，第三产业将占据主导地位，这易使古镇掉入景区旅游开发的陷阱。古镇是发展旅游业、服务业的吸金石，在一些地区"重开发，轻保护"的观念指导下，古镇的职能定位从文化教育导向转为经济利益导向，"一切向钱看"的不只是当地领导，还有被带坏了的古镇居民，敲诈游客、偷卖文物的事件屡禁不止。但我们也要看到，第三产业的发展需求缓解了古镇保护的资金问题。目前古镇保护资金的来源存在两种渠道：一是各级政府划拨专项保护资金，二是基于历史文化遗产是一种资源的共识，在市场机制下将历史文化遗产资源的历史、科学、艺术价值转变为经济价值，以政府为主导引进资金启动旅游开发，以旅游经济收益支持古镇保护的长期行为。如果能够定位准确，目标合理，古镇的保护与开发并不冲突。"西塘""周庄"等成功案例应该受到广泛的学习。

第四，随着城市化和现代化进程的加快，古镇居民的生活方式和价值观与过去相比有了很大的变化。时尚元素侵入古镇，使古镇居民以水龙会、灯会、古戏、皮影戏、庙会等为主的传统休闲活动和节日庆祝方式转变成为打牌、上网、逛街、卡拉 OK、酒吧等外来的休闲方式为主，由此传统文化失去了载体支撑，古镇的文化风韵难以保存。同时我们也应该认识到，都市生活方式和价值观的变革在一定程度上是有利于古镇的保护的。其一，注意卫生、保护环境、爱护自然的理念在城市生活中得到强化，对古镇的生态保护将成为居民生活的一部分；其二，城市化并不意味着抛弃传统，城市生活方式也并不意味着排斥传统风俗，厌倦了都市生活的人们反而更加崇尚传统文化的魅力，更加向往古镇原始风光和传统生活的乐趣，古镇更能受到重视，得以保护。

### （二）古镇保护与发展中的问题

在城市化的进程中，我国古镇的保护与发展目前存在着一些问题。

第一，地方政府和民众的保护意识不强。在城市化进程不断加快的同时，我国也提出了"小城镇化"的战略。虽然国家层面上很重视古镇的保护和发展，试图将古镇纳入新农村建设的体系中，但地方政府和古镇居民的保护意识并不是很强。一方面，地方政府追求国内生产总值（GDP）的增长，而无视古镇的意义；另一方面，当地居民也为了提高生活水平对古镇拆建翻新，或者打着古镇文化的幌子骗财吸金。"传统民俗如走三桥、桐乡花鼓戏、乌镇拳船等大都变为单纯为招徕、愉悦游客的商业行为，而不再是古镇居民传统活动的有机组成部分。"[1]

第二，保护不力。虽然我国历史悠久，古镇众多，但很多地区只是一些表面工作。以重庆市为例，列为全国十大历史文化名镇的涞滩、西沱、双江三个古镇，目前也仅仅只是做了保护规划，修通了旅游交通道路，真正对古镇风貌、重点建筑及文化遗存和风俗传统保护的投入太少，使古镇破败萧条。[2] 由于资金缺乏，古镇保护也不是地方政府的工作核心，古镇保护的核心工作难以开展，只能任之衰败。

第三，开发过度。从城市发展的历史看，一个城镇的消失有两种方式：一是自然因素，如火山喷发或者沙漠侵蚀；二是人为破坏，拆迁和所谓的现代化进程。近些年来，由于城市化的推进，第三产业的发展需要日益递增，古镇保护非常热，其内在动因是开发旅游，追求经济价值。但遗憾的是，在旅游开发的过程中，往往忽略了度的问题，

---

① 王云才、李飞、陈田等：《江南水乡古镇城市化倾向及其可持续发展对策——以乌镇、西塘、南浔三镇为例》，《长江流域资源与环境》，2007 年第 6 期。

② 谭宏：《古镇保护与开发的保障机制》，《城市问题》，2010 年第 10 期。

而导致实际上对古镇带来了很多的破坏。① 为了接待游客，很多古镇超负荷运营，人山人海，游客难以享受到古镇的传统之美，古镇也难承重担，生活环境恶化。

第四，雷同失真。城市化建设中极容易出现"千城一面"的现象，古镇保护中也很容易发生"千镇一面"的问题。理论上讲，古镇的特色在于文化内涵和历史风貌，各个地区的古镇都应有自身独特的魅力。但是由于"西塘""周庄"等古镇开发样板的成功，引来了其他地区的竞相效仿，这种简单的模仿和复制，形成了克隆现象。个别地区甚至"造假""造新"，古镇面目全非。保护古镇，就是要保护古镇的价值，古镇作为历史文化遗产，其价值突出地体现在一个"原"字上。应当强调的是，古镇开发不管采取什么方案，运用什么手段，第一位应考虑的是古镇的原真性、历史文化价值，而不是经济因素。②

## 第五节　城市化进程中的传统器具

传统器具涵盖范围很广，指工业化生产之前人们在长期的生产实践和生活实践中创造的大量生产工具和生活用具。参照《中国传统器具设计研究》（卷二）中的分类表来分类，传统器具可分为生产器具和生活器具。其中生产器具又可分为农耕器具、工作器具、运输工具、纺织器具、计量器具和军事器具；生活器具又可分为饮食器具、居所器具、交通器具、携配器具、文化器具、陈设器具和生活杂具。③ 从时间上看，中国传统器具是对过去的一种承载，是历史的元素，使得历史以有形的物质载体得到延续、保留。中国传统器具形成于各个人类发展的阶段之中，反映了一定时期的人类文明，是特定时间里人类生产生活的产物，记录了民族的历史，直观地反映了各个年代的生态、经济、社会风俗、文化、艺术等，它们是人类智慧的结晶，是一种客

①刘润：《正确处理开发与保护的矛盾》，《长三角》，2005 年第 06 期。
②朱林兴：《古镇保护和开发必须体现原真性》，《探索与争鸣》，2007 年第 10 期。
③王琥：《中国传统器具设计研究》卷二，南京：江苏美术出版社，2007 年，前言 6，7，8。

观表现。然而，伴随着工业化和城市化的进程，除了那些被保存在各种类型的博物馆中的传统器具和少量传承下来的之外，许多传统器具迅速地退出了历史舞台。本节内容探讨城市化背景下传统器具的存在状态，以及传统器具得以传承的形式。

## 一、城市化进程对传统器具保护的影响

进入 21 世纪以来，我国城市化进程的快速发展对传统器具的保护造成很大的影响。

第一，伴随城市人口迅速增长，城市面积不断扩大，城市面貌日新月异，这给历史文化遗产保护带来了相当大的负面影响，城市建设与文物保护的矛盾日益凸显。近年来在不少大中城市屡次出现文化遗产遭受的保护性破坏、建设性破坏、毁灭性破坏等重大恶性事件，一些传统器具也难逃厄运，这不仅受到了文博界的强烈反对，更引起了广大社会公众的一致愤慨。

另外，人口在急剧增加的同时也极大地促进了城市博物馆事业的发展，这对传统器具的保护和传承起着积极的作用。近年以地级市为中心的城市博物馆建设出现了一次新的高潮，尤其是各种各样的专题博物馆（包括民办博物馆）犹如雨后春笋。同时，国有博物馆实施了免费开放，被纳入了公共文化服务体系，其发展目的是为公众服务，为满足人民群众日益增长的文化享受的需要。尽管如此，但我们应该看到全国地级城市的博物馆发展还是不平衡，就是在一个以地级市为中心的行政区域内，由于经济发展水平与文化资源不平衡性的客观存在，一个区域内的博物馆发展也不平衡。在全国地级城市中，有的早已建立了城市博物馆或已经建立了数家博物馆，有的城市博物馆正在建设之中，有的至今还没有建立起城市博物馆。这种区域博物馆发展的不平衡性数年甚至在数十年内还难解决，特别是在地级市辖的区县内，博物馆发展不平衡性的矛盾则更

加突出。[①]

第二，城市化在产业结构上的体现是工业和第三产业的发展，其中工业化对传统器具的打击是致命的，结果便是很多传统器具功能的丧失。随着工业化产品的更新换代，人们生活水平的提高，许多传统器具渐渐地被新生事物所替代，再加上它的运用范围没有得到进一步的挖掘，没有进一步地提升自身生产技术，很快就被人们所忽略，也就渐渐失去其存在的价值。比较例外的是民间的传统家具，传统家具在现代的生活当中已被很多人士所追捧，不仅仅是看中它的使用价值，更重要的是看中传统家具的艺术与文化价值。另外，传统器具制作工艺的流失也加剧了传统器具消失的速度，受到中国传统思想的影响，许多精湛的传统工艺的制作过程都是保密的，大多只传给自己的徒弟、亲人，甚至是传男不传女，这导致许多优秀的制作工艺到了某个时期就中断，甚至失传。但我们也应该看到，当前国内很多设计院校从理论到实践都在逐渐加大对中国传统文化与现代设计问题的研究，探寻传统器具中所隐含的先进观念与方式，以启迪我们的创新思维，创造出符合现代中国人生活方式的器具，提升我们的生活品质。在今天越来越需要体现民族设计，改"中国制造"为"中国创造"的大背景下，在工业设计与生产中发掘与运用传统器具中的中国传统智慧尤为重要。

第三，城市化也促进了人们价值观念改变，随着城市化水平的不断提高，全民的文化遗产保护意识也在日益增强，同时生态的、环保的、可持续发展的理念也渐渐深入人心，这对于传统器具的保护和传承是有利的。尤其在当前新型城市化的大潮下，无论是地方政府，还是普通民众，都开始认识到历史遗产对一个城市的重要性，认识到对于历史文化碎片要充分加以利用和保护，让城市的文化基因延续下去。同时，生态城市的建设理念也促进了城市中的园林建设，这为传统器具提供了展现的场所。传统器具通常具有一定的历史价值、美学价值、

---

① 郝良真、李建欣：《城市博物馆在城市化进程中的重要作用》，《武汉文博》，2012 年第 3 期。

科学技术价值等，例如生产工具的陈列可以让人们直观地了解到某段历史人们的劳作方式，传统生活中使用的陶罐可起到装饰作用，风车、水车的展示可以使人们了解到其中的工作原理。在园林中合理地使用这些传统器具，既可使传统器具的价值得到有效的发挥，又能够增强园林的特色。

第四，城市化带来了人们生活方式的变革，旅游和休闲越来越成为城市人生活方式的重要组成部分，这对传统器具的保护和传承也极具积极意义。人们旅游通常分为自然风光游和人文景观游，其中人文景观游中的人类文化遗址、军事遗址、博物馆、主题公园、园林与建筑、风俗风情游等都可为传统器具保护与传承提供契机。同时人们对娱乐和休闲活动的注重也使得一些传统器具流行起来，例如风筝、秋千、空竹等。

以空竹为例，空竹在中国的历史可以追溯到三国曹植的《空竹赋》。明代初期，空竹已经发展到与今天的形制、玩法完全一致了。古代制作空竹的材料一般就用竹木，但是加工工艺却十分复杂，随着时代的发展，今天人们越来越发现抖空竹是一项老幼皆宜的娱乐健身器具，可玩性极强，它不仅可以锻炼灵敏的协调性，还可以为玩者提供创造性的空间，任何人都可以创造新的玩法。为了满足更多人群的需要，传统的手工艺制作方式已不再适合当今人们的需要，虽然传统制作的空竹更加优良、精致，材料上也更能体现中国文化的味道。但是今天我们看到的更多的是价格低廉的塑料空竹，这种改变符合批量化生产，能够更加广泛快速地普及。通过该案例我们需要思考的是这样一件传统玩具是如何传承至今的，同样是传统玩具的陀螺在今天为什么已经几乎看不到了呢？

## 二、传统器具的传承与发展

从空竹的例子中可以发现，人在玩空竹的过程中的操作互动——手臂、心、耳、眼等共同参与，从而给身心带来愉快与享受，这些是该器具流传至今的决定因素，生产材料上的改变也是一大影响因素。

114

因此，中国传统器具要想传承下去，必然要符合现代要求，符合现代人的生活方式。目前有一些传统器具传承了下来，分析其传承的途径主要有以下几种：一是在生活方式的延续中得到传承，二是在传统民俗节日中得到传承，三是园林中对传统器具的再运用，四是传统器具在现代工业设计中的传承。

**（一）传统器具在生活方式延续中的传承**

传统器具能够传承至今更多的是基于一种文化上的延续。尽管伴随着城市化的进程，大家的生活方式都已经城市化了，但这并不意味着与历史和文化断裂，作为包含着文化认同感的器具仍然在无形中为每一代炎黄子孙传承着中华民族的历史与文化。以我们习以为常的筷子为例，中国人每天吃饭都要用筷子，就是这样一个由两根细木棍组成的饮食器具已流传数千年，一直延续至今。原始社会人们因需借助树枝一类的工具来翻置烹饪中的食物，久而久之，逐渐学会了用两根树枝夹取食物。大约到了汉代筷子开始普遍使用，从设计的角度来讲，大部分筷子的形态是方圆结合，与中国传统文化中的"天圆地方"相吻合。在使用时方端放置可以稳定而不至于滚动，圆端进食时没有明显的棱线，方便夹取。我们可以发现筷子从产生之时至今也没有产生革命性的变化，只是在材质与外观上略有不同，历经几千年能保持不变，这在中国传统器具的传承中也是不多见的。很少有人会去刻意思考筷子包含的中国文化，但正是我们每天拿在手中已成为无意识行为的器具却是民族文化的生动体现。再如泡菜坛是中国的传统饮食器具，至今很多家庭都非常喜欢使用，从古至今，形制基本没有任何改变。这和中国人的饮食习惯有着密切的关系。

这样的例子其实还有很多，都离不开日常的生活方式，或者说与日常生活中的实用性密切相关。以中国传统的炉灶和炕为例，中国北方普遍使用的大炕与炉灶（两者是相连的，可以算作一件器具）在古代很早就有并传承至今，已沿用数千年。该器具最大设计特点是资源的有效合理利用。当把火生上了，可以同时煮饭、烧水、烤食物，而炕也热了，并温暖了整个屋子，一次火的热效能提高到极致，这是一种具有显著效能的生活用具。同时炉灶上还描绘着民俗的灶神画像和生活食物的图案，寓意生活的富足，祈求合家平安，逐步演绎成腊月二十三迎灶王爷的习俗，成了一种固定的传统仪式。这种既提高效能又赋予传统文化的器具，将功能与精神，实用与文化结合得如此贴切，体现了中国人的智慧。至今，北方很多农村仍在使用炉灶和炕，但使用情形并不完全相同。一方面，很多家庭随着农村城市化的改造，原本使用的炉灶和炕被高楼大厦里的煤气灶、空调、暖气所取代；另一方面也有很多人在继续使用，这里又存在两种情况：一种是家庭条件改善了，便把炉灶和炕的档次也提升了，但大多是在外观上，如给灶台和炕贴上瓷砖，基本结构没变，只是更好看了。还有一种情况就是目前我国仍有很多地区在使用传统的炉灶和大炕，可以说炉灶和炕是他们日常生活的重要组成部分。[①]

值得注意的是，假如我们在农村城镇化的过程中认为炉灶和炕是过时了的东西，把它彻底抛弃，或者尽可能地用高科技和新材料来解决问题，那就大错特错了。笔者于 2007 年赴鄂伦春自治旗调查时发现，政府为猎民新建的生态移民村，房屋是别墅式的，内部取消了火炕，取而代之的是床和暖气片，这对于冬天长达七个月、习惯了火炕和火墙的鄂伦春人来说，无疑是一大挑战。因此，我们应该用现代的意识赋予传统新的价值与意义，而不是一味地为了现代而现代，把传统一味地否定掉。

### （二）传统器具在传统民俗节日中的传承

除了作为日常生活方式一部分的传统器具外，一些传统器具在一年一度的传统民俗节日中也得到了传承。目前，从国家意识形态到民众的思想观念，都开始越来越重视传统节日。中国的传统节日目前被列为国家法定假日的有春节、清明节、端午节和中秋节，此外未被列入法定假日的有元宵节、七夕节、重阳节等，民间也都还比较重视。在这些传统节日里，我们通常能够看到那些富含象征意义的传统器具，如春节中的年画、春联，传统歌舞表演中的传统乐器、道具，端午节的龙舟，清明节祭祀祖先用的法器和礼器等。

---

①徐博文：《中国传统器具在现代传承中的设计启示》，《设计》，2012 年第 2 期。

在传统节日中运用最多的要数元宵节的传统灯具了。元宵节是中国民间的传统节日，在 2000 多年前的西汉就有记载了。按照中国民间的传统，这天人们要点起彩灯万盏来庆贺。灯笼与神有关，所以也就赋予了许多不同的象征意义。在喧闹的城市中，元宵的庆祝也越来越热闹，它体现了中国民众特有的狂欢精神，传统元宵节所承载的传统习俗的功能已成为日常生活的缓解压力的一个重要节日，人们逐渐意识到它的重要性。随着社会对传统节日的重视，民间集中展示的机会也随之加大，灯会规模也逐渐变大，人们对传统艺术的观赏水平也不断地提高，这就促使设计的不断创新，推动了艺术水平的提升，每年都会举行的元宵灯节孕育出了许多艺术作品。另外，民俗主题突出，形式各异的元宵灯会的开展，也带动了相关行业的发展，如旅游业。

### （三）传统器具在园林中的运用

传统器具在园林中的运用主要继承了原始艺术实用与审美共存的特性。伴随着旅游越来越成为都市人的一种生活方式，在风景名胜区、旅游观光园、纪念性公园等园林景观中对传统器具的运用，可以激活本土文化资源，提高城市园林的品质，改善城市面貌，提升城市品位。现代一些设计师已经在园林设计中开始运用传统器具，并把运用的范围界定在风景区、公园、庭园、校园以及其他特色公司企业文化的表达方面上。例如我们可以经常看到屏风在厕所门口的摆放，陶罐与瓷缸在庭院栽植当中的使用，鼎在园林街景中的运用，传统的牌坊在广场入口的设置，石墩在路边的点缀，等等。

现在人们旅游，往往对境界和故事更加感兴趣，更注重切身的体验，传统生活器具的传统性与生活性的特点，成为多数观赏者所喜欢的亮点、拍照的焦点，对提高游人的生活情趣和丰富地方环境特色起了很重要的作用。如走在王府井大街上，当看到《理发》《单弦》《拉洋车》的雕塑时，就会联想到老北京那个时候的都市生活场景，顿生出一种历史的厚重感。这三件雕塑是以清末民初时期东安市场商贩云集的老照片为原型创作的，雕塑与周边环境融于一体，具有极强的历史感与互动性，是王府井大街上最受欢迎的雕塑。铜雕《拉洋车》落成第一年，游人还得排队才能登上车照相。

目前，传统器具在园林中的运用也存在一定的误区，一种表现是否定过去，缺乏延续。在一些人的眼里，传统器具是过时的，不符合时代潮流的，把它们当作生活中多余的东西，甚至当作生活垃圾处理掉，对于传统器具在园林中的运用往往容易被边缘化、被忽略。其实，在城市化的进程中，往往出现"千城一面"的问题，园林景观也变得千篇一律。如果我们能汲取当地的一些传统元素运用到园林当中，既能传承乡土特色文化，又能体现当地园林景观的特色。

与一味否定传统相反，另外一个误区是传统器具的盲目运用与堆砌。在城市发展的前提下，很多城市开始意识到景观的需要，缺乏文化沉淀的城市开始急于搜寻其自身的文化，甚至自己添加了自身所谓的文化，盗用别人的文化，特别是具有代表性的传统文化，通过传统器具，盲目地在城市当中堆砌，或者在纪念性的公园中大量堆砌，以表现自身城市的文化，最后的景观却是一些传统元素的堆砌，不仅没办法把自身要表达的文化表达出来，反而让欣赏者觉得这是种铺张浪费的表现，降低了自身的内涵。陕西省宝鸡市扶风县城北 10 公里处的法门镇的法门寺，始建于东汉末年恒灵年间，距今约有 1700 年历史，有"关中塔庙始祖"之称，是举国仰望的佛教圣地。2007 年 3 月，陕西省委、省政府做出了"将法门寺文化景区打造为中国佛文化创意产业的典范，构建和谐社会背景下的文化世纪工程，进而发展成 21 世纪世界佛文化中心"的重大决定。结果大体量佛像和大体量宣传设施的加入与原先古朴的法门寺整体布局形成冲突。[1]由此可见，在运用传统器具的时候，要结合场所精神，将之合理地运用到园林中，才能发挥它特殊的作用。

## （四）传统器具在现代工业设计中的传承

中国古人的智慧是不言而喻的，几千年的发明设计历史，许多产品的构造原理是令现今的人类都叹为观止的。因此，在充分了解这些产品的产生背景和历史发展的前提下，对其设计的构造原理展开剖析

---

①施淑彬：《中国传统生活设施和器具在园林中的运用研究》，福建农林大学硕士学位论文，2012 年。

和思考，便可成为灵感的源泉，为当下设计提供更宽广的思路。人们对传统器具研究的对象和范围在认识上常常是那些博物馆里的精品，不过，其实也有很多民间的、无名的器物也包含了相当丰富的设计智慧。一些身边的看似不起眼的或者那些仍然在使用的老物件，如传统农具、老玩具等，其中所反映出来的设计智慧，至今也具有很多的指导意义。例如小时候很多人玩过竹蜻蜓，用双手掌夹住竹柄，快速一搓，双手一松，竹蜻蜓就飞向了天空。小小一片竹子，带给童年无限的快乐和遐想。被誉为"航空之父"的英国人乔治·凯利一辈子都对"竹蜻蜓"着迷。他的第一项航空研究就是在1796年仿制和改造了"竹蜻蜓"，并由此悟出螺旋桨的一些工作原理。他的研究推动了飞机研制的进程，并为西方的设计师带来了研制直升机的灵感。[①]

目前有些从事现代工业设计的研究人员已经看到这一点，开始从历史传统中去寻找灵感，从中国传统器具设计中去汲取智慧启迪现代设计的创新，这无疑是一种研究创新的视角。例如，南京艺术学院工业设计学院开设"中国传统器具设计研究"的课程，目的在于教授学生研究器具的方法，如何从中国传统造物文化中吸取灵感，如何找寻、分析传统器具的智慧点并运用在现代设计中。这种智慧点是多元化的，可以是器物的造型、色彩，也可以是结构、使用原理，也可以是设计文化上的表达与传承。[②] 在此基础上，该学院又开展了从中国传统器具设计中提取智慧进行现代创新设计的相关研究，开发了部分设计产品，如根据中国传统的货郎担设计的现代"早餐车"、根据中国传统洞房的床第（拔步床）而设计的"多功能床"、根据中国传统的计算工具算盘设计的"电子拨击乐器"、根据老年人出门辅助工具斑鸠杖而设计的"多功能电子手杖"、根据磁山石磨具而设计的"多功能熨衣棒"、根据我国古代用来熏香衣被等物的香薰球而设计的"滚坡玩具"等，这些都曾获得省级甚至国家级的工业设计奖。[③] 这说明对于我们祖先

①吴佩平：《浅述中国传统器具与现代工业化产品的比较与思考》，《设计》，2013年第2期。
②徐博文：《〈中国传统器具设计研究〉课程设置与教学方法探析》，《南京艺术学院学报》，2013年第3期。
③何晓佑：《中国传统器具设计智慧启迪现代创新设计》，《艺术百家》，2010年第6期。

留下的设计文化，现代人只要认真地研究和总结，就能使之成为启迪现代设计的一种创新方法，这是一种有价值的思路。

传统器具蕴含中华文明设计智慧，将其应用到现代产品中，是对传统文明的传承和发展的创新过程，只是从传统器具中获取启迪不应仅局限于结构、原理，或者造型、色彩等，还可以从材料、哲学思想层面对这个再创造过程展开思考。在材料方面，传统器具的材料一般就地取材、因地制宜、因材制作，如竹、木、石、纸、藤等，而现代工业化批量生产方式决定了材料的性质，其中使用最多的就是塑料。虽然后者适用于满足现代生产的需求，但是对地球造成的影响却超过几千年。我们不得不反思这些现代材料从制造、使用到回收这一系列过程中，地球所要付出的代价是什么？[1] 在哲学思想层面，中国传统哲学主张"天人合一"，这是一种反对将人类与自然分离，反对仅仅把自然当作人类生活"环境"的思想。这种"万物生死相依"的思想是一种整体的生态观，人和自然是生命的共同体，不能分开。中国传统的这种思想显然是非常有现实意义的，树立"天人合一"的整体生态观念，就是把生态系统的整体利益作为最高价值而不是把人类的利益作为最高价值，把是否有利于维持和保护生态系统的完整、和谐、稳定、平衡和持续存在作为衡量一切事物的根本尺度，作为评判人类生活方式、科技进步、经济增长和社会发展的终极标准。显然这种思想与过去我们十分接受并引以为理念的"设计的目的是为人"相悖的，设计不仅仅是为了人需求和欲望的满足，设计是为了人健康的生存，是为了人与物与自然的高度和谐。[2] 换成现代的设计语言正是：以人为本，以自然为本，是人与自然和谐共存的可持续发展设计观。

综上，城市化对人们的影响是多方面的，随着生活环境、审美情趣、民俗心理的改变，虽然现有的传统器具仍然有部分被保留在博物馆，但大部分已被弃置或者被损坏。中国传统器具作为过去人们生产和生活的产物，是经过无数次实践检验的成果，蕴含着宝贵的历史、

---

①吴佩平：《浅述中国传统器具与现代工业化产品的比较与思考》，《设计》，2013 年第 2 期。
②何晓佑：《中国传统器具设计智慧启迪现代创新设计》，《艺术百家》，2010 年第 6 期。

审美、哲学和科学技术价值，实践证明，我们既可以在保护中运用，也可以在运用中达到保护和传承的效果。如何应对城市化进程对传统器具保护和传承所造成的负面影响并抓住契机合理有效地发掘传统器具的价值，是一项值得研究的重要课题。

　　城市化是整个人类社会的发展方向，是一个不可逆转的潮流，而对传统物质文化的保护与传承，则是无愧于先人后代、功在千秋的事业，两者之间并非是完全对立的关系，找到两者的平衡点，是所有人的愿景。另外，文化是一个整合的统一体，物质文化与非物质文化并不是截然分开，而是彼此融合在一起的，因此，无论是在观念上，还是政策上、行动上，传统物质文化的保护与发展都要与非物质文化的保护与发展结合起来。

# 第三章

## 城市化进程中非物质文化遗产的保护与传承

  城市化是由农业为主的传统乡村社会向以工业和服务业为主的现代城市社会逐渐转变的历史过程。城市化不仅是人类社会发展的自然历史过程，也不仅是复杂的社会经济发展过程，而且是从农村生活方式向城市生活方式的转变过程。城市化过程不可避免地带来社会文化的急剧变迁和文化的重构，给传统文化资源的保护和传承带来极大冲击。20 世纪 50 年代以来，城市化进程的速度在世界范围内明显加快，城市人口、土地、资源、环境和文化遗产保护等方面的问题更为突出。因此，如何在快速城市化进程中抢救和保护那些处于濒危状态的文化遗产，并使之成为促进社会发展的源泉和动力，已经成为很多国家正在面临和解决的现实问题。

  非物质文化遗产是文化遗产中的重要组成部分，它是"被各群体、团体、有时为个人视为其文化遗产的各种实践、表演、表现形式、知识和技能及其有关的工具、实物、工艺品和文化场所。各个群体和团体随着其所处环境、与自然界的相互关系和历史条件的变化不断使这种代代相传的非物质文化遗产得到创新，同时使他们自己具有一种认同感和历史感，从而促进了文化多样性和人类的创造力"。[①] 非物质文化遗产包含着一个民族和国家古老的生命记忆和活态的文化基因，体现着民族的智慧和精神，它不仅是形成民族文化认同的根本，也是民族赖以生存的根基、民族发展的源泉，因此，非物质文化遗产对民族文化的传承、民族精神的延续、民族未来的发展，都起到至关重要的引领作用。非物质文化遗产主要通过口传身授的方式得到传承，具有活态性和流变性，因此这种遗产是非常脆弱的，也是极易失传的，保护非物质文化遗产就成为社会急剧变迁中必须关注的现实问题。

经过改革开放后 30 多年的发展，目前，我国已进入经济全球化和快速城市化发展阶段，在突飞猛进的发展进程中，大部分传承千百年的非物质文化遗产随着农业文化生态环境、农村生活方式和大众心理的改变而面临失传的境遇，陷入传承危机。以戏曲为例，历史上我国有 394 个戏曲品种，1949 年统计为 360 种，1982 年统计为 317 种，而 2004 年统计为 260 种，最近 20 年的损失速度大大超过以往；再如传统舞蹈，20 年前列入山西、云南等 19 个省市《舞蹈集成》的民间舞蹈有 2211 种，目前仅剩 1389 种，20 年间消失了近 37%，其中，河北、山西两省已有近 2/3 的传统舞蹈失传。[②] 锐减的数据背后隐藏的是民族文化传统衰亡和地域文化传统断裂的发展隐忧。显然，在全球化和城市化背景下，保护非物质文化遗产，延续民族文化传统，传承民族精神和集体记忆，强化民族文化认同，显得尤为重要。在文化已经成为国家发展和竞争的软实力的背景下，通过保护非物质文化遗产提升国家实力，也已经成为一个国家在世界竞争格局中必然考虑的发展战略。

---

① 联合国教科文组织：《保护非物质文化遗产公约》，中国人大网：http://www.npc.gov.cn/wxzl/wxzl/2006-05/17/content_350157.htm.

② 周和平：《中国非物质文化遗产保护的实践与探索》，《求是》，2010 年第 4 期。

# 第一节　非物质文化遗产的概念及特征

"非物质文化遗产"是 21 世纪联合国教科文组织提出的新概念，了解这一概念的内涵及其提出过程，总结其特征，有利于深刻认识和把握非物质文化遗产的本质。

## 一、非物质文化遗产概念的提出

2003 年，联合国教科文组织正式提出非物质文化遗产（Intangible Culture Heritage）概念，但这个概念的酝酿和形成却经历了 30 年的漫长岁月，跨越了以下三个发展阶段。①

### （一）概念提出的三个阶段

非物质文化遗产概念的前身是"非物质遗产"（Intangible Heritage），而"非物质遗产"又是在"世界遗产"（World Heritage）基础上提出的。因此，从"世界遗产"到"非物质文化遗产"经历了三个阶段。

1."世界遗产"概念的提出

20 世纪中叶，在世界范围内，被战火毁灭的古迹，因社会发展而拆除的名胜不计其数，这些遗产的快速消失让人扼腕叹息，也激发了人们对遗产保护的深刻反思。1972 年，联合国教科文组织签署了《世界遗产公约》，公约规定，世界遗产包括自然遗产和文化遗产，其中的文化遗产主要是指文物、建筑群、遗址等物质文化遗产，而这些文化遗产的鉴定标准中却隐含着"非物质"文化的评价标准，如"独特的艺术成就""创造性的天才杰作""建筑艺术""文明与文化传统的特殊见证""与思想信仰或文化艺术有联系"等表述，指的正是那些物质形态的文化遗产所承载的"非物质"的文化价值。《世界遗产公约》对"非物质"文化价值的确认，为非物质文化遗产概念的确立奠定了坚实

---

① 乌丙安：《非物质文化遗产保护：由来与发展》，《民间文艺之友》，2004 年第 1 期。

基础。

2."非物质遗产"概念的提出

由于《世界遗产公约》主要针对的是物质遗产的保护，不适用于非物质遗产，一部分会员国提出制订有关保护非物质遗产的国际标准文件，1989 年联合国出台了《保护民间创作建议案》。实践证明，民间创作的全面保护工程的启动，正是人类非物质遗产保护的实质性步骤。1998 年联合国教科文组织在《人类口头和非物质遗产代表作条例》中正式提出了"非物质遗产"的概念："来自某一文化社区的全部创作，这些创作以传统为依据、由某一群体或一些个体所表达并被认为是符合社区期望的作为其文化和社会特性的表达形式；准则和价值通过模仿或其他方式口头相传。它的形式包括：语言、口头文学、音乐、舞蹈、游戏、竞技、神话、礼仪、风俗习惯、手工艺、建筑术及其他艺术。除此之外，还包括传统形式的传播和信息。"① 这个定义是对"民间创作"的发展和完善，和非物质文化遗产的内涵和外延有很大重合。

3."非物质文化遗产"概念正式提出

2003 年 10 月 17 日，联合国教科文组织通过了《保护非物质文化遗产公约》，该公约指出非物质文化遗产是指"被各群体、团体，有时为个人视为其文化遗产的各种实践、表演、表现形式、知识和技能及其有关的工具、实物、工艺品和文化场所。各个群体和团体随着其所处环境、与自然界的相互关系和历史条件的变化不断使这种代代相传的非物质文化遗产得到创新，同时使他们自己具有一种认同感和历史感，从而促进了文化多样性和人类的创造力。在本公约中只考虑符合现有的国际人权文件，各群体、团体和个人之间相互尊重的需要和顺应可持续发展的非物质文化遗产。非物质文化遗产应该包括五方面内容：口头传统和表现形式，包括作为非物质文化遗产媒介的语言；表演艺术；社会实践、仪式、节庆活动；有关自然界和宇宙的知识和实践；传统手工艺"。② 2005 年 3 月 31 日，我国国务院颁布了《关于加

---

① 王文章主编：《非物质文化遗产概论》，北京：文化艺术出版社，2006 年。
② 王文章主编：《非物质文化遗产概论》，北京：文化艺术出版社，2006 年。

强我国非物质文化遗产保护工作的意见》，此后，"非物质文化遗产"正式被我国学术界启用，也成为我国文化语境中的流行词语。为了表述方便，非物质文化遗产常被简称为"非遗"。

### （二）非物质文化遗产概念辨析

为了接近中文的表述方式，有必要在我国的文化语境中辨析"非物质文化遗产"的概念，使其得到全民的认同和共识。①

由于中文表述习惯中没有"非×"的词组结构形式，"非物质文化遗产"中的"非物质"就成为容易带来理解误区的词组。"非物质"是英文 Intangible 的中文翻译，可以理解为看不见、摸不着的。比如，漆器艺术作品是看得见摸得着的，但是，艺人的漆画手艺、口传心授的传承、艺术构思和操作的手法技巧、行业规矩、信仰禁忌等技术层面的东西，却是看不到和摸不着的，这就是"无形的""非物质的"文化。漆器艺术品可以作为珍贵的艺术品甚至文物保护起来，但保护漆器艺术品并不等于保护了非物质文化遗产，因为绝艺绝技类的"非物质"文化是艺人掌握的，一旦艺人逝去，他掌握的绝技、绝艺也就随之衰亡，因此，只有保证传承人传承技艺才能保护好非物质文化遗产。在非物质文化遗产保护实践中，明确辨别"非物质文化"与作为其载体的"物质文化"之间的关系，牢牢把握"非物质"概念的准确内涵，是做好保护工作的前提。

在中文词意理解中，非物质的就是精神的，那么，非物质文化自然就是精神文化，事实上，精神文化遗产确实与非物质文化遗产比较接近，很多非物质文化遗产就是精神文化遗产。例如，剪纸艺术、皮影戏、民间吹打乐、南音、蒙古长调、鄂尔多斯婚礼歌、壮族哭嫁歌、维吾尔族十二木卡姆、川剧、藏戏、二人转、端午节、娲皇宫庙会、大理白族绕三灵、西北花儿会、贵州苗绣、南京云锦艺术等，都可以叫作"精神文化遗产"，也都是"非物质文化遗产"。然而，"精神文化遗产"的内涵和外延都比"非物质文化遗产"的范围大。精神文化遗

---

① 乌丙安：《非物质文化遗产概念界定和分类认定》，王文章主编：《中国非物质文化遗产保护论坛论文集》，北京：文化艺术出版社，2006 年，第 145—160 页。

产不仅拥有文化行为、方式、事象和活动，还包括观念形态的文化元素。例如，孝、悌、忠、信、礼、义、廉、耻等道德观念是精神文化，这些观念只有通过特定的世代相传的仪式活动展现出来的时候，才可能被叫作"非物质文化遗产"。比如，有代表性的祭祖礼俗仪式，为长辈亲人做的葬礼仪式，拜寿诞礼仪，过传统的敬老节日等，都包含有"孝"和"礼"的道德观念，这些礼仪和习俗就是"非物质文化遗产"的保护对象。从这个意义上说，精神文化遗产与非物质文化遗产在内涵和外延上有明显区别，二者也就无法相互取代了。

此外，与非物质文化遗产概念含义接近的还有"民族民间文化遗产""民俗文化遗产""传统文化遗产"等，这些词语在多数情况下可以与"非物质文化遗产"相互借用。

## 二、非物质文化遗产的基本特征

作为综合性文化遗产类型，非物质文化遗产有非物质性、活态性、独特性、社会性以及传承性、口传身授性等基本的共同特征，这些特征的具体表现如下。

### （一）非物质性

非物质文化遗产最本质的特征就是非物质性，即无形性，不占有任何物理空间的，看不到摸不着的。《保护非物质文化遗产公约》指出，"非物质性，是与满足人们物质生活基本需求的物质生产相对而言的，是指以满足人们的精神生活需求为目的的精神生产这层含义上的非物质性"。一个民族为满足民众精神生活需求而进行的精神生产，如语言交流、仪式表演、礼仪节庆、艺术审美等技艺形态的东西，都具有非物质性。具体而言，非物质文化不以物质形态存在于特定时空，而是以知识、技能或技艺的形式存在于文化持有者的头脑和心智中，依托口头语言和身体实践得以呈现，如口头表述的民间传说，身体表演的戏曲艺术，操作实践的节庆、礼仪、传统工艺技能等，都是以非物质形态存在的，文化持有者的语言和行动都是在技能、技术、技艺等非物质文化的驱动下实现的。

当然，非物质性并不是与物质绝缘，任何非物质文化都需要通过物质载体得以呈现，没有物质载体，非物质文化无法得到呈现。例如，手工艺品是手工技艺这一非物质文化的物质载体，艺术表演依托人的身体实践及表演器具得以实现。物质和非物质是事物的一体两面，无法分割，没有物质载体，非物质文化就无法呈现；没有非物质文化因素，物质也就缺少了文化价值和精神内涵。关于非物质和物质之间的关系，温家宝在 2007 年中国非物质文化遗产专题展上有过精辟的论述："非物质文化遗产也有物质性，要把非物质文化遗产的非物质性和物质性结合在一起。物质性就是文象，非物质性就是文脉。人之文明，无文象不生，无文脉不传，无文象无体，无文脉无魂。文化之化，文而化之，化而文之，两者要很好地结合起来。"①

**（二）活态性**

非物质文化遗产的活态性有三层含义：

一是活的生存形态，即非物质文化遗产依然在生活中发挥作用，为人们享用和传承，有活的生命力。非物质文化遗产是一个民族特定生产生活方式的产物，以声音、形象、技艺为表现手段，依靠文化持有者的语言和身体实践等实际行动和物质载体，在特定时间和空间里呈现在民众生活中，展示一个民族的历史记忆、文化个性、社会心理、审美习惯，发挥特定的社会功能。一旦一种非物质文化遗产随着生产生活方式的改变而失去了社会功能，脱离了人们的生活，无法得到传承，也就失去了活的生存形态。

二是在空间中的流动传播。非物质文化遗产随着人群的流动在周边地区和民族中得到传播。例如，我国的养蚕、缫丝、织绢的技术沿丝绸之路在西域甚至西方得到传播；我国的烧瓷技术在日本、欧洲得到传播，发展出今天的日本瓷、欧洲瓷；同样，茶艺、厨艺、中医、武术等我国的传统文化正在向西方传播，并深入影响人们的生活和观念。流动传播也是非物质文化遗产活态性的表现之一。

---

①引自《温家宝、李长春参观中国非物质文化遗产专题展》，中华人民共和国中央人民政府网：http://www.gov.cn/jrzg/2007-06/09/content_642958.htm.

三是在世代沿袭中得到传承，也发生变异。非物质文化遗产一般以口传身授的方式在代际间得到延续，使民族的文化传统、观念意识、群体特性等文化基因得到传承。例如，积淀着集体记忆的礼俗仪式、岁时节令、社祭庙会，以群体方式得到传承；手工技艺、艺术表演通过家庭家族或个人的方式得到传承。非物质文化遗产与自然、现实、历史的互动，不断生发、变异并得到创新发展，这注定了它不是一成不变的，而是随着历史的发展和时代的变迁不断发展的，处于永不停息的变化和创新之中的。

总之，活的生存形态，在空间中的传播，在时间里的传承变异，造就了非物质文化的活态性特征。

**（三）独特性**

非物质文化遗产的独特性表现为唯一性和不可替代性。非物质文化遗产体现一个民族特有的价值观、审美观、信仰等精神层面的东西以及特定的历史记忆，包含一个民族的文化基因，代表民族个性，是民族文化独特性的集中体现，因此具有不可取代的唯一性。比如，2005年被联合国评为人类口头和非物质文化遗产的新疆木卡姆，运用具有维吾尔族特色的音乐、文学、舞蹈、戏剧等语言艺术形式，表现了维吾尔族的绚丽生活和高尚情操。木卡姆的音乐体裁、结构和演奏方法，特殊的乐器及演奏团体，都反映了维吾尔族独特的审美取向和历史记忆，它是维吾尔族文化个性的集中展示和独特表现，其他任何文化形式都无法取代它对维吾尔族文化的代表，因此，其历史文化价值和艺术价值在世界民族中具有唯一性。

非物质文化遗产的独特性也体现为独一无二的创造力。只有表现出独特创造力和思想的技术、技能、知识才能被称为非物质文化遗产。例如，南京云锦是为宫廷制作丝织服装的工艺，被誉为"东方瑰宝"，以高超的制作工艺闻名，这种工艺积累了多少代手工艺人的杰出工艺和智慧，即使是科技如此发达的今天，也不能用机器制造出如此精致的产品，它是我国极少的仍不能用机器替代的织造工艺。

非物质文化遗产的独特性还体现为无法复制性。非物质文化遗产之所以特别珍贵就是因为它是不可再生的、无法复制的，一旦失传就无可挽回。比如，新疆木卡姆在悠久的传承过程中，积淀了深厚的维吾尔族的历史文化传统和民族智慧，它的文化价值也就在于此。如果没有一代代维吾尔族艺术家以及民众的共同努力，这种遗产不可能得到积累和传承，传承链一旦中断了，这种表演传统就无法复制了，文化遗产也就消失了。

### （四）社会性

社会性是指非物质文化遗产是一个民族和国家的民众集体共同创造和传承的文化财富，体现了一个民族集体的价值观念、思维方式、审美习惯和文化心理，被这个民族的世代民众所共享。与个体性相反，非物质文化遗产往往和特定民族、社区的社会群体相关联，其传承人群或以某一民族群体为主，或以某一地域群体为主，或以某一行业群体为主，这些群体内的社会成员共同参与传承和享用同一种非物质文化遗产形式。由于社会群体范围的不同，社会性可以表现为民族性、地域性和职业群体性。在多民族国家中，社会性还可能表现为国家性，我国许多口头和非物质文化遗产不是特定民族、地区和群体独创和独享的文化，而是多民族多地区共有的文化传统，比如，春节、赛龙舟、傩戏都是我国南北方多地区多民族流传的文化传统。

非物质文化遗产的传承虽然是通过单个传承人来完成的，但是，这些传承人都是特定群体中的代表性人物，他所掌握的技艺、技能并不仅仅属于他个人，而是属于群体的，他们是这个群体中对非物质文化遗产有所传承和发展的个体，是充分体现社会性的个体。

## 三、非物质文化遗产保护的基本原则

根据国际经验，非物质文化遗产保护需要坚持本真性、整体性、可持续性原则开展工作，这些原则的内涵及标准如下。

### （一）本真性

本真性是英文"Authenticity"的译名，其本意是真实的而非虚假的，原本的而非复制的，忠实的而非虚伪的，神圣的而非亵渎的。20世纪60年代，本真性被引入遗产保护领域，提出遗产保护是保护原生的、本来的、真实的历史原物，保护其全部的历史文化信息，这一理解逐渐在世界范围内达成共识。1964 年出台的《威尼斯宪章》提出"将文化遗产真实地、完整地传下去是我们的责任"，奠定了本真性对遗产保护的意义。① 目前，本真性已经成为国际公认的文化遗产评估、保护和监控的基本因素和重要原则。

非物质文化遗产的本真性体现在内在属性、外在形态、技术技艺、使用材料及生存环境方面；还体现为表现形式和文化意义的统一，所谓表现形式是物质性的物象，文化意义是遗产所反映的美学、历史、科学、社会或其他方面的文化内涵。② 目前，申报世界文化遗产的项目，除了要符合登录标准外，还要在设计、材料、工艺和环境四个方面检验其本真性，要求申报项目保持原初的形态、性质、技艺及其生存的文化环境。

非物质文化遗产保护首先要求遗产项目保持原有属性，避免丧失其基本属性，否则该项目就不再是它自身了；其次是保存其内在的历史文化价值，失去这些价值，文化遗产就失去了价值，同时要保持表现形式和文化意义的统一；再次是保存其原初的形态、技术，不能以现代技术取代传统技术，以新形态取代传统形态，否则就是对文化遗产本真性的破坏；最后是对其生存环境的保护。本真性保护原则有助于保存非物质文化遗产的实际形态，让后人了解到历史上真实存在过的物象、技艺及其中透露出来的才能和智慧。坚持本真性原则可以有效防止"伪遗产"的产生，避免"伪遗产"占用保护资源和财富。

**（二）整体性**

整体性是指非物质文化遗产保护对象包括遗产所拥有的全部内容和形式，也包括传承人和生态环境。国际经验及世界文化遗产保护的发展趋势表明，整体性保护是非物质文化遗产保护的必然方向。

整体性原则首先体现在非物质文化遗产的保护对象上，根据《保护非物质文化遗产公约》，非物质文化遗产保护目的是以全方位、多层

---

① 王文章：《非物质文化遗产概论》，北京：文化艺术出版社，2006 年。
② 阮仪三、林林：《文化遗产保护的原真性原则》，《同济大学学报》，2003 年第 2 期。

次的方式保存人类文化的多样性和丰富性，保护对象涉及文化的多个
方面，包括传统文化和民间文化的所有表现形式，而不仅仅是个别文
化形式的有限综合。其次，就具体事项而言，非物质文化遗产反映了
民族价值观，寄托了民族情感，体现了民族精神和民族性格，因此，
非物质文化遗产保护不但要保护有形的外观，还要保护其内在的文化
价值观。再次，非物质文化遗产的生存发展与特定生态环境相依存，
不能将非遗从具体环境中剥离出来进行保护，与环境相剥离的非遗的
历史文化意义是不完善的甚至是缺失的，所以，要对非物质文化遗产
及其所依赖的生态、历史、文化等构造性环境进行整体性保护。最后，
整体性还体现在时间向度上，任何非物质文化遗产都是发展变化的，
保护不仅要注意文化遗产的历史形态，也不能忽视其现时状态和将来
发展，否则就割裂了它的发展和变化，人为地将活着的文化遗产"化
石化"了。①

### （三）可持续性

可持续性是指保护实践可以激发非物质文化遗产的内在生命力，
从而使之自觉主动地得到传承，实现可持续发展。为了保持非遗的生
命活力，可持续性是非遗保护必须遵守的原则之一。非遗保护的可持
续性原则体现为，采用有利于非遗生存发展的手段进行保护，激发非
遗的生命力，使之成为适应社会发展的文化资源。非遗保护中的可持
续性原则体现为以下两方面。

第一，要坚持"以人为本"的原则。非遗是文化持有者的生活方
式，非遗保护必须尊重文化持有者的风俗习惯、宗教信仰和生活意愿，
满足他们的现实需求，只有这样才能使非遗保护得到文化持有者的积
极支持。如果保护行为不为文化持有者所理解，应该做好深入细致的
思想工作，引导他们正确对待本民族的文化遗产，处理好保护民族传
统文化与发展经济的辩证关系，激发他们形成传承本民族文化的自觉
意识，促使他们积极主动地传承非遗，从而实现非遗的可持续发展。

---

①刘魁立：《非物质文化遗产及其保护的整体性原则》，《广西师范学院学报》，2004 年第 4
期。

第二，要贯彻"保护为主，抢救第一，合理利用，传承发展"的非物质文化遗产保护的指导方针。抢救和保护是非遗可持续发展的前提，抢救是目前我国非遗保护中最迫切的工作，随着城市化和现代化的发展，很多农业文化背景下产生的非遗正随着生存环境的改变而日渐式微，面临消亡的命运，必须尽快实施抢救措施才能使之保留下来。保护是非遗保护的核心任务，只有保护好才能在此基础上传承、发展和创新，也才能实现非遗的可持续发展。合理利用是非遗可持续发展的必由之路，非遗不能只"活"在博物馆里，只有提升传承创新能力，增强自身对社会变迁的适应能力，才能实现可持续性的长效保护。[1]比如，通过生产性保护将非遗转化为生产力和产品，产生经济效益，并促进相关产业的发展，使非物质文化遗产在生产实践中得到保护。

## 四、城市化、全球化与非物质文化遗产保护的关系

城市化、全球化带来文化生态环境的改变，形成于传统农业社会文化背景下的非物质文化遗产在现代工业社会文化背景下，面临失传的危险，而这些宝贵财富是民族和地域形成文化认同的根本，是社会经济发展的动力和源泉，因此，城市化、全球化进程中保护和传承非物质文化遗产是必要的，也是紧迫的。

### （一）城市化进程中保护和传承非物质文化遗产的必要性

非物质文化遗产可以为城市化进程带来的现实问题提供应对措施和解决办法，在城市化进程中保护非物质文化遗产具有必要性。

城市化为人们的工作生活带来便利的同时，也造成传统文化的失落、历史遗迹的消失、千城一面等诸多文化同质化的负面影响，使城市生长、文化传承、居民幸福的链条出现断裂的端倪。这种状况会严重伤害依赖传统文化生活的居民的心理，降低民众的生活质量，也势必影响城市乃至国家的可持续发展，从长远看，甚至有可能阻断中华

---

[1]高小康：《"后申遗时期"：保护非物质文化遗产的可持续性发展》，《中国社会科学报》，2011年4月19日。

文化根脉的延续。文化传统是每个民族赖以生存发展的根基，也是辨别自我区别于他人的根本；一个民族和地域的文化失去了个性，民众就会失去归属感，进而迷失发展方向。保护非物质文化遗产正是对文化传统的延续，对民族个性和民族文化多样性的保护。每个民族和地域只有保护好自己的文化个性，才能在城市化进程中产生自我认同，找到文化归属，避免迷失自我，这是处于社会变迁中的民众找到幸福感的必要前提，也是民族和国家在社会变迁中延续文化根脉的必然途径。

非物质文化遗产可以为城市化进程中出现的社会问题和社会危害提供解决法宝。非物质文化遗产是特定民族的民众在应对自然生态环境变化、社会秩序改变、人类自我身心调节等现实问题时创造的最适合自己生存发展的文化规范，凝结着特定民族民众解决现实问题的智慧，可以说，非遗就是一个民族的智库。城市化进程带来一系列新的社会问题，比如，对新的生产生活方式的适应，社会发展的不确定性带来的危机感，作为民族智库的非物质文化遗产，可以为民众适应社会变迁提供文化资源和精神智慧，帮助人们解决城市化带来的和谐生存、可持续发展和精神走向等现实问题。

非物质文化遗产保护还可以促进城市化进程中传统和现代的快速过渡和顺利衔接。每个民族的非物质文化遗产都是在长期的历史发展过程中孕育而生的，和这个民族的历史文化息息相关，它不仅是一个民族认知自我的依据，也是这个民族赖以生存的精神营养，还是这个民族走向未来的精神之源。城市化、现代化是从传统发展来的社会阶段，是在传承传统基础上的发展创新，非物质文化遗产为发展创新提供了源泉，城市化可以从非物质文化遗产中找到发展的动力和汲取发展的养分，从这个意义上说，城市化需要非物质文化遗产的保护。

**（二）全球化背景下保护和传承非物质文化遗产的紧迫性**

与城市化相伴的是经济全球化，在全球化背景下，通过保护非物质文化遗产而保存民族文化多样性是非常紧迫的。全球化在大力助推经济社会发展的同时，也造成生态和文化的破坏，随着经济全球化趋势的日益突出，很多国家处于文化同质化、武装冲突、农业人口外流、移民和环境恶化的境遇，面临消失、破坏、被同化的严重威胁。"一个民族深层文化基因的改变，必然带来民族个性的变异和扭曲，以及民族特征的弱化甚至衰亡；特定地域、群体中凝聚其文化传统的那些难以用外在尺度衡量的文化表现形式的消解，也必然带来价值观念的混乱。"[①] 在文化趋同和价值观念混乱的背景下，人们更迫切地需要回归传统文化之根寻找自身的文化个性，确认自己的文化身份，以建立与世界其他国家接轨的文化语言。非物质文化遗产包含一个民族的文化基因，积淀了民族的集体记忆，是一个民族的民众确立文化身份、建立文化认同的重要根据。因此，保护和传承非物质文化遗产是保存民族文化多样性的必要途径，也是一个民族在全球化过程中获得身份和地位的根本。

　　保护非物质文化遗产有助于促进不同国家在交往中彼此尊重、沟通和理解。"全球化趋势可能成为世界各民族密切关系的一个有利因素。但是不应因此而导致世界文化的一体化发展，不应该使一种或几种文化去支配其他文化，也不应该导致文化肢解或同一性的重合……我主张要把人类文化多样性的保护和开发摆在一切工作的首位……我认为世界各民族要在真诚对话的基础上达到对世界文化多样性的了解和认识，这样才能做到去学习别国的文化，愿意更好地理解它，并且知道怎样与别国文化交往和交流。这种共识虽然存在差异，但它有利于消除造成冲突和战争的相互间的封闭和不了解；有利于加强民主、正义和多元文化的基本价值观……文化多元化的保护不能靠单纯的对历史文物的保护来实现，还必须提倡对非物质文化遗产的保护和开发。这是文化创造性的考验，也是活的文化的动力"。[②]

---

　　①王文章：《非物质文化遗产概论》，北京：文化艺术出版社，2006 年。

　　②2000 年 5 月 4 日，联合国教科文组织总干事松浦晃一郎在日内瓦"瑞士国际政治论坛"上的报告中，着重强调了保护世界多元文化的重要意义。转引自乌丙安：《非物质文化遗产保护：由来与发展》，《民间文艺之友》，2004 年第 1 期。

# 第二节　国外非物质文化遗产保护模式及经验

保护非物质文化遗产是联合国教科文组织发起并在全世界范围内推动的一项影响深远的文化事业。从 1989 年开始，联合国教科文组织就为推进非遗保护通过了具有里程碑意义的重要文件，即《保护民间创作建议案》和《人类口头和非物质遗产代表作条例》，2003 年又通过了《保护非物质文化遗产公约》。这些文件是世界各国非遗保护实践的指南，它们指导各国的非遗保护有序和谐地发展，使非遗保护工作更为专业化和系统化。我国的非物质文化遗产资源丰厚，目前，非遗保护工作还处于初级阶段，了解国外非遗保护的现状和模式，学习国际先进经验，有利于推进我国的非遗保护工作。

## 一、国外非物质文化遗产保护模式

通过 20 多年的努力，世界上多个国家的非物质文化遗产保护工作取得丰硕成果。截至 2013 年 1 月 1 日，联合国教科文组织已经公布了 6 批世界级非物质文化遗产，涵盖了亚太、欧美、阿拉伯、拉美等地区。在非物质文化遗产保护方面走在前面的国家更是成就卓著，如亚洲的日本和韩国，欧洲的法国和意大利，他们的非遗保护工作起步早，在保护实践中形成了各自的保护模式，为世界其他国家的非遗保护提供了宝贵经验和积极启示。

### （一）日本模式

日本是世界上最早提倡保护非物质文化遗产的国家，在多年的非物质文化遗产保护实践中形成以下特点：

1. 立法为先

日本是最早提出非物质文化遗产概念并以法律形式保护非物质文化遗产的国家。第二次世界大战结束后，日本发生过几次天灾人祸，致使一些具有世界遗产价值的珍贵文物及其承载的非物质文化遭到彻底毁坏，这引发了日本朝野人士对文化遗产保护的深重忧虑。与此同时，日本经济的快速发展导致社会生活的急剧变迁，传统民俗文化日益濒临消亡的危机，最终促成民俗文化遗产理念的形成以及对其加以积极抢救和保护的法律实践。在这样的背景下，1950 年日本政府出台了《文化财保护法》。

《文化财保护法》对文化遗产的保护范围、认定程序、保护措施、管理体制以及破坏后的惩罚措施都做出细致明确的规定。它将文化遗产分为：有形文化财、无形文化财、民俗文化财、纪念物、文化景观、传统建筑物群等。这里第一次提出"无形文化财"即非物质文化的概念，并以法律形式确立了它的地位，提醒人们注意到非物质文化保护的重要性。将文化遗产分为"有形"和"无形"的分类方法，以及无形文化财概念的提出，都对其他国家制定非物质文化遗产保护的法律产生深远影响，甚至影响到联合国教科文组织的《保护非物质文化遗产公约》的制定。[1]

《文化财保护法》的实践性强，能及时反映文化遗产保护中的现实需求。这一律法颁布后，日本政府根据文化遗产保护实践中出现的新问题不断修订律法，例如，1954 年，将"民俗资料"从"有形文化遗产"的分类中单列出来，并确立了"重要民俗资料制定制度"；1975 年，又将"民俗资料"改为"民俗文化遗产"，并将其细化为"无形民俗文化遗产"和"有形民俗文化遗产"，使之成为文化遗产中颇为重要和独特的一个分类；1996 年的修法又引入了"文化财登录制度"；最近一次修订是 2004 年 6 月 9 日。[2]

2. 实地调查与科学记录

实地调查和科学记录是日本非物质文化遗产保护的重要环节。日本政府在指定、认定、选定或登录各种类型的文化遗产之前，都要进行调查研究，对缺乏物化形态的非物质文化遗产，尤其要进行全面翔实的记录，内容涉及其历史与现状、价值和特点、传承方式等。

日本政府和学术界曾在全国范围内多次组织实施了对农村、山村

---

①苑利：《日本文化遗产保护运动的历史和今天》，《西北民族研究》，2004 年第 2 期。
②周星、廖明君：《非物质文化遗产保护的日本经验》，《民族艺术》，2007 年第 1 期。

及岛屿、渔村的民俗调查，积累了大量可靠翔实的资料。例如，《文化财保护法》颁布后，政府和学界在全国范围内开展了"文化财调查"，产生了大量的《文化财调查报告书》；1962 年，日本政府组织了为期 3 年的"民俗资料紧急调查"；1974 年，组织了"民俗文化遗产分类调查"；1976 年组织了"民谣紧急调查"；1983 年，组织了"民俗文化遗产分类调查"。除了全国范围的民俗调查外，各地区也有专题性调查。目前，几乎所有的村、町（镇）、市、县，均有颇为详尽的地方史记录和民俗志报告的出版或印行。① 通过上述多次大规模的实地调查，基本上摸清了全国的民俗文化遗产的概况。

实地调查积累的科学资料，不仅成为确保各类非物质文化遗产科学价值的重要依据，也成为制定和实施保护与活用非物质文化遗产的具体政策、方法或举措的基础，它们本身甚至就是以多种媒介或方式传诸后世的真正的文化财富和遗产。

3. 登录制度和指定制度相结合

指定制度是政府对文化遗产中特别重要、突出和具有特殊价值的遗产项目予以严格筛选和指定，进而对其所有者做出必要的限制，可以同时指定无形文化财及其所有人。日本的都道府县都有权在辖区内指定属于各自的文化遗产，并详细登记在册。截至 2000 年底，日本各都道府县共指定无形文化财 157 项，市镇村共指定无形文化财 1024 项；都道府县共指定无形民俗文化财 1653 项，市镇村共指定无形民俗文化财 5228 项。②

登录制度是遗产拥有者自己申报记录的制度，是对具有强制性的指定制度的重要补充。这一制度弥补了指定制度的漏报问题，主要针对建筑物，尤其是近代以来建成的传统建筑物。根据《有形文化财登录基准》，只要建筑物的建成年限在 50 年以上，同时又具备"历史意义的景观""规范性造型""不易再现"等特征，才有权申请。登录制度进一步扩大了文化遗产保护的范围，并调动了全体国民参与的积极性。

---

①周超：《日本法律对"民俗文化遗产"的保护》，《民俗研究》，2008 年第 2 期。

②顾军、苑利：《文化遗产报告：世界文化遗产保护运动的理论与实践》，北京：社会科学文献出版社，2005 年。

## 4. 保护关键传承人

日本政府很早就注意到传承人对非物质文化遗产保护的重要意义，极大地提高了民间艺人的社会地位，并以法律形式认定非物质文化遗产传承人的身份。《文化财保护法》专门规定了传承人的认定制度，包括认定的权限、程序、依据。从认定对象上看，包括个别认定、综合认定和团体认定三种形式。个别认定是对某个技艺传承者的个人资格的认定，综合认定是对那些具有多重文化事项之民俗活动的认定，团体认定是对由一个以上传承人的集团的认定。截至 2004 年，日本已经认定重要个人无形文化财 78 项，传承人 270 人；重要综合无形文化财 13 项，传承团体 13 个；重要民俗无形文化财 202 项；文化财保存技术个人持有者 46 名，持有团体 16 个。[①]

《文化财保护法》明确将具有高超技能、能够传承某项文化财的人命名为"人间国宝"。此种认定制度设立半个世纪以来，共诞生了 360 多位人间国宝，他们全都是在工艺、技术或艺能表演方面身怀绝技，拥有绝艺或所谓"绝活儿"的表演者、艺人、匠人或手艺人。[②]"人间国宝"享受副高级职称的工资待遇和医疗保障，日本政府还赋予其相当高的社会地位，以激励他们创新工艺、提高技艺。日本的传统艺术或工艺，原本就有师徒传承或承袭名分等传承机制，国家出台了"人间国宝"这样的尊崇和保护传承人的制度，为古老手工艺的高水平传承提供了更好的保障。

"人间国宝"认定制度是日本保护非遗的一大创举，对非遗保护产生极大的推动作用，因此被联合国教科文组织纳入"人类口头及非物质遗产的抢救与保护"的整体框架中。为了在其他国家推广这一制度，从 1996 年开始，联合国教科文组织在首尔、威尼斯、东京、马尼拉等地数次举办了"人间国宝保护体制国际培训班"，目前，韩国、泰国、菲律宾和法国已经建立了相似的认定制度。

---

①顾军、苑利：《文化遗产报告：世界文化遗产保护运动的理论与实践》，北京：社会科学文献出版社，2005 年。

②林和生：《日本对非物质文化遗产保护的启示》，《中国社会科学院院报》，2006 年 6 月 1 日。

### （二）韩国模式

韩国保护非物质文化遗产的步伐紧随日本，在保护政策、保护制度的制定和法律运作方面都与日本接近。例如，韩国继日本之后第二个提出以法律形式保护非物质文化遗产，于1962年制定了《文化财保护法》；1964年，韩国在传承人保护方面也启动了"人间国宝"的评定和保护制度。但在保护实践中也形成适合自己民族和国家特色的保护方式和保护策略。

1. "新乡村运动"促进了非遗保护

20世纪70年代，为了改善农村的贫困状态，韩国政府发起了"新乡村运动"。运动期间，农民群体互助互利，村落之间的联系越来越密切，某个村庄有活动，其他村庄的优秀表演者和特色节目也会登台表演，这种互动使民族民俗文化在相互学习和交流中得到发展完善，很多优秀文化和民间文化得到传承和推广，传统伦理、忠孝、和睦等思想意识得以加强，广大农民的精神面貌焕然一新。"新乡村运动"给韩国民众带来富足生活的同时，也保护和传承了非物质文化遗产。①

2. 全民参与遗产保护

韩国的《文化财保护法》提出文化遗产包括非物质文化遗产的理念首先被知识阶层接受，大学生发动了一场复兴韩国民族文化的运动，积极倡导韩国传统的民族文化。20世纪80年代，韩国政府举办了为期一周的"民族之风——1981"的大型民俗活动，充分展示韩国民族民间艺术，弘扬传统民族文化遗产，广播、电视、报纸、杂志等多种媒体对这一活动和复兴民族文化的理念进行了大规模宣传。与此同时，各地开办传统民族文化遗产学习班，韩国民族民间舞蹈者活跃在露天剧场、公共节日和大型民俗庆典活动中，全社会民众很快参与到保护和弘扬民族文化运动中来。

3. 旅游开发和商业开发

韩国在非物质文化遗产的开发利用方面形成自己的特色，商业化和旅游开发是非遗资源两种主要的开发利用方式。

---

① 郭娜：《韩国保护非物质文化遗产的做法》，《社会主义论坛》，2006年第9期。

韩国政府倡导将非遗项目开发为旅游活动和现代商品，向游客和国民介绍自己国家的文化传统。例如，将民族传统节日、纪念民族英雄的节庆活动等节庆类非物质文化遗产开发节庆旅游活动。节庆活动大体分两类：一类是濒临失传的民间村落习俗，这些活动完全由民众自发组织举办，规模宏大，地方民众和游客的参与性强；另一类是韩国政府提倡的各种民俗文化节，这类节日以有意识地保存和传承正在消失的传统文化，提高民众对本土文化的热爱为目的。被评为"重要无形文化财"的江陵端午祭期间举行盛大的旅游活动，吸引国内外百万人次的参与和观光。① 设立民俗村也是韩国非遗资源旅游开发的一种方式；在公众场合展示和销售非遗产品也促进了非遗的传承。总之，商业化和旅游开发极大地推动了韩国非物质文化遗产的保护和传承。

**（三）法国模式**

在欧洲，法国是较早对文物古迹、古建筑群和遗址实施保护的国家，也是最早确立"文化遗产保护日"的国家。

1. "大到教堂，小到汤匙"——巨细无遗的遗产普查

20 世纪 60 年代，法国正处于现代化建设时期，为了保护文化遗产不被现代化建设损毁，1964 年，法国政府在全国范围内开展了文化遗产的大普查。这次普查对象"不仅包括宫殿、教堂等重要的辉煌的建筑，也包括处于恶劣劳动条件下的纺织工人建造的公共澡堂，作为工业时代的见证。不仅包括文物、建筑等有形的遗产物，也包括舞蹈、歌曲、烹饪、手工艺、服装设计等非物质文化遗产"。② 因调查对象的全面和细致入微，此次调查又被称为"大到教堂，小到汤匙"的普查运动。这次普查除了文物遗产外，还发现许多独具特色的地方性建筑方式、民间工艺和民俗事项等非物质文化遗产，搜集到的遗产数目庞大，仅国家登记入册的遗产就有 4 万件。如此全面彻底的普查使法兰西民族的文化底蕴逐渐清晰起来，为此后的遗产保护和研究工作打下了坚实的基础。更重要的是，这次普查唤起了国民的文化遗产保护

---

① 飞龙：《国外保护非物质文化遗产的现状》，《文艺理论与批评》，2005 年第 6 期。
② 王文章：《非物质文化遗产概论》，北京：文化艺术出版社，2006 年。

意识。

从 1964 年普查开始,法国对文化遗产包括非物质文化遗产的保护行为就从国家向街区、村镇延伸,政府开始制定免税政策或用津贴或奖励的办法,鼓励私人保护和合理使用文化遗产的行为,并形成了独特的系统的保护文化遗产的评价标准和管理办法。

2. 设立文化遗产日和文化遗产保护区

1984 年,法国首创了"文化遗产日",定于每年 9 月的第三个周末,向公众开放所有博物馆,公立博物馆免门票,私立博物馆门票减价并得到税收优惠。[①] 在法国的影响下,欧洲文化遗产保护活动蓬勃发展起来,1991 年,欧洲文化理事会确立了"欧洲文化遗产日",同年,欧洲其他数十个国家陆续举办这项活动,此后,"文化遗产日"就逐渐成为全欧洲的活动。

文化遗产保护区是法国较早提出的一种保护理念,反映出遗产的整体保护观念。历史街区整体保护的想法最早出现在 1943 年颁布的法律中,这部法律明确规定,建筑物与周边环境是一个密不可分的有机整体,在遗产保护中,除了建筑物自身外,周边 500 米范围的环境也在保护范围。1962 年,出台了《历史街区保护法》(也称为"马尔罗法"),再次强调历史街区整体保护的重要性。目前,法国已经设立了 91 个历史文化遗产保护区,包括 4 万多处历史文化遗产,有 80 万居民生活其中。[②] 政府开放文化遗产保护区,使之成为人们了解法国历史与文化的窗口。这一保护理念已为多数国家接受。

**(四)意大利模式**

意大利对历史文化遗产的保护工作起步早,保护效果好,他们提出的整体性原生态保护理念具有前瞻性,丰富的保护实践经验对其他国家也形成有益的启示。

1. 整体保护模式

对非物质文化遗产进行整体性原生态的保护,是意大利最早倡导

---

① 飞龙:《国外保护非物质文化遗产的现状》,《文艺理论与批评》,2005 年第 6 期。
② 顾军:《法国文化遗产保护运动的历史与今天》,张庆善:《中国少数民族艺术遗产保护暨当代艺术发展国际学术研讨会论文集》,北京:文化艺术出版社,2004 年。

的保护模式。20 世纪 60 年代，意大利正处于经济快速发展时期，为了建造商品房和商业建筑，房地产商提议拆除古老陈旧的历史文化建筑，有识之士则明确提出反对意见，他们认为，历史文化中心区是城市的历史记忆，代表了城市的个性特征，拆除和破坏这些具有象征意义的建筑，会损毁整个城市的个性、魅力和吸引力。20 世纪 60 年代末，政府提出"把人和房子一起保护起来"的整体保护模式，在旧城改造中既不大规模拆迁破坏老城，也不让居民迁出老城。这一举措既保证了历史文化遗址的留存，也使保护区内的生活文化得到活态传承。遵循这样的保护理念，意大利建立了乡村"生态博物馆"，把自然环境、历史文化遗产如传统的磨坊、酿酒坊、打铁作坊、甚至过去烧炭的土窑等，和浓郁的乡村节庆、传统歌舞、服饰等传统文化习俗以及村民的生产生活方式整体保护起来。① 在整体保护理念指导下，建于公元 1 世纪的阿雷纳露天剧场至今保存完好，这里每年举办歌剧节，展示意大利的音乐文化，辉煌灿烂的音乐文化和与之匹配的建筑每年都能吸引五六十万的游客，极大地促进了旅游业的发展。②

2. 私人进入管理体系

私人进入管理体系是意大利非物质文化遗产管理的一大特色。③意大利政府设有文化遗产部，在实际的遗产保护中，公共部门负责保护文化遗产，私人和企业负责经营管理和利用文化遗产，以便在保护好的基础上充分发挥其作用，在一定程度上促进了当地就业，并带动了当地的旅游、饮食等相关行业经济的发展。

## 二、国外非物质文化遗产的保护经验

世界各国的非物质文化遗产保护实践证明，非遗保护工作的成功很大程度上取决于保护制度的完善。非遗保护制度通常包括法律制度、行政管理制度、资金保障制度、公众参与制度以及相应的监督制度。

---

① 王文章：《非物质文化遗产概论》，北京：文化艺术出版社，2006 年。
② 飞龙：《国外保护非物质文化遗产的现状》，《文艺理论与批评》，2005 年第 6 期。
③ 飞龙：《国外保护非物质文化遗产的现状》，《文艺理论与批评》，2005 年第 6 期。

从这些方面考察国外先进国家的非遗保护状况，可以总结成功的保护经验，为推进我国的非遗保护工作提供借鉴。

**（一）有效的法律保护**

立法保护为非物质文化遗产保护提供了重要的法律制度保障，是国外非遗保护普遍采用的保护举措。日本是最早提出非物质文化遗产保护法案的国家，1950 年颁布的《文化财保护法》首次将非物质文化遗产作为文化遗产的重要组成部分纳入法律保护体系，为其他国家建立非物质文化遗产保护的法律条例提供了借鉴。韩国在 1962 年修订了《文化财保护法》，对文化遗产的评审程序、保护职责及其社会监督和惩罚等与文化遗产保护密切相关的事情，都做了详尽的规定，使文化遗产保护做到有法可依。[1]1976 年 1 月 2 日，美国第九十四届国会通过《民俗保护法案》。欧洲各国也在近半个世纪中，先后颁布了与非物质文化遗产相关的保护法案。例如，法国从中央到地方都制定了历史文化遗产的保护性条例和法规，通过法律确定政府对历史文化遗产的绝对保护权。为了保证保护区的地位，将历史文化遗产分级别列入保护名录，针对不同级别的文化遗产制定相应的保护、改造和再利用的法规政策。

非遗保护的法律条文一般包括以下内容，明确限定了非物质文化遗产保护的对象和范围，规定了保护方法和手段、保护资金的来源范围、保护管理程序、政府与民间团体的职责及其相互关系。法律文件在严格控制与约束保护管理过程的同时，对具体的保护做法也给予一定的灵活性，使法规本身兼有操作性强与适应性强的双重特点。总之，立法为非物质文化遗产保护提供了可靠的法理依据，建立了严密的保护机制，营造了良好的法制秩序和人文环境。

**（二）健全的管理机构**

健全系统的保护机构为非遗保护行动的落实提供了行政制度保障，是先进国家非物质文化遗产保护的成功经验之一。

日本通过在各级政府和社会群体中建立完善的保护机构体系，带

---

①苑利：《韩国文化遗产保护运动的历史与基本特征》，《民间文化论坛》，2004 年第 3 期。

动多种社会力量参与非遗保护。从纵向机构设置看，在中央、道府县和市町村三个层级的政府中都设有非遗保护机构如"教育委员会"，政策咨询机构如"文化财保护审议会"和民间团体。中央政府文化厅是最高的管理机构，下属有文化部、文化财部、长官官房，负责全国的无形文化财和民俗文化财的保护。地方政府如都、道、府、县、市、町、村都设有"教育委员会"等文化保护机构，负责各辖区内的非遗保护工作。各级政府的文化财保护审议会、文物保存、考古研究等机构组成人员配备齐全，各部门、职位都有详细的分工和责任。[1] 从横向机构设置看，政府部门、专家咨询机构和民间团体形成共同参与的非物质文化遗产保护格局。

韩国拥有一套以法律形式制定的保护和管理体系，对文化遗产的保护形成严密的管理。"文化遗产的最高责任人是国家总统，而文化遗产保护工作的主管行政机构，则是文化观光部下属的文化财厅。文化财厅厅长有权监督各地文化遗产的管理情况，由于从中央到地方的各级政府都有相应的行政机构负责非遗保护的管理，因此，通常的做法是文化财厅厅长将部分权力委任给当地政府，具体的日常的管理工作由各地市、道知事负责。"[2] 真正的决策机构是由韩国文化财厅负责组建的文化财委员会，它是文化遗产保护工作中唯一的一个专门负责提供咨询申遗的顾问机构，这个机构确保了韩国文化遗产指定、解除过程中的科学原则和公证原则，在文化遗产保护工作中发挥着重要的作用。根据《文化财保护法》规定，各级行政机关、咨询机构直至文化财修复人员，每个人、每个单位都有明确的社会分工，这种严格的岗位责任制，有效保护了韩国传统文化遗产保护工作的正常进行。[3]

美国政府对非物质文化遗产的保护大致可分为国家、州、地方县市三个层面。国家级文化遗产保护机构主要是史迹保护联邦理事会、国家公园司，前者主要负责文化遗产保护方案的决策，后者主要负责文化及自然遗产特别是国家公园内文化及自然遗产保护的实施；州级

---

① 王文章：《非物质文化遗产概论》，北京：文化艺术出版社，2006 年。
② 苑利：《韩国文化遗产保护运动的历史与基本特征》，《民间文化论坛》，2004 年第 3 期。
③ 苑利：《韩国文化遗产保护运动的历史与基本特征》，《民间文化论坛》，2004 年第 3 期。

文化遗产保护责任人是各州的史迹保护官；地方级文化遗产保护单位是历史街区委员会和地方政府。[①]

### （三）充足的资金保障

充足的资金是完成非物质文化遗产保护工作的重要前提，因此，为非物质文化遗产保护对象提供充足的资金保障也是各国非遗保护法律的重要内容。总体而言，保护资金有两个来源途径：一是国家和地方政府的财政拨款，这是主要来源；二是社会团体、慈善机构等非政府组织和个人的资助。[②]

1. 政府的财政拨款

非遗保护走在前列的国家的政府都为非遗保护提供了尽可能充足的财政预算。例如，日本政府每年投入大量资金扶持非物质文化遗产的保护，对重要无形文化财实施保护的特别援助金额是 200 万日元，团体及综合认定项目约 1.26 亿日元。平均用于无形文化财的调查费是 5000 万日元，用于民俗无形文化财传承及活动方面的经费是 1.8 亿日元。每年投资 5000 万日元用于个人修复技术的传承，投资 9000 万日元用于团体修复技术的传承，还投资 4000 万日元用于文化财保存技术的国内研修与交流等。[③] 为了更全面地保护遗产，政府还创设了文化遗产保护活用支援活动补助项目。从 1993 年起，对祭典节日和民俗艺能活动中使用的服装、道具及相关设施给予必要的经费补助。如果有人想变卖具有文化遗产价值的私有房产或收藏品，政府会想方设法买下来，作为公共财富予以保护。

韩国政府对具有重要价值的国家级非物质文化遗产给予 100% 的经费保障；对省、市级的非物质文化遗产给予 50% 的经费保障，剩余部分由地区出资。政府出资负担文化传承人的公演活动及他们用于研究、发展技能等方面的全部费用，还为他们提供一系列医疗保障，提

---

①顾军、苑利：《美国文化及自然遗产保护的历史与经验》，《西北民族研究》，2005 年第 2 期。

②王星光、贾兵强：《国外历史文化遗产保护机制及其对我国的启示》，《广西民族研究》，2008 年第 1 期。

③顾军、苑利：《文化遗产报告：世界文化遗产保护运动的理论与实践》，北京：社会科学文献出版社，2005 年。

供每人每月 100 万韩元的生活补助，使他们的生活有充分保障。[①] 法国政府对文化遗产的保护经费以国家财政拨款为主，并以每年至少 1% 的速度增长；[②] 法国政府还对地方文化机构予以充足的经济支持，鼓励地方政府大力发展当地的文化遗产保护事业。

此外，国家还通过减免税收、贷款、公用事业拨款、发行奖券等多种优惠政策提供资金筹措，使遗产保护资金得到有效保障。例如，法国政府设立了文化信贷，促使银行等金融机构和财政机构对文化遗产的保护和发展进行投资。

2. 多渠道的资金来源

来自民间组织、慈善机构、企业和个人的资金也是支持非物质文化遗产保护的重要支柱。例如，法国设立了文化遗产专项基金和基金委员会，保证对文化遗产有足够的资金投入，鼓励各企业团体和个人积极参与文化遗产的保护。[③] 意大利的非物质文化遗产的著作权享有无限期，以营利为目的而使用非物质文化遗产的行为，不仅要征得文化行政部门的许可，还要交纳一定的使用费，作为基金用作遗产保护的行动经费。1965 年，美国成立了艺术人文科学财团，并在它旗下设立了具有全美性质的联邦政府机构美国艺术财团，该组织是振兴本土艺术、保护民族文化遗产的专门机构，其资金主要来自政府预算和民间资助。[④] 德国的遗产保护经费是国家投资带动地方政府、社会团体、慈善机构及个人投资的多方合作方式。此外，志愿人员的义务劳动、无偿提供固定资产，也在很大程度上对非物质文化遗产的保护起到扶持的作用。

**（四）全民参与非遗保护**

全民参与非物质文化遗产保护的格局，是非遗保护成效卓著的国家的一个共性特征。各级政府是重要的非遗保护主体，他们为非遗保

①青峥：《国外保护非物质文化遗产的现状》，《观察与思考》，2007 年第 14 期。

②《文化产业的对位性机制:西方当代文化艺术的保护方式》，参见 http://www.arting365.com/vision/discourse/2006-08-13/content.1155478447d132712.html.

③《文化产业的对位性机制:西方当代文化艺术的保护方式》，参见 http://www.arting365.com/vision/discourse/2006-08-13/content.1155478447d132712.html.

④顾军、苑利：《美国文化及自然遗产保护的历史与经验》，《西北民族研究》，2005 年第 3 期。

护设立了健全的管理机构、完善的法律条例，为非遗保护行动的实施提供了保障。来自大学、文化团体和科研机构的专家，也是重要的非遗保护主体之一，他们为非遗保护提供了专业方面的指导。此外，更重要的保护力量则来自民间，如民间组织和普通民众。

民间组织是文化遗产保护的核心和骨干力量。在日本，从县市到乡村都有保护重要无形文化财的专业协会和保护地方文化遗产的民间社团组织，如"狮子舞保护协会""花祭保存会""田乐保护协会"。这些覆盖全国的民间组织凝聚了千万民俗文化艺术的传人，还通过民俗活动，大大提高了日本民众对非遗保护的参与度和非遗保护的自觉意识。[1] 在法国，民间组织与官方的密切合作，是文化遗产保护工作顺利进行的关键。在保护工作中，政府牵头并做出重大决定，民间组织负责完成具体工作。法国的民间组织非常多，诸如历史纪念物基金会、文化艺术遗产委员会、考古调查委员会的组织就有 1.8 万多个，他们在遗产普查中负责具体项目的调查工作；编制介绍文化遗产的宣传资料，在课堂上、遗产地和博物馆里开展宣传活动；建立文化遗产的资料信息库，不仅提供宣传，还提供信息咨询业务；负责筹款保护文化遗产。为了进一步发挥民间组织的作用，法国政府还与许多民间组织签订了协作契约，把遗产的认知管理权下放给民间组织，使民间组织在文化遗产保护过程中"责""权""利"达到真正的统一。[2] 在美国，民间组织在各州、市都设有相应的分支机构，负责地方文化遗产的保护，他们涉及的领域甚至比政府机构大得多，可以说，民间组织在非遗保护中声势浩大、影响深远。[3]

通过宣传教育引导全民参与非遗保护是多个国家非遗保护的成功经验。日本政府十分注重通过公众教育的方式培养国民的文化遗产保护意识，日本文化厅专门开办了文化遗产数据库网站——文化遗产在

---

① 周星、廖明君：《非物质文化遗产保护的日本经验》，《民族艺术》，2007 年第 1 期。

② 顾军：《法国文化遗产保护运动的历史与今天》，张庆善：《中国少数民族艺术遗产保护暨当代艺术发展国际学术研讨会论文集》，北京：文化艺术出版社，2004 年。

③ 顾军、苑利：《美国文化及自然遗产保护的历史与经验》，《西北民族研究》，2005 年第 3 期。

线，介绍各类文化遗产及相关知识，最大限度地发挥了文化遗产的认知价值和教育作用，让国民通过文化遗产了解日本的历史和文化，潜移默化中意识到文化遗产是国家和国民的文化财富，保护文化遗产是所有国民的义务。日本政府重点对青少年进行遗产保护教育，将日本的历史文化遗产内容纳入中小学课程，组织学生参观文化遗产，让学生们实地感受。这样的宣传氛围促使日本形成了国家、地方自治体、社会团体、文化遗产拥有者和全体国民一起保护文化遗产的格局。[①]韩国发起过民族文化复兴运动，设立民族文化遗产学习班，建立众多的民俗博物馆，带动全民了解非物质文化遗产，并积极参与非遗保护。美国政府把文化遗产纳入中小学课堂，组织学生到相应的文博馆和遗产地进行现场教学，还对具有鲜明文化特征的少数民族开展文化遗产传承教育。各国的公众教育潜移默化中熏染了人们参与非遗保护的自觉意识，培养了人们保护非遗的基本的道德观念和稳定的伦理规范，在非物质文化遗产保护中，自觉意识、道德观念和伦理规范对社会公众的影响力远比法律的约束更强大，所以说，公众教育带动更多的社会群体参与到非遗保护中来。

### （五）多渠道的宣传途径

媒体和民间组织的保护实践对非物质文化遗产的大力宣传，是多个国家形成全民保护模式的重要法宝。常见的宣传途径有以下几种：媒体（报纸、电视、广播、互联网等）大量播放具有乡土情趣和地域文化特色的节目；学校组织学生做文化遗产的探访之旅；企业采用传统文化形式发布广告，赞助地方社会举行传统习俗活动等。日本政府和地方自治体、博物馆等文化艺术行业组织开展各种表演展览，[②] 例如，在全国规模的"国民文化节"或"全国民俗艺能大会"上，介绍各地具有代表性的民俗艺能或重要的民俗文化遗产。全国性的"斗牛"比赛、"艺能"表演大赛、国技"相扑"比赛、"人间国宝"的展演活动、传统曲目演奏会、茶艺和插花的表演会、和服表演等名目繁多的

---

[①]周星、廖明君：《非物质文化遗产保护的日本经验》，《民族艺术》，2007 年第 1 期。
[②]周星、廖明君：《非物质文化遗产保护的日本经验》，《民族艺术》，2007 年第 1 期。

展示和陈列，也极大地宣传了文化遗产。日常生活中的宣传在日本国民中形成热爱和珍重民族传统文化的浓郁氛围。

通过"文化遗产日"向公众开放和推介遗产项目，是很多国家宣传非遗的常见模式。1984 年，法国首创了"文化遗产日"，遗产日当天博物馆、展览馆全面开放，电台媒体全程跟进报道，网站也会同时发布活动内容。在法国的影响下，1991 年，欧洲文化理事会确立了"欧洲文化遗产日"，现在欧洲已经有 50 多个国家参与了这项活动。① 从 1997 年开始，意大利政府在每年 5 月的最后一周举行"文化与遗产周"活动，在此期间，国家博物馆、艺术画廊、考古博物馆、文物古迹、著名别墅及建筑等所有国家级文化遗产和自然遗产都免费对外开放。② 日本政府确立每年 11 月 3 日为"文化日"，11 月第一周是"文化遗产保护周"，各地举办丰富多彩的文化遗产宣传活动。③ 韩国还将每年的每个月定为某著名画家、诗人、音乐家或小说家之月。每一年都被定为某一艺术类别的创作年，如 1989 年是"戏剧与电影之年"，1990 年是"舞蹈之年"，以此强化特定非遗项目的保护意识和保护力度。④ 文化遗产日的宣传活动，让本国民众进一步了解了自己民族国家的历史文化、增强了非物质文化遗产保护的自觉意识；也为世界开启了了解本国文化的窗口。

## 第三节　国内非物质文化遗产保护现状及发展建议

非物质文化遗产对中国人而言虽然是外来词，但因其内涵与民族

①苑大喜：《欧洲文化遗产日在法国》，《中国文化报》，2012 年 9 月 26 日。

②《意大利善待世界遗产之道：保护和利用并举》，新华网：http://news.xinhuanet.com/world /2004-07/04/content_1569737.htm.

③《日本文化遗产的保护与利用——中国新闻代表团访日考察报告》，新华网：http://news.xinhuanet.com/zgjx/2011-09/16/c_131142167.htm.

④梁锺承著、李思颖译：《韩国的文化保护政策：无形文化财与它的持有者》，张庆善：《中国少数民族艺术遗产保护及当代艺术发展国际学术研讨会论文集》，北京：文化艺术出版社，2004 年。

民间文化接近，所以，我国非物质文化遗产的保护工作可以追溯到历史上开展的民族民间文化的保护工作。从《诗经》、汉乐府对民间诗歌和民俗风情的采集整理，到 20 世纪初民俗学建立时期对民族民间文化的搜集保存，再到中华人民共和国成立特别是改革开放后，我国在保护民族民间文化方面做的大量专业性和针对性的工作，都为我国非物质文化遗产的积累、保护和传承做出过巨大贡献。2004 年我国正式加入联合国发起的《保护非物质文化遗产公约》，此后，非物质文化遗产保护工作进入一个突飞猛进的发展阶段，相关的理论和实践都取得巨大进展。经过十年的积累，目前我国的非物质文化遗产保护工作从观念到策略都将从以调查和申报项目为中心的发展阶段，进入到以重保护为中心的"后申遗时期"。[①] 梳理我国非物质文化遗产的保护现状，总结成果，发现问题，在借鉴国外先进经验的基础上可以确定下一步的发展方向。

## 一、已取得的成果

2004 年 8 月，我国正式加入了联合国发起的《保护非物质文化遗产公约》，这是我国正式按照国际标准开展非遗保护工作的开端。近十年来，保护非物质文化遗产已经成为我国政府部门和学界的热门话题，社会群体也逐渐熟悉并认可了非物质文化遗产保护，非物质文化遗产保护工作取得了巨大进展，主要表现在以下几个方面。

### （一）积极参与国际非遗保护工作

2006 年 6 月 27 日，在联合国教科文组织《保护非物质文化遗产公约》缔约国大会第一次会议上，我国入选保护非物质文化遗产政府间委员会，为我国参与联合国教科文组织非物质文化遗产保护工作创造了有利条件。2007 年 5 月 23 日至 27 日，在我国举办"联合国教科文组织保护非物质文化遗产政府间委员会"特别会议，研究制定人类

---

①高小康：《"后申遗时期"：保护非物质文化遗产的可持续性发展》，《中国社会科学报》，2011 年 4 月 19 日。

非物质文化遗产代表作的评选标准等有关规则。我国申报了"人类非物质文化遗产代表作名录"和"急需保护的非物质文化遗产名录"项目，其中，昆曲艺术、古琴艺术、新疆维吾尔木卡姆艺术以及与蒙古国联合申报的蒙古族长调民歌分别于2001年、2003年、2005年列入了联合国教科文组织通过的"人类口头和非物质遗产代表作"。这些项目的入选很大程度上鼓舞了我国民众保护非物质文化遗产的热情，有力推动了我国各民族非物质文化遗产抢救与保护工作的发展进程。到目前为止，我国共成功申报36项联合国教科文组织非物质文化遗产名录，成为世界上入选"人类口头和非物质遗产代表作"最多的国家之一。[①]

**（二）资料普查成果卓著**

十年来，我国对非物质文化遗产领域的重要资料开展过数次普查和搜集工作，成果卓著。2003年，文化部、财政部联合国家民委和中国文联，启动实施了"中国民族民间文化保护工程"。这项工程计划从2003年到2020年，在调查搜集的基础上，通过建立遗产代表作名录、遗产传承人和文化生态保护区等方式，对我国浩如烟海的民族民间文化遗产尤其是濒危遗产进行抢救和保护。这项工程促使民族民间文化保护工作更加科学化、系统化、规范化和法制化，标志着我国民族民间文化保护已由以往的项目性保护，开始走向整体性、系统性的保护。这项工程完成后将建立起比较完备的民族民间文化保护体系，为此后非物质文化遗产的保护奠定了坚实基础。

2005年6月，文化部部署了非物质文化遗产的全国普查工作，目的是全面了解和掌握各地各民族非物质文化遗产的种类、数量、分布状况、生存环境、保护现状和存在问题。这次普查获得并保存了大量的民族文化资料，并形成了遗产代表名录、传承人代表名录、文化生态保护区及参与非遗保护工作的人才队伍。首先，形成各级非物质文化遗产代表作名录。目前，我国的国家、省、市、县各级非遗项目共计87万项，初步建立起国家、省、市、县四级非遗代表作名录，基本

①周和平：《中国非物质文化遗产保护的实践与探索》，《求是》，2010年第4期。

形成较为完整的有中国特色的非物质文化遗产保护体系。[①] 其次，形成了遗产传承人名录。从 2006 年到 2009 年共公布国家级非物质文化遗产项目代表性传承人 1488 名，省级代表性传承人 5590 名。[②] 传承人的认定推动了非物质文化遗产项目的授徒传艺活动。最后，设立了闽南、羌族、客家（梅州）、武陵山区（湘西）土家族苗族等 12 个国家级文化生态保护实验区，理清了文化生态保护建设的思路。

### （三）法律法规得到发展

20 世纪 90 年代以后，我国有关民族民间文化的国家和地方性法律法规不断得到完善。首先，20 世纪 90 年代，云南、贵州、广西等少数民族聚居的省份前后颁布了民族民间传统文化保护条例，宁夏制定了保护民间美术和民间艺术的地方性法规。1997 年 5 月 20 日，国务院颁布了《传统工艺美术保护条例》，明确提出"国家对传统工艺美术品种和技艺实行保护、发展、提高的方针"。2003 年 11 月出台了《中华人民共和国民族民间传统文化保护法草案》，为珍贵、濒危并具有历史、文化和科学价值的民族民间传统文化的保护提供了法律依据。2004 年 8 月，全国人大把法律草案的名称改为《中华人民共和国非物质文化遗产保护法》，并初步列入全国人大立法规划。2005 年 3 月，国务院办公厅颁发了《关于加强我国非物质文化遗产保护工作的意见》，确立了我国非物质文化遗产保护工作的方针和目标，明确要求建立国家级、省、市、县级非物质文化遗产代表作名录体系，建立协调有效的工作机制，形成有中国特色的非物质文化遗产保护制度。2005 年 12 月，国务院下发了《关于加强文化遗产保护工作的通知》，要求各级政府从对国家和历史负责的高度，从维护国家文化安全的高度，切实做好文化遗产保护工作。2006 年 11 月通过《国家级非物质文化遗产保护与管理暂行办法》，先后推出部际联席会议、代表作评定办法、传承人评定办法。2011 年 6 月正式实施了《中华人民共和国非物质文化遗产法》，阐述了非物质文化遗产的

---

①边思玮：《生产性保护：鼓励非物质文化遗产在生产中传承》，《中国文化报》，2012 年 9 月 4 日。

②周和平：《中国非物质文化遗产保护的实践与探索》，《求是》，2010 年第 4 期。

定义、内容、各级政府的责任，确定了非物质文化遗产的调查制度、代表性项目名录制度、传承传播制度，为非物质文化遗产保护工作提供了全面的法律保障。

### （四）组织机构得到完善

各级政府先后成立了非物质文化遗产的管理部门和组织机构，为非遗保护工作的顺利开展提供了行政管理的保障。第一，国家、省、市、县四级行政组织机构已基本形成体系。文化部成立了非物质文化遗产司、非物质文化遗产保护国家中心，省市县各级政府成立了地方非物质文化遗产保护中心，加强了组织机构和人才队伍的建设，保证了非遗保护的人力。与此同时，建立了非物质文化遗产保护的部际联席会议制度，由文化部牵头，文化行政部门与各相关部门积极配合，形成合力，共同开展非遗保护工作。第二，成立了非物质文化遗产专家委员会，充分发挥专家学者的专业特长，论证和评审非遗项目，确定申报候选项目和预备项目名单，经文化部向联合国教科文组织申报项目。第三，社会团体积极参与非遗保护。近十年来，我国的社会团体在抢救和保护非遗工作中，开展了一系列卓有成效的工作，尤以中国民间文艺家协会组织实施的"中国民间文化遗产抢救工程"最具有社会影响力。科研机构协助各级政府制定符合我国国情的非物质文化遗产保护政策，在研究传播民族民间文化遗产方面做了大量工作，取得丰富的研究成果。高等院校在非物质文化遗产传承教育、发掘整理和保护方面，发挥了积极的作用。此外，各级政府还加快了非物质文化遗产博物馆和传习所等基础设施的建设，推动了非遗保护的全民教育。[①]

### （五）宣传力度得到加大

为了培养公众参与非遗保护的自觉意识，为非遗保护营造良好的社会氛围，国务院将每年6月的第二个星期六定为"文化遗产日"，集中宣传和展示非物质文化遗产项目。2006年以来，各地文化部门利用"文化遗产日"和春节、端午节等民族传统节日，多次举办各种"非物

---

①周和平：《中国非物质文化遗产保护的实践与探索》，《求是》，2010年第4期。

质文化遗产保护论坛"，开展各类非物质文化遗产的展览、展演、讲座等展示活动。

各地政府将非物质文化遗产搬上网络，通过数字图书馆、数字博物馆等形式，积极开展非遗保护的社会教育。各地文化部门与教育部门协商，积极推进非物质文化遗产进教材、进课堂、进校园，使非物质文化遗产成为青少年传统文化教育的重要内容。

此外，非物质文化遗产的理论研究也在实践中不断得到推进和完善，促进了保护工作的深入开展。

## 二、存在的问题及相关建议

我国的非物质文化遗产资源浩如烟海，由于保护工作起步较晚，和非遗保护走在前列的其他国家相比，保护现状中还存在一些不尽人意的地方。总结非遗保护中存在的问题，借鉴国外先进的保护经验是推进我国非遗保护工作的重要路径。

### （一）法律和政策建设亟待完善

和日本、韩国等先进国家的保护经验相比，我国的非遗保护法律条例和政策制定还较为滞后。

首先，我国政府就非遗保护出台的法规条例少，其中，《中华人民共和国非物质文化遗产法》是最完善的专项法律，但这部法律在地方上的实施还需要结合地方和非遗项目的实际情况做细化规定。大多数地方性非遗保护条例还没有出台，在非遗保护的实际工作中难免出现法律法规与保护实践相脱节的现象，例如，管理部门的权责不清、部门间相互扯皮，以及非遗保护无法可依的混乱景象。

其次，我国非遗保护的法规文件多以国务院及相关部委或地方政府及其所属部门制定的"指示""办法""规定""通知"等文件形式出现，缺乏正式的立法程序，严格意义上都不能算作国家或地方的行政法规，但这些政策性文件和措施却在相当长时间内行使着国家或地方法规的职能。这个情况反映出，我国的非遗保护仍然较多依赖"人治"

的行政管理，而不是"法制"的法律保障的现实状况。①

最后，部分法规文件的可操作性差，其内容以明确保护对象、内容和方法为主，缺乏对保护过程中的管理操作涉及的法律问题的明确规定，导致非遗保护的实际操作与法规执行存在一定距离。

明确的法律和政策是保证非遗保护管理秩序的主要标尺，也是维护合法保护与经营活动的法理依据。非遗保护的实际效率在很大程度上与法律体系的完整性及公正性，与相关政策的完善性是紧密联系在一起的。因此，健全和完善非物质文化遗产保护方面的法律政策，特别是地方性非遗保护法制体系，加强法规的可操作性，使我国的非遗保护做到有法可依、执法必严、违法必究，是我国非遗保护立法中首要和紧迫的问题。

### （二）全民参与意识有待提高

根据《关于加强我国非物质文化遗产保护工作的意见》规定，非遗的保护主体是政府、非政府组织及个人。"政府主导，社会参与"也是我国非遗保护坚持的基本原则。然而，非遗申报和保护实践中却长期存在"政府热、公众冷"的现象，我国的非遗保护是在专家呼吁和政府批示的自上而下的行政力量推动下开始的，公众对非遗保护的参与意识淡漠，参与行动欠缺。可以借鉴国外先进国家的公民教育方式，逐步提高公众参与非遗保护的自觉意识，吸纳社会力量参与非遗保护。

明确政府与公众在非遗保护中的角色地位及相互间的关系，是提高公众参与非遗保护自觉意识的前提。政府在非遗保护中扮演主导者的角色，没有政府的导向和组织，社会力量无法集中也没有发展方向，非遗保护也会落为空话。民众是非遗的创造者，理应是非遗保护的主要力量，如果民众不珍惜、不重视、不保护，非遗最终会中断和衰亡。没有政府的组织导向，民众的保护行动难以实施；没有民众的积极参与，政府的力量对非遗保护而言也是杯水车薪。因此，政府和民众都要正确认识自己在非遗保护中的角色地位，政府要整合全社会的优势

---

①王星光、贾兵强:《国外历史文化遗产保护机制及其对我国的启示》,《广西民族研究》,2008年第 1 期。

资源，营造重视非遗保护的文化氛围；民众要自觉主动参与非遗保护，最终形成"政府主导，社会参与"的非遗保护格局。

宣传和教育是国外培育民众参与非遗保护的文化自觉意识的重要途径。借鉴日本、韩国的经验，充分调动基层社区、社会团体特别是传统技艺的专业团体参与非遗保护的积极性，由他们带动全民参与非遗保护；借助大众传媒宣传非遗保护的重要意义、方针原则及相关的政策法规，传播优秀的民族传统文化，营造良好的舆论氛围；通过教育普及优秀的民间文艺，提高全民对文化遗产价值的认识，培养他们对非遗的文化认同，最终提升民众保护非遗的文化自觉意识。

建立公众参与机制是提高公众对非遗保护参与度的重要保障。民众是非遗的主人，他们有权利处置自己创造的文化资源。在制订和发布非遗的管理政策、总体规划和重大项目计划的时候，通过听证会、专家座谈会等途径，让那些和非遗活动关系密切的公众发表意见和建议，保证管理政策实施时具有深厚的群众基础；凡是涉及非物质文化遗产保护规划或重大工程开发的，必须经过专家委员会的论证，听取群众代表的意见，保证文化遗产管理的科学性和利民性。同时，在管理过程中赋予社会公众、媒体组织、非政府组织等社会力量监督控告的权利，监督文化遗产的各级管理部门和工作人员的工作是否负责，资金使用是否妥当。[①] 这样才能保证社会力量参与非遗保护的积极性。

**（三）"重申报，轻管理，重开发、轻保护"现象需要扭转**

"重申报、轻管理，重开发、轻保护"，是目前我国非遗保护中的严重问题，致使保护工作陷入名存实亡的境地。

非遗项目给地方和传承人带来巨大的经济收益和社会收益，所以，非遗评审也被看作是争取利益和争夺发展机会的资本运作过程。各地方申报遗产的积极性高涨，甚至不惜重金打造项目参与遗产申报，申报成功后又不能进行合理有效地管理，使非遗项目无法得到保护反而遭到破坏。具体表现为两种情况：一种是非遗申报成功后只想挣钱不

---

① 张凌云：《欧洲文化遗产保护及对中国的启示》，《世界地理研究》，2010年第3期。

愿投入，导致很多非遗项目丧失了原有的价值；另一种是一旦非遗挡住一个有更大利益的新项目，便为后者让路，填湖、圈景区搞房地产等现象层出不穷。出现"重申报，轻管理"的现象，主要是因为地方只想给物产打品牌，借申报非遗之名行推销牟利之实，完全不考虑评上非遗后应该做的保护工作。有些地方甚至连手工技艺的流程也变了样，原料和传统相去甚远，这样的保护破坏了技艺本身，严重违背了非遗保护的初衷。

"轻保护"还容易导致保护性破坏的出现。保护性破坏是指由于混淆了非物质文化遗产传承主体和保护主体的关系，保护主体变身为传承主体，走上了政府取代民间、官俗取代民俗的歧路。[①] 政府、媒体、专家等参与非遗保护的社会群体都属于保护主体，他们的主要职责是为非遗的传承创造良好的制度环境，提供适当的操作条件，而不是代替传承主体决定非遗的发展走向。但在非遗保护实践中，很多保护措施是政府制定并操作的，真正的传承主体反而失去了话语权，这种行为名为保护，实际是对非遗的强权和绑架。例如，有的基层政府因为缺乏非遗保护的专业知识，又没有咨询专家和传承主体的建议，越位做了专业水平要求较高的决策，如拆除改造非遗项目依存的生存环境，官方掌控祭祀大典的仪式程序，随意改动非遗项目在文化空间中的位置等，这些看似出于保护目的的行为，恰恰对非遗造成不可挽回的破坏。

要扭转"重申报、轻管理，重开发、轻保护"的现象，首先，要解决思想认识的问题，明确非遗保护的目的是守护民族的精神家园，传承民族文化的精髓，在此基础上进行文化创新和发展，而不仅仅是提高地区的知名度，谋取短期的经济利益。其次，要严格控制非遗项目的申报制度及申报流程，控制国家级非物质文化遗产项目的数量，进一步完善各级非物质文化遗产名录体系的建设。再次，设立非遗的退出机制，加强对非遗保护的长时段、动态性管理，坚决实施依法保护。一旦发现名不副实的情况，就要依照非遗法的规定进行监督检查，

---

①苑利：《非物质文化传承人保护之忧》，《探索与争鸣》，2007 年第 7 期。

及时纠正和处理，对于不能很好落实保护措施的，要在名录中除名。最后，完善追责机制，对保护非遗不利、造成恶劣影响的责任者进行责任追究。

### （四）传承人保护需要加强

非物质文化遗产依托人而存在，以声音、形象和技艺为表现手段，以身口相传的方式得以延续，是活态文化及其传统中最脆弱的部分。因此对非物质文化遗产传承过程来说，传承人的保护显得尤为重要，只有保护好传承人，才能保证他们掌握的非物质文化遗产得到持续发展。而长期以来，我国的民间技艺没有得到足够的重视，民间艺人没有得到足够的尊重，很多绝技绝艺处在自生自灭的境况。在城市化和工业化背景下，很多类型的非物质文化遗产很难顺利实现再生产，在现代产业的挤压下，相关从业者面临生活无着落的处境，有的甚至生活在贫困线下。还有些传承人遭到质疑，例如，民间鼓乐项目的传承人常常受到治安部门的追查，被认为在民间丧葬中用噪音扰乱了公共秩序，宣传"迷信"等。在这样的环境中，发展非遗传承人队伍是非常困难的，绝技绝艺也因此面临后继乏人的窘况。从传承人保护的实际情况看，传承人的经济待遇存在经费少且分配不当的现象，一定程度上影响了传承活动，急需政府及社会的关注和扶持。

日本的传承人保护制度值得我国借鉴。日本政府每年都会拨出相应的"补助金"改善传承人的生活，为他们提高技艺、从事相关活动以及培养后继传人创造充分条件，并致力于收藏其作品、录制和保存其技艺、整理并公开相关的资料集成、出版有关研究报告等。被认定为传承人的本人或团体，需要肩负起传承人的历史责任，不断改进其从事的工艺技术或提高其演艺水平，认真负责地做传承文化的工作。此外，他们还需要向国家报告有关款项的支出、用途等。传承人的认定和扶持制度，确实促成了很好的奖励传统文化持续延绵和发展的机制，像"能乐""歌舞伎""狂言""讲谈"（说书）"茶道""漫才"（相声）等很多传统的艺术表演，都因此而获得了有力的保护和扶持。[①]

---

① 周星、廖明君：《非物质文化遗产保护的日本经验》，《民族艺术》，2007 年第 1 期。

　　我国可以从法律层面加强对传承人的保护，明确保障传承人权利的具体措施和传承人必须履行的义务，对于优秀的国家级代表性传承人可以借鉴"人间国宝"的认定方式，命名为特定称号，除了享受一般传承人的权利待遇外，可以评定为高级职称，并享受相应的工资待遇和社会保障。此外，优秀的传承人还应该收到政府的专项文化补贴，用于技艺的传承推广。对于地方性传承人，各级政府也要明确补助标准，鼓励社会资金的扶持，为传承人营造良好的制度环境和政策条件，保证传承人的正常生活和传承活动。当然，传承人也必须履行相关的传授和宣传义务。

　　**（五）资金来源需要拓展**

　　经费短缺是阻滞我国非遗保护发展的重要原因之一。一方面，我国的非遗保护经费主要来自政府的财政预算，有限的资助额度分配到不断增加的非遗项目上就显得非常薄弱。而另一方面，政府没有将来自企业、非政府组织和个人的大量社会资金有效纳入非遗保护的经费系统，导致社会资金与非遗保护经费之间的脱节。我国可以借鉴国外多渠道资金来源保护非遗的经验，通过优惠政策调动企业、非政府组织、个人等社会资金对非遗保护的投入，建立以政府为主体、社会广泛参与的多方共同投入机制，为非遗保护提供资金保障。

　　此外，非遗保护还存在专业管理人才匮乏的问题，许多遗产遭到破坏就是因为管理者缺乏专业知识，从业人员对遗产没有感情和敬畏之心，无法担当起保护遗产的重任。因此，保护非遗的人才队伍也亟待建设。

# 第四节　国内外非物质文化遗产的传承与发展

　　《保护非物质文化遗产公约》将传承、弘扬和振兴确定为保护非物质文化遗产的有效方式，只有得到传承发展的非物质文化遗产才算是有效保护的非物质文化遗产。目前，非物质文化遗产的传承形式有两种：一种是自然性传承，一种是社会干预性传承。自然性传承是指非物质文化遗产不受外界力量的干预，依据其固有基因和成长属性得到自然传承与延续。社会干预性传承是通过制定法律、提供技术服务或指导、采取行政措施、给予财政资助等方式，建立传承人培养制度，保障传承活动的实现，促进非物质文化遗产的传承。[①] 在急剧的社会变迁中，依靠社会干预性传承的非遗项目远远多于自然性传承的非遗项目，国际经验表明，社会干预性传承也是一种非常有效的传承和保护方式。

# 一、国外非物质文化遗产传承发展经验

在工业化和城市化过程中，多数产生于传统农业时代背景下的非遗项目需要经过自身的调整或者是法律、行政、学术等外在力量的干预才能得到传承，美国、韩国、日本、法国、意大利等在非遗保护方面走在前列的国家在这方面已经积累了成功经验。

## （一）博物馆展示

博物馆展示是非物质文化遗产传承的常见方式，即将生活中不再发挥作用的非物质文化遗产项目的产品放入博物馆进行展览，并尽可能使之融入民众生活，对传承民族精神产生影响。日本政府提倡文化遗产必须向全体国民和社会公众公开展示，非常重视博物馆的建设，经常增设各类主题的博物馆，例如，搜集和保存了大量日趋消亡的生活用具和民具的博物馆；儿童博物馆方面，将民俗资料作为儿童体验传统文化的素材，开展青少年体验文化遗产和乡土艺术的各种活动。还经常在博物馆里主办民间游戏和传统"行事"的再体验项目，以最大限度地发挥文化遗产在文化认知、传播与交流等国民教育和宣传方面的功能。[②] 这些活动最大限度地延续和传承了非物质文化遗产中蕴含的民族精神，也是对非物质文化遗产的传承发展。

韩国设立了众多的博物馆陈列本国的民俗实物，并营造相应的民

---

①曹新明：《非物质文化遗产保护模式研究》，《法商研究》，2009 年第 2 期。
②周超：《日本法律对民俗文化遗产的保护》，《民俗研究》，2008 年第 2 期。

俗场景，比如，在国立民俗博物馆里，可以看到韩国的衣食住行，农业、手工业、娱乐、婚丧、祭祀等场景。还有各类主题的分类博物馆，比如丝绸刺绣博物馆、钱币博物馆、农业博物馆、泡菜博物馆、瓷器博物馆，凡是韩国人独有的东西，不仅有实物陈列，还有实际演示。[①]公共场所随处可见传统的民俗器具展示。这些陈列营造出浓厚的民族文化氛围，随时提醒韩国大众了解热爱和传承自己民族的传统文化，也给外来游客展示了自己民族的文化特色。

### （二）生活化延续

生活化延续是指非物质文化遗产通过自身调整适应社会变迁，以传统或新形式继续在生活中得到传承，发挥特定的社会功能。这种发展方式常见于节日、祭祀仪式、人生礼仪等可以自然传承或借助外界力量的辅助得到发展的非遗项目。

美国很多民间生活节就是这种传承形式的佳作。创立于1967年的史密森美国民间生活节，是公共民俗学者创造性地运用传统文化资源而创立的民俗节日。节日期间，为被表现的传统专门营造出一个实际环境，包括从华盛顿纪念碑到国会山的赛马跑道、用约12米高的竹子和纸质形象构造的印第安人村落，日本的稻田或新墨西哥的土砖市场等，展示各地传统的音乐舞蹈表演、职业领域的民俗生活（包括工作技艺的表现）、工艺品展示及饮食民俗，观众可以参与其中学习手工艺及歌舞表演、品尝食物等。目前，这一节日已经吸引了来自54个国家、美国各地、大量民族团体、100多个印第安人群体以及大约50种职业领域的社会群体参与；汇聚了1.6万多位音乐家、艺术家、表演者、手工艺品制作者、普通劳动者、厨师、故事讲述者等传统文化承载者，展示他们的技艺、知识，体现社区传统创造力的美学思想；通过各种媒体关注这一节日的人数达4000万。这一节日已经成为美国首都华盛顿一年一度最大的文化活动。[②] 它的成功延续为其他国家和地区举办类似的节庆活动提供了范式。密西根民间生活节是美国另一个向公众

①王文章：《非物质文化遗产概论》，北京：文化艺术出版社，2006年。
②杨利慧、安德明：《美国当代民俗学的主要理论与方法》，见周星：《民俗学的历史、理论与方法》，北京：商务印书馆，2006年。

集中展示民俗文化的节日。节庆活动的负责人将密歇根州历史上流行过的传统活动开发出来，例如，齐佩瓦人的篮子制作工艺，波兰人猎鸟时引诱野鸭的雕刻假鸟技术等各种工艺，在节日期间集中展示。一些新兴的传统，如来自西班牙的舞蹈、装饰返乡游行彩车以及表演非洲裔美国人姐妹会的踢踏舞等，也都在节日期间呈现给观众。[①]

在这些节日的影响下，美国许多州都重新组织了自己的节日活动，并利用它们创立法律机构、研究机构、制订教育计划。大量例证表明，这类节日激活了地方文化承载者传承传统文化的积极性，激活了社区传统文化资源的发展活力，很多濒临衰亡的民间文化传统借助节庆活动得到延续。

### （三）商业化运作

商业化是各国发展非物质文化遗产的常见方式之一。日本政府积极倡导将文化遗产作为"资源"盘活，让文化遗产能够被继续利用，而不只是躺在博物馆或仓库里的"标本"。常见的利用方式是将非物质文化遗产与地方产业结合起来发展，形成相互促进的关系，以振兴地方文化、突出地方特色，使非遗为现当代日本国民的生活和文化建设服务。1992 年 9 月，日本政府颁布实施了《关于地域传统艺能的活用及特定地域工业振兴的法律》，更加明确地规范了地方民俗文化传统的保护方法。[②] 日本政府有关部门和遗产所在和所属地区的地方政府，随之采取必要的措施，积极促进社会各界对于非遗的"活用"。政府文化厅组织和实施的"家乡文化再兴事业""地域艺术文化活性化事业""地方文化情报系统""推进青少年体验文化艺术活动"等很多项目，就保护和搞活了地方文化遗产、风土人情，并以此为基础发展具有当地特色的民间艺术、文化产业和生活文化。[③] 地方政府还注重发展具有地方特色的旅游项目。这些活用和开发文化遗产的活动，真正起到支持地方文化事业、促进地方传统文化的再生与发展的作用。

---

① 杨利慧、安德明：《美国当代民俗学的主要理论与方法》，见周星：《民俗学的历史、理论与方法》，北京：商务印书馆，2006 年。

② 周超：《日本法律对民俗文化遗产的保护》，《民俗研究》，2008 年第 2 期。

③ 周星、廖明君：《非物质文化遗产保护的日本经验》，《民族艺术》，2007 年第 1 期。

韩国政府鼓励商人参与非物质文化遗产的商业开发，目前，非物质文化遗产已经被纳入有序的商业运转体系中。在韩国的公众空间中，随处可见非物质文化遗产的宣传广告，如地铁站的广告栏中、外国游客的服务中心、甚至国产香烟包装盒上、韩国飞机的坐背上。到处供应和销售面具、戏装、玩偶等民俗实物，以及介绍非物质文化遗产的书刊。[①] 表演类的非物质文化遗产经常在各大宾馆和节庆活动中为外国游客展演。商业开发使非物质文化遗产转化为巨大的文化产业。

表现民族文化特质的非遗资源，为广播、影视、动漫、设计等文化创意产业提供了创作元素和创新资源，这些文化创意带有鲜明的民族和地域特色，在市场竞争中占有不可取代的绝对优势。例如，日本的现代设计和文化传统结合得非常到位，现代设计在接受西方现代设计的基础上，强调最小化、优雅、简洁、对称、做工精巧以及对功能的清晰表达等原则，这些原则体现了日本传统文化的特质，具有鲜明的民族特色。[②] 在美国，一些承载民族历史记忆的音乐、舞蹈，随着时代推移已经淡出民众的日常生活，却作为电台、影视等媒体的创作元素延续下来。例如，国家公共广播电台播出非洲裔美国人的宗教音乐之历史与文化的系列广播节目，名为《水中跋涉》，这是美国历史上黑奴们经常演唱的一首宗教歌曲的名称，《水中跋涉》制作的系列节目，通过探讨音乐的文化内涵展现黑人在美国挣扎与奋斗的历史记忆和生活经验。[③] 这种以新形式出现的非物质文化遗产对传播民族文化、传承历史记忆、强化民族认同产生重要影响，此外，这些节目还衍生出新的审美功能和社会功能，最终演变为活着的传统。

### （四）旅游开发

旅游开发是非物质文化遗产实现可持续发展的有效途径之一。非物质文化遗产是民族个性的体现，必然以其独特的价值观念和文化内

①王文章：《非物质文化遗产概论》，北京：文化艺术出版社，2006年。
②鲍铭莹：《文化产业化背景下非物质文化遗产保护和传承的困惑与出路》，《宁夏大学学报》，2012年第3期。
③杨利慧、安德明：《美国当代民俗学的主要理论与方法》，见周星：《民俗学的历史、理论与方法》，北京：商务印书馆，2006年。

涵吸引其他民族的欣赏，因此，非物质文化遗产常常以文化展演、参与体验、纪念品等形式出现在旅游市场中。

从西西里傀儡戏的开发中可以管窥意大利非遗旅游开发的成功经验。木偶的制作和木偶戏表演是西西里岛民世代传承的民间艺术，20世纪50年代，西西里岛迎来了城镇化的社会变迁，随着娱乐方式的增加和电视的普及，木偶戏逐渐衰落，大量木偶艺人不得不放弃这一职业。在西西里傀儡戏被联合国教科文组织确立为人类非物质文化遗产后，在政府保护政策的扶持下，西西里岛木偶艺术又很快发展为旅游市场中备受青睐的观赏项目。木偶戏作为新的娱乐形式继续为当地人和游客展演。西西里岛上设立了很多木偶剧场，剧场的灯光、布景都很讲究。木偶戏表现的故事情节多来自宏伟的史诗传奇，或是诗歌、浪漫传奇或流行的歌剧，艺人们根据基本的故事情节进行即席创作。精美的木偶也被开发为旅游纪念品。西西里岛的木偶形象十分独特，技艺精湛的工匠艺人沿用数十年流传下来的制作方法，经过繁复的手工技艺设计木偶形象并雕刻和着色。木偶外形精美，造型各异，尤以顶盔贯甲的古代武士最多，他们头盔上缀着各种颜色的羽毛或璎珞，手里拿着宝剑、盾牌，五彩缤纷，闪闪发光，相当好看，这一具有西西里岛特色的纪念品受到游人的热烈欢迎。此外，政府还为年轻的木偶艺人开办培训场所，举办木偶节并开设奖项，在国内外举办木偶展览、兴建木偶戏学校，极大地扩大了木偶戏的影响力。[①]

韩国旅游产业开发的目标之一就是推动非物质文化遗产的保护。韩国人把民俗旅游村的活动组织得有声有色，村口摆放着韩、中、英、日四种文字介绍，村内可以看到不同时期韩国先民的衣食住行、建筑景观和祭祀活动。每年春秋两季，民俗村的主办者和旅游部门的官员们都想尽办法招揽外国游客，例如，以民俗节和祭祀仪式活动的形式吸引游客，国家级的表演团体为游客表演韩国传统文化，使非物质文化遗产项目转化为巨大的旅游产业，推动了当地经济的发展。

此外，法国、英国、日本等国家也十分注重对非物质文化遗产资

---

① 飞龙：《国外保护非物质文化遗产的现状》，《文艺理论与批评》，2005年第6期。

源的旅游开发。例如，伦敦两日一次的白金汉宫皇家卫队换岗仪式，几乎每次都吸引数万至数十万游客；日本一年一度的焰火大会是最有特色、国内最普遍的传统活动之一，也是日本之夏的时令风物，吸引了大批外国游客，仅东京的焰火大会，每年就有近百万人观看。国外的文化遗产保护区、遗产廊道等区域也经常被开发为旅游胜地，例如，美国的遗产廊道就是"拥有特殊文化资源集合的线性景观"，[①] 区域内展现自然遗产和人文遗产，这种展示往往和旅游联系在一起，让游人在观赏、游玩中体会文化遗产的魅力。

### （五）文化生态保护区的建设

文化生态保护区是指"在一个特定的自然和文化生态环境、区域中，有形的物质文化遗产如古建筑、历史街区与乡镇、传统民居及历史遗迹等和无形的非物质文化遗产如口头传统、传统表演艺术、民俗活动、礼仪、节庆、传统手工技艺等相依相存，并与人们依存的自然和文化生态环境密切相关，和谐相处"。[②] 文化生态保护区保护的不仅是社区的自然风貌、建筑物、生产生活用品等物质文化遗产，还有生活方式、风俗习惯等非物质文化遗产，其建设的目的在于创造一个有利于文化健康而又可持续发展的生态环境，防止非物质文化遗产的退化，使其以生活原态得到保护。

生态博物馆是文化生态保护区的形式之一。生态博物馆是"对自然环境、人文环境等有形和无形文化遗产在其原生地由居民进行自发保护，使人、物和环境处于固有的生态关系中，从而较完整地保留社会的自然风貌、生产生活用品、风俗习惯等文化因素"。[③] 生态博物馆是人类在保护和传承非物质文化遗产过程中创造的最具典型性和创新意义的保护形式。由于生态博物馆"顺应了当代人类生态环境保护意识日益觉醒和高涨的潮流，顺应了当代要求文化遗产权和解释权回

---

①王志芳、孙鹏著：《遗产廊道——一种较新的遗产保护方法》，《中国园林》，2001 年第 5 期。

②黄小驹、陈至立：《加强文化生态保护，提高文化遗产保护水平》，参见 http//www.ccdy.cn/pubnews/483993/20070403/517010.htm.

③陈燮君：《博物馆与无形文化遗产保护》，《中国博物馆通讯》，2002 年第 11 期。

归原住地和原住民的呼声，顺应了人类要求协调和持续发展的愿望"，[①]迅速在欧洲、拉丁美洲等国家和地区传播开来，许多国家产生了生态博物馆或类似生态博物馆的文化机构和项目，如西班牙的"文化公园"，巴西、澳大利亚的"遗产项目"，日本的"造乡运动"等。

　　实践证明，生态博物馆对非物质文化遗产的保护是非常有效的。以日本的"造乡运动"为例，在亚洲，日本是最早进入工业文明的国家，也是城市化最早和受欧洲文化影响最早的国家。20 世纪 60 年代，在西方化过程中，人们感受到自己国家的民族性在逐渐丧失；在工业化过程中，年轻人离开农村到城市读书或工作，农村只剩下老人和孩子，导致"农村人口疏离化"，许多传统文化习俗逐渐远离人们。为使传统的生活方式和乡土文化、民间文化在城市化进程中得以存活，日本社会的各方力量展开了"造乡运动"，即在乡村发掘富有乡土特色的人文资源，将之转化为乡村持续发展的资本和动力，借此恢复日本传统文化的活力，并在此基础上再造农村社区的新生活，营造富足而不失乡土人情味的故乡。经过 20 年的发展，造乡运动取得很大成效。例如，福岛县只见町教育委员会在发掘整理当地的民具资料时，动员很多老年社区居民参与其中，这些曾亲自使用或制作过民具的老人们非常希望把自己有关民具的知识传递给下一代，于是，围绕民具资料的整理、记录和公开开展了多种传承活动。[②]千叶大学的宫崎清教授于 1974 年发动的"生活工艺运动"，帮助一个村子实现了以传统手工艺为核心的制作经营、旅游观光、民俗体验等适应现代社会需要的发展模式，也使当地独具魅力的民俗文化得到延续。[③]与此类似，为了保护地方文化特色，改善人居聚落形态，许多小镇兴起了由地方居民参与的"造街运动"，街区的传统文化活动由此得到恢复传承，街区变得富有诗情画意而成为观光胜地。

　　美国南卡罗莱纳州海岸的偏远乡村，生活着一群非洲裔美国人，他们延续着一种用香草、松针和美洲蒲葵编织篮子的古老传统，在过

---

①王鹤云：《保护文化生态，激活文化遗产立体生存》，《中国文化报》，2003 年 7 月 29 日。
②周超：《日本法律对民俗文化遗产的保护》，《民俗研究》，2008 年第 2 期。
③钱永平：《日本非物质文化遗产保护研究综述》，《湖北民族学院学报》，2010 年第 5 期。

去的 350 多年里，这里的人一直采集自然原料编织草篮并出售。他们一般在靠近国家公路的地段兜售篮子，而这个地段后来处于商业开发者的包围中，开发商想在这里建立商场、便利店等商业建筑，双方相持的结果是，这个地方被开发为停车场，这使当地人采集香草和蒲葵都变得十分困难，同时，收割香草也被规定为非法行为，这给具有悠久历史的草篮编织传统造成毁灭性影响。在民俗学者的共同推动下，草篮制作者举办了一次"香草会议"，促成了"普莱森特山香草篮制作者协会"的成立，通过这一组织，香草篮制作者说服政府和相关政策机构确认了他们采集香草制作艺术品的权利，并获准三个地点种植了约 42492 平方米供其专用的香草，推动了草篮编织技艺传统的延续。[①]

以上提到的非物质文化遗产传承和发展模式在多个国家具有普遍性和共性，此外，很多国家还将非物质文化遗产用于民族认同的建构、国际文化的交流，甚至通过回忆疗法治疗老年痴呆症，或者利用传统民俗事项实现灾后生活重建。[②] 在各国非物质文化遗产保护政策的引导下，诸多已经退出生活舞台的非物质文化遗产，经历了从遭遗弃、损毁到收集、整理、分类、记录再到被发掘出研究价值的一系列变废为宝的过程。这些成功案例说明，经过方法得当的开发利用，乡土社会独特的文化和风俗习惯等非物质文化遗产，完全可以在工业社会和现代生活中得到传承和发展。

## 二、国内非物质文化遗产传承发展的现状

我国政府和各级非物质文化遗产保护机构在十年来的保护实践中摸索规律、积累经验，初步探索出一些成效卓著的保护方式。首先是立法保护。其次是抢救性保护，针对处于濒危状态的项目，通过普查、存档、建立数据库的方式给以保存；已经淡出现代生活的非物质文化遗产，多被保存在博物馆中。再次是整体性活态性保护，对于文化积

---

①杨利慧、安德明：《美国当代民俗学的主要理论与方法》，见周星：《民俗学的历史、理论与方法》，北京：商务印书馆，2006 年。

②菅丰：《何谓非物质文化遗产的价值》，陈志勤译，《文化遗产》，2009 年第 2 期。

淀深厚、非遗代表项目集中、地域文化特色鲜明、形式和内涵保存完整的区域，采取整体保护的方式，如建立文化生态保护区。最后是生产性保护，主要针对具有生产性质的非遗项目，在不违背传统手工生产规律和运作方式、保证其本真性和核心技艺的前提下，使非遗项目在创造社会财富的生产活动中得到积极有效的保护，激发非遗在现代社会背景下的传承发展。

**（一）博物馆展示**

我国多采用博物馆方式保存已经淡出现代生活的非物质文化遗产，通过展览起到宣传、教育和传承的作用。博物馆的馆藏关注与人们生活密切相关的文化，以其独特的文化智慧和深邃的洞见影响公众。例如，从 2004 年到 2008 年，北京民俗博物馆举办了端午、中秋、重阳节的民俗活动展，活动内容有：（1）习俗体验，端午节体验包粽子、斗百草，中秋节描画兔儿爷、拜月台拜月等；（2）复原场景，端午节院中摆设雄黄酒、艾草、菖蒲等，中秋节复原老北京祭月场景、"兔儿爷山"，重阳节复原"九花塔"；（3）兜售应节物品，如五彩绳、长命缕、香包、粽子、兔儿爷等；（4）展示烘托节日气氛的传统活动等。[①]这些具有互动性、参与性的项目具有浓厚的文化展示意味，对北京传统节日民俗起到传承作用。

和普通博物馆对物品的陈列不同，非物质文化遗产博物馆不仅要陈列物态的非物质文化遗产作品，而且要表现物质载体背后的技艺、口传心授的传承过程、创作手法、制作过程中的行业规矩和禁忌等无形的东西。目前的非遗博物馆中，先进的信息技术和专业人员解决了无形东西有形化的问题。例如，利用多媒体等科技手段将老艺人的唱腔、唱段、口传心授的信息展示出来；通过使用现代信息技术形象化地展现非物质文化遗产，将之动态地呈现在人们面前，通过科学诠释、实物展示、景观再现和现场演示的方式，如实记录文化的发展过程。例如，通过计算机网络和虚拟技术，可以复原和传播楚文化中极具特色的文化活动——编钟乐舞，真实再现当时的服装、青铜器、漆器、

---

①关昕：《文化空间建构与传统节日保护》，《文化学刊》，2009 年第 5 期。

音乐、舞蹈以及建筑，展现楚宫廷里的舞蹈和编钟音乐，让现代人身临其境地感受 2000 年前的视觉和听觉震撼，用户只要通过互联网就能获得各类信息，并对编钟乐舞产生全面的了解和深刻的体验，[①] 最终实现了编钟乐舞文化的传承。

和韩国等非遗博物馆建设较好的国家相比，我国的非物质文化遗产博物馆建设工作还处于发展阶段，不仅数量少，而且缺乏细致深化的主题分类，馆藏量远远落后于非遗项目的实际数量，其中的参与性和互动性的非遗保护活动形式单一雷同，地方特色不突出，先进的虚拟技术、信息技术还没有在博物馆中普及使用。因此，今后非遗博物馆的建设重点是，发展非遗博物馆数量或在博物馆中增设非遗展区，增加非遗的馆藏量，提高展示活动的互动性和参与性，提高展示的技术水平，通过多媒体、网络虚拟等技术方式和场景设置、真人秀等呈现手段，多维地、全方位地展现一个民族和地区的非物质文化遗产。

### （二）生活化延续

生活化延续在我国主要见于饮食、节日、祭祀、人生礼仪等可以按固有发展规律得到自然传承的非遗项目。如传统节日，我国重要的传统节日都属于文化空间类的非物质文化遗产项目，这些节日形成以来就随时代的发展变迁而自发产生变化，由于节日内涵契合民众的文化心理，它们至今依然是人们生活中的重要组成部分。对这些遗产的保护，我国多秉持"民间事民间办"，尽可能减少外界力量干预的"最低干预性原则"。[②]

随着文化生态环境的改变，我国的传统节日习俗也面临衰微的境况，为了调动民众传承非物质文化遗产的主动性，文化部门和社区积极策划了参与性和实践性强的节俗活动。例如，端午节前，以社区为单位组织的"包粽子大赛"在全国各地屡见不鲜，包粽子从过去的家庭行为，通过集体竞技的方式转化为公众行为，在人们习

---

①杨程、孙守迁、苏焕：《楚文化保护中编钟乐舞的复原与展示》，《中国图像图形学报》，2006年第 10 期。

②顾军、苑利：《文化遗产保护——世界文化遗产保护运动的理论与实践》，北京：社会科学文献出版社，2005 年。

惯购买市场上、超市里的粽子的时候,"包粽子"行为本身就具有了传承传统的可贵意义。再如,老北京过中秋节有祭月、送兔儿爷的习俗,为了传承这些习俗,北京东岳庙在中秋节举办中秋主题游园,对兔儿爷山、拜月台等节俗实物进行模拟陈列,颇受市民和游客的青睐。① 重阳节,商家和社区组织的免费体检、老年艺术节、看望孤寡老人等以关爱老人为主题的公益活动,传承了重阳节敬老爱老的节俗传统。这些习俗深受民众的欢迎,为习俗的生活化延续营造了良好的传承氛围。

生活化延续是非遗传承发展的有效途径,但目前来看,通过这种方式得到传承发展的非遗项目还在少数。为使更多的非遗项目得到生活化延续,其一,要激发民众保护和传承非遗的自觉自主意识,促使他们主动传承非遗;其二,美国、日本的成功经验提示,学者、媒体等外界力量的协助可以推动非遗实现生活化延续,那么,外界力量保护非遗的责任意识也是促使非遗得到生活化延续的重要动因。

### (三)生产性保护

生产性保护是指在具有生产性质的实践过程中,以保持非物质文化遗产的真实性、整体性和传承性为核心,以有效传承非物质文化遗产技艺为前提,借助生产、流通、销售等方式,将非物质文化遗产及其资源转化为生产力和产品的保护方式。② 生产性保护是在保护的前提下进行合理利用,旨在"以保护带动发展,以发展促进保护",以推动非物质文化遗产更好地融入当代、融入大众、融入生活,在丰富滋养人们精神生活、促进经济社会协调发展方面发挥重要作用。生产性保护是我国非遗保护工作实践中形成的独创性保护方式。

生产性保护主要适用于民间手工艺、民间美术、传统医药等炮制类非物质文化遗产项目。文化部于 2011 年 10 月 31 日公布了第一批国家级非物质文化遗产生产性保护示范基地名单,有 41 个项目企业和单

---

① 关昕:《文化空间建构与传统节日保护》,《文化学刊》,2009 年第 5 期。
② 《文化部关于加强非物质文化遗产生产性保护的指导意见》,中华人名共和国文化部网站:http://119.255.11.76/auto255/201202/t20120214_28183.html。

位, 39 项入选国家级名录。[①] 从第一批生产性保护示范基地成立以来, 我国的非物质文化遗产的生产性保护逐渐形成两种发展模式:"对于生产工艺相对简单、规模小、地域偏远的项目企业、单位, 主要通过'生产作坊+传习所+社区文化服务中心'的非营利保护扶持模式, 纳入当地公共文化服务体系, 进行群体性社会传承; 对于有一定产业规模的非遗保护企业、单位, 鼓励实施'工厂+博物馆+传习所+文化观光旅游线'的人文生态整体保护模式。"[②]

生产性保护大致有两种实现途径: 一种是通过功能转化实现遗产对现代生活的适应; 另一种是通过生产环节的创新适应现代生活的需要。

通过功能转化实现发展。非物质文化遗产是农耕时代的产物, 随着社会变迁, 其原初的社会功能已经衰退甚至消失, 只有积极转变功能, 在此基础上发展完善自身, 才能适应现代生活的需要。例如, 广西靖西县旧州镇的绣球由传统的定情信物发展为象征友谊、吉祥、美丽等多重文化意蕴的礼品、纪念品、吉祥物等具有民族和地域特色的商品。绣球的工艺和样式也发生了适应现代生活的变化, 传统绣球一般由 12 片叶瓣组成, 代表一年十二个月, 叶瓣上绣有龙凤、鸳鸯等图案, 瓣边镶绣金丝。绣球瓣内多填充棉花籽或谷物等农作物种子, 预示着"五谷丰登"; 绣球是壮族青年男女的定情物, 谷种也有"生育兴旺"的寓意。而现在的绣球填充物换成了不易吸水的木屑, 衬底由易旧的粉红色换成了光鲜艳丽的黄色, 叶瓣上的图案由传统的花鸟虫鱼转换为时尚图案, 适应了现代人的审美需求。当地民众还运用绣球的刺绣工艺开发出其他刺绣产品, 如荷包、葫芦佩饰、绣花鞋、八卦图、壁挂等。[③] 木版年画、泥塑等民间美术, 正在经历着从传统到现代的功能转换, 民间技艺由此得到传承。

---

① 《文化部关于公布第一批国家级非物质文化遗产生产性保护示范基地名单的通知》, 中华人民共和国文化部网站: http://www.ihchina.cn/main.jsp。

② 邱春林:《生产性保护: 非遗的"自我造血"》,《中国文化报》, 2012 年 2 月 21 日。

③ 吕屏:《从旧州绣球产业的发展看非物质文化遗产的资本转换》,《桂海论丛》, 2007 年第5 期。

通过生产环节的创新实现发展。随着生产方式的改进和科技的进步，非遗的生产环节面临创新发展的机遇。任何一种非物质文化的结构都有两个层面：一个是由具体情节、形象、仪式、行为构成的文化母体，形成带有符号意义的精神基因；另一个是这种文化母体在某个具体时空中的表现形式。[①] 精神基因是非遗保护的核心，是需要代代传承的，表现形式却是可以与时俱进的。生产性保护可以在保持非物质文化遗产的核心技艺及其承载的历史记忆、精神基因的前提下，应时代变迁创新生产方式和表现形式。从生产方式看，传统手工生产与现代机器生产互补共存是生产性保护的常见方式，核心技艺使用传统的手工技艺，体现劳动者的智慧和创造力；没有技术含量的体力劳动交给机器，可以减轻艺人的劳动强度，还可以提高劳动效率。从表现形式看，可以通过创新表现形式，拓宽生产内容，实现其社会价值。例如，国家级非物质文化遗产蔡氏漆线雕技艺的创新，为了保证技艺的本真性和完整性，他们固守项目的核心元素和典型特征，即线条的艺术和纯手工技艺，在此原则基础上，不断创新漆线雕的胚体、题材及表现形式，不仅有效促进了漆线雕技艺的传承发展，而且打开了市场，蔡氏漆线雕的保护与传承也步入了良性循环的发展轨道。[②]

引进创意改变设计也是非遗生产环节创新的重要之举，我国很多非物质文化遗产项目，是由于包装简陋、推广方式单一、设计缺乏民族特色而湮没了其中蕴藏的丰富深厚的文化内涵。目前，部分非物质文化遗产持有者已经意识到这点，积极引进创意，开发非物质文化遗产的文化内涵，推动艺术创新和动漫等文化遗产的发展，生产出一批有影响的文化产业品牌，例如，苗族银饰不仅作为装饰品被现代人接受，而且成为服装设计的创意元素，云锦、刺绣等非遗技艺也活跃在国际时装设计中。生产性保护使古老的非物质文化遗产绽放出时尚的生命活力。

---

① 陈建宪：《文化创新与母题重构——论非物质文化遗产在现代社会中的功能整合》，《民间文化论坛》，2006 年第 7 期。

② 张学平：《漆线雕艺术应该更加融入生活》，http://fj.china.com.cn/2013-09/13/content_6301945.htm.

生产性保护让越来越多的非物质文化遗产项目为现代人熟知，成功的保护项目甚至吸引了众多"80后""90后"年轻人的参与传承，他们带着时尚的审美理念，让非遗在坚守底线的同时有创新地传承下去。例如，陕西省凤翔县城关镇六营村从2011年被列为省级非遗生产性保护示范基地后，泥塑传承人成立了民间泥塑协会，逐步形成"小作坊特色加工，工厂化规模生产"的运作模式，带动更多人参与其中，目前，从业人员有2500多人，年创收3800多万元，工艺品也由原来的几十种发展到现在的170多种。① 与此类似，天津杨柳青年画、东北二人转、龙泉青瓷、昆曲、川剧等非遗项目也正在经历这样的现代转型。实践经验表明，非物质文化遗产只有实现功能的转化与生产环节的创新，增强对社会变迁的适应力，主动融入现代文化体系中，变成现代生活的有机组成部分，才能实现其文化价值及其向经济资本转换的价值。

当然，如果管理不善，生产性保护也容易出现过度开发和破坏非遗本真性的现象。非物质文化遗产的生产性保护容易带来产业化生产和市场化运作。产业化生产是现代化机器操作的流水作业，大批量生产，其工艺的精度以及真、善、美的含量必定大打折扣；非遗是农耕文化的产物，很多非遗的主要生产环节必须按照手工业传统的口传心授的方式传承，才能做到精益求精。"民间艺术独有的神来之笔的绝艺、巧夺天工的绝技，鬼斧神工的绝活，往往都来自神秘莫测的口传心授的师徒传承活动中，这就是'文化多样性'的原初根据"。② 例如，织造、刺绣、雕塑、扎染、金银制品等古老的手工技艺，都在口传身授的传承中倾注了创作者的心血和智慧，呈现出独特的文化魅力，其精湛程度是任何现代化工具都达不到的。所以，不适合产业化的非遗项目被产业化后必然失去其原有价值。

市场化运作的目的是追求利润，而非物质文化遗产是超越私有

①边思玮：《生产性保护：鼓励非物质文化遗产在生产中传承》，《中国文化报》，2012年9月4日。

②乌丙安：《保护民间艺术的关键——带徒学艺》，参见乌丙安：《非物质文化遗产保护的理论与方法》，北京：文化艺术出版社，2010年。

和利润的人类共有的文化记忆与精神财富，非遗生产性保护的主要目的不是通过大量生产产品获得利润，而是通过生产过程的保护促进非物质文化遗产技能的传承。这一矛盾致使生产性保护容易出现为追逐经济利益而过度开发或破坏非遗技艺的现象。例如，唐卡是藏族特有的绘画艺术，取材于佛经故事和藏族的历史、政治、文化、社会生活，被称为藏族的百科全书，其技艺特点是以珍贵的天然矿物质为色彩原料，艺人手工绘制而成。更重要的是，唐卡不是一般的艺术品，而是倾注了藏民对宗教信仰的虔诚敬畏之心的艺术品，唐卡的文化价值也在于此。而近年来，手绘唐卡受到印刷品唐卡的冲击，一些价格低廉、工艺粗糙、没有收藏价值的印刷品，打着唐卡的名义进行纯商业性工业流水线生产，这些复制品没有深厚的文化内涵和虔敬的艺术构思，没有栩栩如生的立体感，更看不出浓厚细腻的神秘感，完全丧失了唐卡应有的"精气神"，这样的生产行为严重违背了唐卡的传承发展规律，破坏了唐卡的本真性。[1] 以追求经济利益为主要目的的生产，会严重伤害非遗技艺及其文化内涵，甚至断送非遗的文化生命。

**（四）旅游开发**

通过旅游业保护非物质文化遗产是联合国教科文组织倡导的非遗保护方式，教科文组织也已经实施了非物质文化遗产与旅游业的合作计划。非物质文化遗产具有鲜明的地域和民族特色，是地方风情的集中体现，也是展现地区形象的文化名片，是最好的旅游资源。旅游业借助非物质文化遗产可以提升旅游的文化品位，非物质文化遗产凭借旅游市场可以得到宣传和发展，二者可以结成良好的互动关系。国内外成功的非遗旅游开发实践证明，通过必要的技术支持，旅游业不仅不会破坏其赖以生存的非物质文化遗产资源，还会对非物质文化遗产的保护做出积极贡献。目前，我国的非物质文化遗产的旅游开发已经有所发展，并形成以下七种模式：建造主题公园；节事旅游开发；旅游商品开发；旅游休闲演艺；旅游形象经营；与工业旅游相结合；结

---

①马盛德：《让古老技艺走进新生活》，《人民日报》，2011 年 6 月 9 日。

合仿古街、古民居、古城镇的开发。[①]

通过旅游开发保护非物质文化遗产的成功案例在我国并不鲜见，成功的旅游开发对非物质文化遗产起到良好的保护和宣传作用。例如，刘三姐歌谣是流传于广西壮乡的民间歌谣的总称，是民间歌手长期在壮族传统歌谣熏染中形成的民间音乐形式之一，2006 年入选首批国家级非物质文化遗产保护名录。广西壮族自治区宜州市是刘三姐歌谣最有代表性的地区，当地依托这种民风开发旅游业，每年清明节以后，宜州便山歌不歇，游人如织，为宜州经济发展做出巨大贡献的同时也广为宣传了刘三姐歌谣。与此类似，南宁市也积极开发和利用壮族民歌艺术，从 1999 年举办了"南宁国际民歌艺术节"后，壮族民歌就打出了在海内外"以歌传情，以歌会友，以歌促商"的国际牌，吸引了海内外众多投资商的投入。以 2007 年为例，民歌节本身的收入近 3000 万元；节庆期间接待游客 48.97 万人次，全市宾馆饭店出租率达 81.44%，签订投资项目 102 个，项目投资共计 441.94 亿元，签订国内外贸易合同 873 份，贸易总金额高达 142.6 亿元。[②] 这些活动促使刘三姐歌谣和壮族歌圩的影响力与生产力同步发展，在全国甚至世界范围内产生深远影响。与此类似，云南丽江的旅游开发弘扬了纳西族的民间音乐，并引起全世界的瞩目；东巴文化经过旅游市场的调节，从濒危文化华丽转身为充满民族文化魅力的文化资源。

当然，旅游开发不当也会破坏非物质文化遗产。首先，"过度脱域化"会导致非遗项目的庸俗化和商品化。过度脱域化是指非遗项目过度脱离原有文化空间，即忽视文化持有者的感受和权利，在政府、传媒还有文化持有者一方为主或多方共谋下，创造出的一种新的文化形式。这种文化形式，虽然冠以原文化遗产之名，但已经无其实。[③] 例如，旅游地的演艺大厅、广场等场所，日复一日地表演传统节日仪礼、

---

①别金华、梁保尔：《中国非物质文化遗产保护利用研究综述》，《旅游论坛》，2008 年第 3 期。

②全国政协文史和学习委员会专题调研组：《守护中华民族的精神家园》，《光明日报》，2008 年 12 月 9 日。

③王学文：《我国非物质文化遗产保护的"四种倾向"及对策分析》，《民俗研究》，2010 年第 4 期。

民俗艺术，完全不顾及非遗项目原有的文化空间、民俗功能以及与之密切相关的民众的生活。一些具有特定文化内涵的仪式、礼俗虽然保持原来的形式，却被抽掉了情感和灵魂，被空洞化了。非遗项目是传统民俗生活的产物，与特定地域民众的生活方式和精神信仰有深层的内在的关联，其文化价值也是在特定民俗场域中展演才得以体现的，脱离原文化空间的程式化表演难以表现民族文化的精髓，过度脱域化使一些原本优秀的非物质文化遗产被庸俗化和商品化了。

将非遗项目当作消费品，完全根据市场需求进行随意改造和包装，导致"伪非遗"的出现。有些地方为了提高知名度，提出"打造文化"的旗号，将本不属于某个民族的村民冒充为某特色民族，打造出一个民族文化村；或者将一些时间、空间跨度很大的民俗歌舞、戏曲、服饰等非物质文化遗产集中仿建为一个庞杂的"伪民俗村寨"供游客娱乐。近年来，争夺名人故里的事件，就是打造"伪非遗"的一个侧影。这类开发利用是对非遗的肤浅解读，往往滥用甚至歪曲了非遗的真实功能和特殊价值，很难从根本上保护本已脆弱的非物质文化遗产。

与此同时，旅游开发使现代化和全球化因素也越来越多地涌入旅游地，冲击着当地的文化传统，对非物质文化遗产的保存造成破坏。如何充分发挥旅游对非物质文化遗产保护的正面效应而避免负面影响，是当前非遗旅游开发需要解决的主要问题。

## （五）文化生态保护区的建设

文化生态保护区是切合非物质文化遗产整体活态保护原则的保护形式，在我国，文化生态保护有生态博物馆和文化生态保护实验区两种形态。1998 年，为了保护长角苗社区的文化遗产，我国和挪威合作在贵州陇嘎寨建起了我国第一座生态博物馆——梭嘎生态博物馆，其范围包括居住在跨六枝特区和织金县两个县边界处 3 个乡的 12 个长角苗寨，这里原汁原味地保存了长角苗的管理制度、生产生活、传统工艺、音乐舞蹈、婚丧嫁娶、节日庆典、宗教礼仪等传统文化。博物馆成立后吸引了国内外大量游客的参观，对展示和宣传苗族文化起到重要作用。随后，贵州又建起了花溪镇山布依族生态博物馆、锦屏县隆里古城生态博物馆、黎平县堂安侗族生态博物馆，初步形成了贵州的生态博物馆群。此后，云南、贵州这些少数民族聚居的省区依次建立起民族文化生态村，实现了民族民间文化的原地保护。广西、四川、新疆等地也开展了文化生态保护区的规划，通过生态博物馆、文化生态保护村寨的建设，各类原生态民间文艺得到较好的保存和延续，当地的教育和经济也得到发展，在全国范围内产生影响。[①]

从 2007 年到 2013 年，我国文化部正式批准设立闽南文化生态保护实验区等 12 个文化生态保护实验区，将民族民间文化遗产原状地保存在其所属的区域环境中，使之成为"活文化"，这是通过保护文化生态而保护非遗的有效方式。以闽南文化生态保护实验区为例，闽南地处海峡西岸，素以"闽南金三角"闻名的厦门、漳州、泉州三地是闽南文化的发源地和保存地，这里保存着众多原生态的音乐、戏曲、舞蹈、美术、手工技艺、体育竞技等非物质文化遗产和物质文化遗产，充分体现了闽南文化的多样性、完整性和独特性，堪称八闽文苑中的奇葩。闽南文化是中华文化的重要组成部分，也是海峡两岸人民"同根""同祖""同缘"的文化见证和桥梁、纽带。[②] 文化生态保护实验区的划定，标志着我国的文化遗产保护进入了一个整体活态保护的新阶段，为探索文化遗产的保护和发展、继承与创新开辟了新道路。

我国在文化生态保护区建设方面所做的尝试还具有实验性质，保护实践中也发现一些对非遗保护产生消极影响的问题，具体表现如下：

其一，民众的主体性没有得到有效体现。[③] 目前，生态博物馆和文化生态保护实验区的规划主要是按照政府、专家等设计者的意图确定和开展的，规划过程中没有设立保护区民众参与申请、提出意见的程序，也就无法体现当地民众的意愿，难免有不切实际的成分。在实施过程中，又不能体现"以民为本"的精神，从而导致文化保护和民众生活的割裂，一定程度上影响了保护效果。例如，对于梭嘎生态博物馆，当地民众就有这样的认识："博物馆为了保护景观的原生态，不

---

①王鹤云：《保护文化生态，激活文化遗产立体生存》，《中国文化报》，2003 年 7 月 29 日。

②《设立闽南文化生态保护实验区意义重大》，人民网，http://theory.people.com.cn/GB/49157/49165/6025417.html.

③刘魁立：《文化生态保护区问题刍议》，《浙江师范大学学报》，2007 年第 3 期。

让把以前的草房拆掉，老百姓的生活如何改变？他们也想过和城里人一样的生活""从目前发展的情况来看，没有谁愿意再穿苗装，因为穿苗装的成本太高。第一，不方便不舒服，不便于劳动；第二，一件苗装要从种麻、施肥、割麻、晒麻、纺麻开始，工序非常多，劳动强度也大，纺完麻后还要染，要裁剪、缝制，还要绣花，在这一过程中不知道要花多长的工夫……有那么多时间去种麻、煮麻、织布、绣花，还不如去打工，钱来得更多更快。"① 可见，征得保护区民众的同意，让他们作为主体自愿自觉地参与建设，对文化生态保护区的建设是至关重要的。

其二，虽然文化生态保护区已经很大程度上贯彻了非物质文化遗产保护的整体性原则，但在实际操作中，仍然难免存在对整体生活方式进行分类保护的现象，忽略了它们作为文化生命体的历史发展过程和未来发展趋势，也没有关注这些表现形式与生态环境的密切关系。整体的生活方式一经解构处理，就失去了灵魂和本真性。为了达到更好的保护效果，整体保护依然是文化生态保护区建设中需要加强注意的地方。

## 三、我国非物质文化遗产传承发展的措施建议

如上所述，我国非物质文化遗产的传承发展过程中还存在诸多问题，如破坏性开发、开发深度不够、开发规划欠合理、缺乏品牌意识、生产性破坏等，可以从以下方面解决和改善这些问题。

### （一）树立正确的保护理念，培育自觉的传承意识

提高民众的思想认识水平，正确领会联合国及我国政府开发利用非物质文化遗产的精神理念，树立正确的保护理念，引领非物质文化遗产的保护与开发利用走上正确有效的路径。

可以借鉴韩国、日本、美国的教育方式，借助媒体和民间活动，

---

①方李莉：《陇戛寨人的生活变迁——梭戛生态博物馆研究》，北京：学苑出版社，2010 年，第 25－26 页。

在全民范围内开展非物质文化遗产保护和传承的普及教育，扩大非遗的影响力，使民众正确认识非物质文化遗产传承发展的动因、目的及保护内容。将非遗纳入中小学课程，让年轻一代从小了解自己民族的传统文化。全民教育可以在潜移默化中影响民众树立正确的保护理念，形成保护和传承非遗的自觉意识，形成全民参与的传承氛围和良好的社会监督机制，保证非遗的传承发展在良性轨道上运行。

**（二）制定合理规划，避免破坏性开发**

我国的非物质文化遗产资源丰厚，民族性和地区性特色鲜明，有很大的商业和旅游的开发利用空间，通过科学合理的规划，非遗可以转化为强大的生产力，并由此宣传本民族和地区的文化精神。

合理的开发规划第一要有全局观念，即符合我国和各地区非遗保护开发的发展阶段、开发理念和总体规划。第二要遵循主体性原则，即尊重非遗持有者的价值观念和意愿，只有尊重非遗传承者和当地民众的意愿，从当地民众的利益出发，非遗保护行为才能得到民众的认可和支持，非遗保护的目的才能真正实现，这是"以人为本"的非遗保护原则的具体体现。第三要遵循可持续发展的原则，非物质文化遗产是发展变化的，它既是昨天的记忆，也是今天的现实，还是明天的依据，开发利用是为了保护和传承，因此，合理的开发规划应该可以促进非物质文化遗产的可持续发展。第四要遵循整体性原则，非物质文化遗产是包括生态环境、传承谱系在内的有机文化整体，在开发规划中，非物质文化遗产不能与周围的社会文化环境割裂开来，应该遵循整体观照的态度，对非遗进行整体性保护。

**（三）加强品牌意识，深化开发深度**

我国的非物质文化遗产的文化内涵丰富、文化底蕴深厚，却往往因为缺乏有创意的设计而埋没了文化内涵和文化特质，致使其在现代社会中无法得到传承。学习日本、美国等国外非物质文化遗产在创意方面的开发经验，提高开发人员的文化素养和创意理念，加强品牌意识，深化开发深度，加快非遗与现代生活的对接，可以促使非物质文化遗产在现代生活中实现华丽蜕变，迅速发展为适合现代生活的新事物。

### （四）处理好传承与创新的关系

非物质文化遗产的开发利用中出现的歪曲非遗的文化内涵、过度脱域化以及过度开发等现象，都是没有处理好传承与创新的关系的结果。非遗保护的首要任务是保护，随后才是合理利用、有条件地开发。开发利用必须以保证非遗的本真性为前提，否则就是破坏性开发。保持本真性并非固守本己，拒绝创新，创新是不断吸纳时代特色的发展变化。非物质文化遗产本身就是随环境的改变而不断发展变化的，比如，传统手工艺的代际传承并非简单的复制，而是在传承者接受现代生活感受基础上进行传承，因此即使是传统性质上的手工艺，也是现代和传统的完美结合。因此，要辩证地认识传承和创新的关系，在开发利用中平衡好传承和创新的关系。

为了避免破坏性开发，非遗的开发必须处理好传承、创新、市场三者的关系。没有传承，发展就没有根基，没有创新，发展就没有源源不息的动力，没有市场，开发就会落空，因此，开发要以传承为根基，以创新为动力，以市场为目标。要达到这个目的，始终要坚持"保护第一"的原则，以不伤害、不破坏非物质文化遗产的本真性为前提，尊重非物质文化遗产在历史上形成的核心技艺，坚持传统工艺流程的整体性，在传承传统技艺的基础上创新发展。只有将传承与创新融为一体，才能有效防止对非遗的过度开发和损毁性利用，真正焕发非物质文化遗产的生命活力，使之更好地服务于现代社会。

### （五）建立评估、监测、规范管理机制

建立非物质文化遗产开发利用的评估、监测、规范等管理机制，为非物质文化遗产正确有效的开发利用提供保障。目前，我国的非物质文化遗产保护和开发主要是政府主导并主持具体工作的，而非物质文化遗产产业化和旅游开发之后，很容易脱离政府的有效监管，为追逐经济利益而陷入过度开发和滥用的境地，最终导致非物质文化遗产的破坏性开发。因此，建立非物质文化遗产开发利用的评估、监测、规范等监管机制，可以对非物质文化遗产进行监管，保障非物质文化遗产的正确有效的开发利用。

# 第四章

# 国家、社会与个人：传统文化保护与发展的对策

　　中华传统文化是光辉灿烂的五千年中华文明发展的成果，记录了全民族艰苦卓绝的生存发展历程，保护和发展传统文化本身就是中华文明迈向未来的一部分。传统文化的"传统"是相对于工业文明时代的"现代"而言的，"传统"并不等同于"过去"，但日常生活中的"过去"和"现代"是无法分割的。无论我们是否愿意，总有一些"传统文化"融合在"现代生活"中，我们总在不断地"创造传统"。这一特点决定了现代生活与传统文化之间"割不断理还乱"的关系，因此，实际上保护和发展传统文化遗产是渗透在社会生活的各个层面的。对于传统文化遗产而言，努力保持或增强文化生命力是其保护、发展的基本目标。这一目标的实现除了取决于文化的内在特质，还受到外在环境的影响。

　　城市化进程构成了传统文化遗产保护和发展的主要背景，城市化持续推进的过程也是现代化日渐深入的过程，城市化进程不仅表现为城市规模的扩大、城市人口的增加和城市生活方式的扩散，更表现为社会结构的变迁、生活方式的变革和社会价值观念的转变。这一系列的变革也成为传统文化保护与发展问题的主要挑战。全球性城市化进程中的诸多影响因素之间相互交叉加剧了传统文化在现代社会背景下

的弱势处境，不断消解着传统文化的价值内核。传统文化越来越难以一个整体的面目示人，如同夹杂在钢筋混凝土森林中的青砖小庙，日益孤立、碎片化。在城市化现代大众消费文化的浪潮中，传统文化需要经受自身价值和时代价值的双重挑战。

　　与此同时，在这重重危机中实际上也孕育着许多生机。现代社会人们对现代文化的反思、文化自觉和文化多样性的追求为传统文化的复兴同样提供了新的机遇。因此，在城市化进程中，无论是传统的物质性文化遗产还是非物质文化遗产，都需要积极应对这一系列挑战，在危机中发现生机。传统文化的保护和发展也必须紧紧抓住这些机遇，通过文化创新适应时代要求，获得传统文化的新生。

# 第一节　传统文化保护与发展面临的挑战与机遇

## 一、传统文化保护与发展面临的挑战

　　传统文化多样性的特点决定了其影响因素的多元化，文化的内在生命力衰减和外在社会环境的变迁共同影响传统文化保护与发展过程，也决定了保护和发展策略的选择，其中外在社会环境变迁的影响尤为重要，就社会整体进程而言，城市化进程是社会变迁最明显的标志。从这一角度来看，城市化进程涉及的不仅是城市规模的扩大、农村转型为城市、农村人口流入城市、农村人口的城市型特征等外在特征，而是一个综合性转变，即包括发展方向、政治参与意识、心理状态、市场意识、伦理观念、文化态度等多方面的转变。对于传统文化来说，城市化进程构成了其保护与发展事业的大背景。传统文化保护与发展过程中的诸多挑战也直接或间接与城市化及其后果密切相关。

### （一）城市化进程对传统文化的冲击

　　传统文化遗产的保护和发展是在高歌猛进的城市化进程中进行的，大拆大建中的城市格局和乡村风貌改变了人们的生活方式和价值观念，也是传统文化遗产面临着"皮之不存毛将焉附"的窘境。尽管城市化的推进也为很多传统文化创造了更多的发展机会，如旅游开发、产业化等，但承载传统文化遗产的物质基础、社会环境根本上改变了，重建活态性、原真性的传统文化正在变得越来越难以企及。

现代城市化是工业化快速推进的结果，以城市人口比例上升、城市规模不断扩大、城市生活方式扩展为主要标志。从城市化与文化的角度来看，我国的城市化发展中的一个突出问题就是城市性发展不足。所谓城市性，可以理解为一种由工业化生产、市场经济所决定的人类社会组织方式。① 城市性是现代城市的基本特征，也是城市文化的价值核心。早期的城市社会学研究中，滕尼斯、涂尔干、齐美尔等社会学家分别用"法理社会""有机团结""都市精神"等概念来概括现代城市文化的基本特征，强调城市化过程不仅是一种物质资源配置方式的大变革，更是一种社会文化形态和生活方式的大转型。中华人民共和国成立以来，我国的城市化水平不断提升，目前城市化率已达47%，成为近三十年来城市化率增速最快的国家之一。然而，我国的城市化常常表现为一场自上而下的经济性造城运动，政府官员的政绩冲动和商人的利润追求的结合，成为城市化的最主要推动力。② 城市人口的激增、城市地理空间的扩展以及鳞次栉比的高楼大厦成为城市发展的主要标志。近二十年间，以旧城改造和新城建设的名义推进的城市化过程，在通过科学的城市发展规划创造了更合理的城市格局的同时，也在打破旧的城市文化生态，具有浓厚地方文化气息、标志城市历史记忆的老街区、古建筑、文化古迹也日渐消失，甚至一些受法律保护的文物单位也难逃"意外"之灾。如引发诸多争议的济南老火车站被拆、梁林故居被拆等。旧城改造、新城建设也形成了新的城市住宅方式，新楼房改善了人们的居住条件，但其乐融融的邻里交往也因此日渐淡漠，随之消失的还有各具特色的城市民俗文化。如新年庙会、端午节赛龙舟等。为了能够容纳更多的人口、"建设国际大都市"，新的

①张雪筠：《城市性与中国城市化进程的文化转型》，《东方论坛》，2005年第4期。
②吴锡标：《城市文化与城市化的互动性》，《探索与争鸣》，2005年第5期。

城市规划使城市不同区域的功能区分更为细化，工作区、住宅区、商业区、娱乐区等功能区的条块分割与千篇一律的城市建筑风格共同推动的都市文化正在蔓延，原来风格各异的城市不断的趋同化，"南方北方一个样，大城小城一个样，城里城外一个样"。城市风貌的趋同化导致了城市文化的趋同化，使城市失去了个性，变得更平庸、更单调，千百年来积淀的传统文化要么已然消失殆尽，要么成为商业化的奴仆，再或者"幸运"地进入了博物馆、文化馆、档案馆等保护机构，进入"冬眠"状态。

对于城市来说，传统文化的日渐消亡如同一个人患了健忘症一样，城市记忆日渐模糊，以至最终不知自己为谁。在全球化时代，城市性既是一种区别城市与乡村社会形态的标志，也是标识城市性格、体现城市精神地载体。城市性的成长与特定城市的传统文化遗产的继承、扬弃紧密地结合在一起。如北京的"京韵"文化、上海的"海派文化"以及广州的"粤式文化"等都是现代城市文化与传统文化遗产深度融合的结果。而在多数的中国城市的现代化进程中，以现代化名义的城市建设正在蚕食着传统文化遗产，而这些城市也在"建设国际大都市"的迷梦中不断迷失自我。

城市化向乡村的蔓延对传统文化保护和发展影响更为深远。乡村是传统文化遗产的摇篮，城市化对乡村社会的影响是多层面的，主要表现在几个方面：（1）城市扩张在农村造成的"新圈地运动"直接改变了乡村的生产方式，去农业化正成为许多乡村社会巨变的基本动因。农业生产方式和农耕文化逐渐淡出日常生活，传统住宅、耕作方式、手工技艺（如酿酒、织布、打铁、制陶、竹编等）都被冠以"落后""土"的标签淘汰出日常生活。在三峡地区，由于大量青壮年外出务工，像傩戏、皮影戏、木偶戏等传统戏剧，宜昌灯调、涪陵八卦锣鼓、劳动号子等传统音乐已面临消失的危险境地。家用电器、电子产品在农村的流行也改变了年轻人对传统文化艺术的看法。（2）城市文化向乡村的渗透改变了农民（特别是青壮年）的价值观，他们争相使用工业产品，模仿城市生活方式，结果新式楼房代替了传统民居、超市代替了集市庙会、普通话代替了方言土语。（3）新生代农民工群体对乡村传统文化认同的日益弱化，不愿意参加传统文化活动，更不愿意学习民间、民族文化，文化传承危机日益加重。有研究者在贵州黔东南地区的调查发现，[①] 在许多少数民族地区农村，年轻一代对传统民族节日、民族语言缺乏热情，民族认同日益弱化。在"壮乡"百色，壮话在城市中快速消退，壮族移居城市后，仅到了第二代就有半数的人不会说本民族语言了，而到了第三代，就只剩下四分之一能说壮话了。造成壮话快速衰退的原因很多（如缺乏能够有效通行的文字等），但城市生活对民族意识的消解作用不容忽视。[②] 有研究发现，40 年前被视为满族语最后的"保留地"的黑龙江富裕县三家子，2008 年时几乎所有的年轻人都接受了汉语教育，只有两三位年过八旬的老人还能讲一部分满语。[③]

### （二）全球化与文化多样性危机

城市化进程是西方现代化进程的主要表现，因此当代的全球化潮流从某种意义上也可以说是一个全球城市化的潮流。全球化是一个涉及经济、政治、文化等多个层面的复杂概念，也是一个具有多重内涵、充满争议的时代议题。全球化的支持者认为，全球化预示着一种全新的生存方式，人类生活将面临一场前所未有的大变革，各种乌托邦理想中的美好憧憬将可能在全球化时代美梦成真；实际上，全球化的反对声音从来没有停止过，批评者的担忧在于：全球化所推动的人类社会趋同化是否会导致一场文化多样化危机，并最终威胁到人类的生存？在城市化的背景下，全球化与文化多样性之间的紧张关系，可以从以下几个方面进行理解。

首先，全球化本质上是西方文化借助经济全球化的强势地位推动的文化扩张，这一过程中发展中国家的传统文化处于弱势地位。全球化的核心是经济全球化，是科技进步和市场一体化的自然延伸，是人

①吴平：《传承人当代生境与传承——基于黔东南非物质文化遗产传承人的调查研究》，《原生态民族文化学刊》，2010 年第 4 期。

②韦东超：《城市化视野下的少数民族传统文化与民族意识——以广西百色市壮族为例》，《贵州民族研究》，2004 年第 4 期。

③南文渊、孙静：《森林草原生态环境与民族文化变迁》，北京：民族出版社，2012 年，第105 页。

类社会发展历程中的一次重大突破，但这一过程的主导权掌握在西方发达国家手中，西方文化借用文化流动从强势向弱势的特点在观念、产品、资源和资本方面对发展中国家的文化形成全方位的冲击，而消费社会的到来在一定程度上掩盖了这种文化渗透的真面目。[①] 例如风靡全球的苹果智能手机，同其他高科技数码产品一样，非凡的产品性能之下更多是在表达一种消费理念、一种生活格调、一种价值观念，各国（特别是发展中国家）那些狂热的拥趸实际上是被一种文化征服了。从生活方式的角度来看，高科技电子产品消费正在成为一种城市时尚文化，也深刻地改变了城市生活方式，城市的快节奏和全球"无时差"时尚日益融合在一起，生活的"脱域化"也日益加深。

其次，文化全球化的同化效应冲击传统文化的多样性和鲜活性。文化全球化意味着一种超越国界、超越制度、超越意识形态的全球价值和全球伦理，具有现实存在的品格，最终趋向全球文化共同体。[②]文化全球化是一种跨文化的交流机制，但是绝不是一个平等对话的平台，各种文化的话语权受自身的生命力以及其所依赖的经济社会环境影响，强势文化对弱势文化的同化威胁长期存在。中国传统文化遗产具有多层次性、民族性、地方性等特征，作为大传统的儒家文化与作为小传统的民间文化、少数民族文化长期互相交流、融合、并存，在悠久的历史长河中，相互渗透，和而不同，日益丰富与完善，在传统农业社会中，具有长久与鲜活的生命力。本来，任何社会的健康发展不但不能与传统割裂，反而会因传统的助力而愈显生机，但在现代工业文化的急遽冲击下传统文化很快边缘化，尤其是民间、民族文化缺乏系统性且多数影响范围有限，却在全球化实为西化的强势话语中，在功利性的短视追求中，有意无意地遭到忽视、歧视，多数濒临消失。有研究指出，我国少数民族文化发展面临着五个"不足"：基本设施建设不足、工作经费保障不足、专业人才培养不足、文化产品供给不足和文化机构活力不足，以及五个"冲击"：优秀传统文化的流失对少数

①杜怀亮：《刍议全球化中的传统文化走向》，《河北省社会主义学院学报》，2003 年第 2 期。

②李昕：《文化全球化语境下的文化产业发展与非物质文化遗产保护》，《西南民族大学学报》（人文社科版），2009 年第 7 期。

民族的自尊心和自信心的冲击、对民族文化多样性优势的冲击、对中华文明的生机和活力的冲击、对抵御境外不良和腐朽文化渗透的能力的冲击和对中华民族的向心力和凝聚力的冲击。[①] 内在发展受阻的传统文化再遭遇全球化，无异于雪上加霜。

最后，文化全球化削弱了发展中国家的民族认同和传统价值观念。文化产业是文化全球化渗透的重要渠道，风靡全球的欧美电影、日本动漫等不仅传播极具冲击力的视觉效果，而且意图传递一种优势价值观。技术至上、科学万能、功利主义、金钱崇拜等价值观直接冲击传统的价值观、人生观和道德观，注重情感、轻利重义、安贫乐道、随遇而安等传统观念日益淡化。西方文化不仅以西方文化观念进行传播，还通过对传统文化的西化解读来深层次误导中国人对传统文化的理解（如电影《花木兰》中"花木兰"的人物形象、电影《功夫之王》中的"功夫"等）。这种混淆视听的做法在一定程度上削弱了国民的民族认同感和凝聚力，最严重的恶果可能是：待到本土社会在完成经济社会等系列转型后，再追寻自身的灵魂之根、活力之源时，早已人心涣散，彷徨无着。

全球化推动了世界各文明区域的沟通和交流，促进了东西方的相互了解，但这一过程绝不是风平浪静的，而是暗潮涌动，潜藏着文化多样性的种种危机，传统文化遗产保护和发展中所有的影响可能是直接的，更多是间接的，甚至难以觉察的，但必须对这一问题保持警惕。全球化浪潮与城市化浪潮的交汇可能会将传统文化遗产冲得支离破碎，并直接损害中华文明的价值核心，弱化民众的民族认同感和归属感。

### （三）市场经济的挑战与文化产业化悖论

全球化的大潮是经济全球化，经济全球化的核心特征乃是市场经济化，并由市场经济影响社会、政治、文化、生态等诸多方面。从经济的角度来看，目前的经济全球化主要是以文化产业的方式来不断改变传统文化的生存状况。翻阅诸多文献可以发现，文化产业化是传统

---

① 唐国宣：《我国少数民族文化发展挑战严峻机遇难得》，《中国民族报》，2007 年 6 月 15 日。

文化遗产保护和发展研究中最多见的主题，主要围绕是否应该产业化、如何产业化以及产业化的后果等问题展开研究。归纳来看，产业化的途径主要是两个方面：旅游文化开发和传统文化产品工业化。产业化一方面推动了传统文化遗产的发展，另一方面也潜存着对传统文化生命力的伤害和破坏。这方面的威胁主要来自以下几个方面：

第一，无序文化旅游开发损害传统文化遗产的原真性。冯骥才曾对传统文化遗产的产业化提出质疑，因为"产业的主要目的是盈利，追求利润最大化，往往就会伤害了艺术的原真性"。[1]这种担心并非杞人忧天，实际上很多地方的民间文化、民族文化旅游开发中都存在文化遗产舞台化、展示化、商品化、庸俗化以及由此导致的"文化脱域"和游客体验失真等现象。许多民族文化园、民俗村等旅游景点为了满足游客需求，将传统习俗、民族节日庆典等活动简约为歌舞晚会、仪式操演等随时随地重复演出，活动形式和内容也相当"灵活"，甚至建立所谓"保留区"，让部分当地居民"演示生活"包括早已消逝的习俗与传统，在很大程度上失去了文化原有的价值。文化纪念品、商业化演出泛滥已成为文化遗产旅游中的一个顽疾，各地的旅游市场，北京颐和园、丽江古城、龙门石窟、平遥古城等文化遗产地都有全国通行的旅游纪念品，毫无特色的商品冲淡了文化遗产的唯一性和稀缺性。对游客来说，节假日摩肩接踵的汹涌人流、走马观花式的观光购物、大同小异的旅游体验都大大降低了旅游者的满意度，常常"乘兴而来，败兴而归"，文化旅游演变为"文化超市消费"。究其根源，文化旅游中主客位的错位是这种"文化失真"现象的重要动因。受到市场经济中效益最大化原则的影响，传统文化遗产作为文化旅游中的"主人"，不得不迎合"客人"——旅游者的消费习惯和生活口味，任意改变文化载体的展示形式。如前文所述演变为歌舞晚会的民俗活动、泛滥的文化纪念品等现象，就是通过利用城市生活方式中"快餐式消费"、即时享乐等特点来"自我推销"，以实现文化产品的经济价值目的。

第二，过度旅游开发破坏了文化遗产的原生环境。无序的旅游开

---

[1]冯骥才：《文化遗产不能一股脑产业化》，《人民日报》，2011年8月12日。

发不但严重损害了传统文化形式的本真性，严重污染了原有和谐的生态环境，同时也明显污染了当地居民原有的淳厚朴实的民风，不少打着文化旗号的旅游区实际早已在狂开滥发的疯狂进程中面目全非。为了招徕更多游客，景区往往不惜改造或拆毁文化遗产，大规模兴建基础配套设施道路、酒店、停车场、观光缆车、游乐场等，导致文化遗产的整体性被破坏，即使是实行整体保护的古城（如丽江、大理、平遥等），多将本地居民整体迁出，只剩下剥离了"文化灵魂"的"建筑躯壳"。在许多少数民族文化遗产地，本地居民的生活方式和价值观念也被游客带入的外界信息干扰而发生变化，淳朴的乡民逐渐变成精明的商人，传统文化原有的社会维系功能、深层次社会内涵已消失殆尽。过度旅游开发同时也增加了文化遗产的保护压力。举世闻名的莫高窟从 1979 年开始对外开放旅游以来，观光游客持续增长，1984 年突破 10 万人次，2002 年达到 50 万人次，2011 年 1 至 9 月份就达到历史最高位 66 万人次。大量游客涌入莫高窟造成洞窟内"小环境"的急剧恶化，崖体、壁画被严重腐蚀。[1] 不少古村、古城因大量游客涌入早已导致了诸如垃圾成堆、噪声震天、水体污浊等种种都市生态病，如以长寿闻名的广西巴马，缘于其环境的宁静，空气清新，水质洁净等生态特征，近年因旅游业的急遽发展明显风光不再，"长寿"之称已难以为继。同时，机场、高速路、铁路等交通设施也越来越接近文化遗产的核心区，凡此种种，文化遗产区原有的清新、宁静的生态环境成为越来越遥远的模糊记忆。因此，旅游开发在产业发展的同时，也给文化遗产的保护增加了很多不确定的风险。

第三，传统文化遗产开发缺乏系统长远规划，重开发轻保护，影响传统文化遗产发展的可持续性。文化遗产具有不可再生性，对传统文化的市场化开发多关注狭隘的地方短期利益，以开发替代保护的现象比较普遍。如有的地方将申报非物质文化遗产与地方经济发展捆绑起来，追求文化的经济效益，造成了反文化的掠夺式开发，传统文化

---

①张瑛、孔令栋：《中国世界文化遗产的保护与旅游开发——以敦煌莫高窟为例》，《思想战线》，2006 年第 2 期。

不再具有公共精神，而成了某种私人资源。[①] 从老子、李白、曹雪芹、朱元璋到诸葛亮躬耕地，近年来"名人故里"争夺战日趋白热化，甚至出现了五省十地争夺尧帝故里的现象，这些争夺都是打着保护传统文化遗产的旗号，实际上却是为了经济利益。一旦名人故里的名分得到确认，地方政府必然大兴土木，新建文化广场、主题公园，扩展文化旅游区，以期拉动国内生产总值（GDP）增长。有报道称，2010年随州市旅游局负责人算账说，一个"炎帝故里"将带来旅游效益25亿元。文化部副部长王文章指出，这种急功近利的开发方式不会长久。与之相对应的是对文化遗产传承人的保护却频频遇冷。比如陕西曾有一位在国际上获奖的"剪花娘子"，长年坐在土炕上剪花贴花，从未获得有效的资助，直至去世也未拥有一间真正意义上的创作室，也没有人给她提供更好的制作材料。[②] 在市场力量的主导下，文化遗产按照经济价值被"筛选"，导致文化的独特性、多样性遭到破坏，加之相关地方保护法规不健全，传统文化遗产的"保护性破坏""建设性破坏"屡见不鲜，根本上影响传统文化遗产的可持续性发展。

第四，文化产业化导致传统文化产品的质量明显下滑。作为当地文化标志的诸多文化产品，在以往多是原汁原味的手工艺品，并在一代代传人的不断交流中丰富发展，但随着市场化、工业化的侵入，游客的大量需求，传统工艺产品也多机械化、模式化了，批量生产的机械复制品成了各旅游区的所谓当地文化产品。这不但有损当地文化产品的声誉，更严重的是，因手工制品制作过程缓慢、难以满足大量市场价廉物美的需求，因此，粗制滥造的现象也越来越明显。如前所述，文化遗产的传承人也在产品市场化的过程中也未能得到有效的保护与重视，其结果必然是文化产品质量的总体下降乃至文化精品工艺的中断与失传。如天津杨柳青画社的木版水印国画，本是一大水印特色，近年因为工序较复杂，成本较高，基本已停止制作了，现在所销售的主要还是20世纪八九十年代的库存产品。就传统书画手工装裱来说，

①杨正文：《产业化倾向：文化遗产保护中的危机》，《中国民族报》，2010年8月6日。

②张鹏、白雪：《过度开发非遗项目捞钱不长久——文化部副部长王文章谈如何解决"申报热"、"保护冷"》，《中国青年报》，2011年3月11日。

这也是我国特有的文化产品技术，近年随着市场需求的扩大与机械技术的引进，诸多老店新店已基本不接受人工装裱的业务（有的裱画人员实际已不会人工技术），均为快速的机器裱，但机裱效果自然远逊人工裱。即便碰到有的地方接受人工裱，也已经要价甚高，这不能不令人担忧人工裱的传统工艺是否还能得到很好的传承。

第五，当地居民缺席传统文化的市场化开发过程，难以从中获益，缺乏保护的积极性。各地的文化遗产保护和开发多由当地政府主导，通过引入资本的方式，用企业化的方式开发和管理文化遗产，而作为文化遗产真正"主人"的本地居民往往既没有话语权也很难参与其中，社区的边缘化极大地影响了居民参与文化遗产保护的意识，而只关注自己从旅游发展、文化产品中获得的经济利益。如贵州省荔波县 2007年负债 2 亿元成功申遗，两年内游客接待量和综合旅游收入均保持30%左右的增长率，但对当地居民来说，人年均 228.4 元的旅游收入显然难以激发当地居民对文化遗产旅游的热情。而在安徽，2000 年皖南古村西递、宏村成功申遗，并形成了以文化遗产旅游为核心的产业模式，居民收入也因此大幅增长，但单一的开发形式和过度的商铺竞争也引发了居民的强烈不满，社区所获得的就业机会也未达预期，导致当地居民与旅游公司、地方政府之间激烈的矛盾冲突。[①]

因此，产业化对传统文化遗产的保护和发展潜在的威胁是不能忽视的。传统文化遗产的独特性和不可再生性决定了其不可能像一般的经济产业一样"试错"，产业化也不适用于所有类型的传统文化遗产，不适当的产业化有可能造成某些传统文化遗产走向"不归路"。

### （四）文化转型与传统文化的现代价值

2005 年国务院颁发的《关于加强我国非物质文化遗产保护工作的意见》指出，传统非物质文化遗产保护的指导方针是"保护为主、抢救第一、合理利用、传承发展"，其中"保护"和"抢救"优先的表述实际上是对当前传统文化生存状况的直接回应：整体萎缩、濒临消失、

---

①卢松、张捷：《古村落旅游社区居民生活满意度及社区建设研究——以世界文化遗产皖南古村落为例》，《旅游科学》，2009 年第 3 期。

多样性衰减。因此，传统文化遗产的保护必须像医生抢救病人生命一样，与时间赛跑。

传统文化的生存困境与我国近代以来未竟的文化转型密切相关。文化转型是指一定地域民族的生产活动方式、交往活动方式以及精神活动方式的整体转型。文化转型不是文化诸要素的简单变迁，而是文化的表层结构、中层结构和深层结构组成的系统的整体性变迁，其核心是观念文化的转型，即价值体系的转型。[①] 城市化、工业化改变了传统社会的社会关系结构，也改变了传统文化的价值内核和外在形式。当代社会的文化转型体现为五种形态转变，即从传统文化到现代文化、从公益性文化到营利性文化、从精英文化到大众文化、从工业文化到生态文化、从文本文化到视觉文化。[②] 文化转型的过程也是传统文化重新寻找生存方式和自我价值的过程，这一过程也伴随着城市文化的不断扩散和演变。

传统文化是农业文明的产物，以家族、村落、农耕等为基础环境，其中蕴含的意义也与特定的时空相连，如春节、清明、端午等节日，多着眼于其中的迎神、祭祖、祈福等内容，这些内容是日常生产生活的必要组成部分，但这些节庆在现代社会则更多表现为一种文化符号，不再是日常生活不可或缺的元素。同时，传统文化中所蕴含的中国文化传统，如差序格局、家国一体、中庸保守、伦理本位、克勤克俭等与现代社会追求的自由平等、民主法治、追求个性、开放竞争、功利至上、享乐消费等文化理念格格不入，在快节奏、高压力的城市生活中，很少有人能有时间和精力去寻求消解两者之间的内在张力，发掘传统文化的价值。现代文化是工业化的结果，是在经济理性、商业化的土壤中成长起来的，人们对文化价值的评价主要通过市场运作来完成。传统文化价值的再发现很难摆脱市场经济的影响，如书画、古玩、文物等传统文化遗产的价值几乎都取决于市场供求情况，但并非所有文化遗产都可以通过这一途径保护和发展，大多数非物质文化遗产，

---

① 饶旭鹏：《文化·文化转型·价值转型——兼论西部走向市场经济过程中的文化转型》，《甘肃理论学刊》，2003 年第 1 期。

② 张谨：《论文化转型》，《学术论坛》，2010 年第 6 期。

如民间文学、民族语言、生产生活习俗、民间信仰等是很难通过市场化、产业化的方式融入现代社会生活中的，结果导致部分文化逐渐淡出人们的视野而成为一种儿时记忆。

大众文化的兴起是现代文化转型的另一大特点。精英文化通常由受过良好教育、有一定社会地位的少数人群所主导、传播和消费，是一种理性文化；而大众文化则是满足社会普通民众的文化消费需求而流行的文化类型。① 大众文化则往往没有这种门槛，具有通俗性、娱乐性、消费性、平面性、复制性、虚幻性等特点。② 大众文化是文化形神分离的，它们首先是一种商品，内容和形式受消费市场规则的左右，并要积极地迎合民众的偏好，能够娱人耳目、悦人身心，价值大小与其自身的价值结构关系并不大；同时，大众文化的消费过程是一用即扔，即时享用，是否具有真实的实质和原创性并不重要，近几年流行的选秀文化、山寨文化、网络小说等都体现了大众文化的以上特点。相较之下，精英文化是一种小众文化，通常只有少数人能够或愿意去理解、欣赏、掌握。除了人们熟知的国学经典，许多非物质文化遗产如民族民间语言、文学、舞蹈、戏曲、手工技艺等也都对学习者有严格、复杂的要求，难以满足大众文化的要求。当然，也有许多传统文化遗产通过旅游开发等形式成功的大众化，但这种发展方式并不适合所有的传统文化，"保护性破坏""建设性破坏"已不鲜见。

文化转型对传统文化保护和发展的影响还可以从微观层面来分析。有关民众对传统文化遗产态度的研究发现，青少年、大学生对传统文化遗产认知存在了解度较低、价值认可度较低、保护意识薄弱、学习渠道单一等特点。在多数青少年看来，传统文化主要局限于经典文学作品、传统节日、汉字、戏曲、衣着装饰等方面，传统文化保护也都被视为是政府的责任，对于濒临消失的传统文化遗产部分受访者认为可以"任其自生自灭"，而表示对传统文化有兴趣的青少年也更多

---

① 张谨：《论文化转型》，《学术论坛》，2010 年第 6 期。
② 陈钢：《精英文化的衰落与大众文化的兴起》，《南京师大学报》（社会科学版），2001 年第4 期。

地认为传统文化的现代价值主要是象征意义。[①] 另一项针对普通城市居民的调查也显示，民众对传统文化保护的关注度较低，老年人和青少年的知晓度较高，文学作品和戏曲是传统文化形式的主要代表，传统文化的价值则主要是协调家庭伦理关系。[②] 可见，社会价值观念的变化对传统文化遗产的保护和发展还是一大挑战。

### （五）相关法律、制度不完善

除了以上因素，传统文化遗产的保护和发展还受到国家政府相关法规和管理制度、地方发展不平衡、文化遗产自身传承机制等多重因素的影响。

从保护法律法规方面来说，目前有关传统文化遗产保护的法律法规主要包括 2002 年修订的《文物保护法》、2011 年通过的《非物质文化遗产法》以及 1997 年颁布的《传统工艺美术保护条例》、2005 年颁发的《关于加强我国非物质文化遗产保护工作的意见》，云南、江苏、浙江、山西、四川、广西等地方非物质文化遗产保护法规等。其中 2011 年《非物质文化遗产法》填补了传统文化遗产保护发展中的立法空白，并对非物质文化遗产的内涵、保护原则、基本制度和各主体的法律责任等进行了规定，但该法主要是从公法的角度关注非物质文化遗产的保护，而没有对相关的权利主体和内容进行确认，如"非遗"认定标准、相关知识产权的保护等。[③] 其次，各项法律法规之间还存在一些不协调问题或空白地带，如同时属于物质性文化遗产和非物质性文化遗产的文化遗产的法律适用问题等。再次，各地方出台的保护法规多处于试行探索性阶段，还有很多不完善之处。最后，保护法律法规多侧重于文化遗产本体意义上的"保护"，而缺乏对"发展"问题的关注，没有建立系统有效的文化保护与地方发展矛盾的协调机制，这在一定

①曹玲、张丽：《高校学生非物质文化遗产认知情况的调查分析——以南京信息工程大学为例》，《中国电力教育》，2011 年第 20 期。王琳：《当代大学生对传统文化认识问题的调查与分析》，《传承》，2010 年第 7 期。汤耀平：《90 后大学生对传统文化的认知和态度——广东 10 所高校大学生的问卷调查与分析》，《思想教育研究》，2011 年第 6 期。

②于丹、刘一奔、张振宇：《我国城市居民对中国传统文化的认知状况调查——基于对北京上海重庆三地居民的调查数据分析》，《现代传播》，2012 年第 9 期。

③王文章：《非物质文化遗产概论》，北京：文化艺术出版社，2006 年，第 369 页。

程度上成为文化遗产保护和发展的潜在不利因素。

　　从政府相关管理制度方面来看，传统文化遗产的保护和发展涉及许多行政管理部门，如文化、文物、民族事务、宗教、建设、旅游、公安、工商等部门，多头管理造成职责不明确，重叠管理与真空地带并存，致使管理成本加大、效率低下，也容易出现相互推诿等问题。地方行政管理中除了这方面的问题，还存在文化遗产认定、登录、管理制度不科学不健全，财政投入不足，保护意识淡薄，难以协调文化保护与经济发展的矛盾等诸多问题。① 此外，各地城市化发展水平、经济发展不平衡也在一定程度上影响传统文化遗产的保护。目前，大多数城市的建设规划都存在缺乏传统文化保护优先的理念、城市规划与文化保护规划互相冲突以及缺乏有效的城市文化遗产保护措施等问题，特别是旧城改造和新城扩建中欠缺对文化保护的考虑。② 而在中西部边远民族地区，城市化的压力更大，文化遗产保护能力更弱，城市发展与传统文化保护之间矛盾更为尖锐。

## 二、传统文化保护与发展的机遇

### （一）借助城市化动力，实现传统文化的涅槃重生

　　城市化进程给传统文化的保护和发展带来了诸多挑战，但是也提供了很多发展机遇，只要抓住这些机遇，就可以在最大程度上化解前述的各种危机，在困境中获得重生。城市化与传统文化之间是一种互相依赖、互相促进的关系，特别是城市化进程中城市文化的发展过程中，传统文化是不可或缺的核心要素。

　　城市化发展为传统文化的保护和发展提供了丰富的资源。现代城市化发展的特征包括：自然与社会资源的集聚化、人口高度集中与异质性、经济的集中化、生活方式的现代化与城市文化的多元开放化。③

---

①叶盛荣、李旭莲：《我国民族民间传统文化保护的立法背景与思路》，《知识产权》，2009年第2期。

②单霁翔：《城市化进程中的文化遗产保护》，《求是》，2006年第14期。

③蔡俊豪、陈兴渝："城市化"本质含义的再认识》，《城市发展研究》，1999年第5期。

这些特征决定了城市化过程是一个快节奏、持续变化且不断创造新机会的过程，在这一背景之下，传统文化可以比在乡村社会环境中获得更多的发展机遇。首先，丰富、集中的各类资源为传统文化的发展提供了有力的物质支持。城市中各类剧场、舞台为地方戏曲、山歌等传统文化艺术的展示提供了更多的演出机会，而高新科技手段的应用也能够促进传统文化形式和内容的不断创新，特别是模拟再现某些消失的文化元素（如 3D 技术模拟再现传统文化技艺、复原传统工艺等）。对于许多已经消失或即将消失的传统文化来说，只有在城市市场资本运作的前提下，才能有机会得以恢复、挽救。其次，城市人口的高度异质性为传统文化创造了一个多元、包容、共享的社会文化环境。城市中大众文化与小众文化并存，时尚与怀旧同在，雅俗共赏的审美理念是传统文化得以价值重估的重要前提。例如，在作为文化中心的北京、国际大都市的上海、市民文化繁盛的天津等城市中，形形色色的传统文化百花齐放，和谐相处。这种兼容并包的文化环境的存在是传统文化遗产得以保护和发展的重要保障。最后，城市生活方式的现代化特征，如休闲性、消费性、层次性等，为传统文化的发展提供了更多展示机会。传统文化遗产中许多文化形式，如戏曲、书画、杂技、习俗、游戏等都需要人们花费时间、金钱通过文化、艺术审美来发掘它们的价值。对于大多数已然失去生产、生活基础的传统文化遗产来说，无论是在剧场还是博物馆，抑或是体验式参与活动，都是与城市生活的休闲性、消费性联系在一起的。因此，抓住城市生活节奏，充分利用城市资源是传统文化遗产保护与发展中不可忽视的机遇。

城市化建设中存在的"文化沙漠化"现象为传统文化的保护和发展创造了新机遇。许多文化批评者都认为，中国现代城市建设中存在的最突出的问题就是城市发展越快，"文化沙漠化"现象就越严重。这不仅表现为城市风貌上的"千城一面"，还表现为城市生活精神空虚、信任危机、缺乏认同感和归属感等方面。国家文物局局长单霁翔多次指出，中国城市建设缺乏总体规划和文化思维，造成了城市风貌千篇一律，"特色危机"普遍存在，旧城改造造成"建设性破坏"，而新城建设又毫无文化内涵，文化遗产被破坏现象愈演愈烈。<sup>①</sup> 导致这一结果的原因，除了城市化发展中市场利益导向的因素之外，决策者缺乏文化关怀意识、民众城市精神失落等因素也是重要原因。现代性危机的存在为传统文化遗产的价值重拾创造了机会。这一过程中，无论是作为大传统的儒家伦理所倡导的"仁爱""孝悌"，还是作为地方性知识的民族民间文化，如少数民族充满环保意识的山歌、民间传说等都有机会得到重新解读，融入城市生活。所幸者，现代很多城市的发展规划中都开始关注城市文化特色，努力从地方文化和传统文化中寻觅城市精神和城市性格，这种意识和理念的回归比任何市场力量都会更有导向力。

"文化立市"发展战略的兴起为传统文化遗产的保护和发展带来了新希望。近十年以来，国内先后有多个城市提出了"文化立市"的战略构想，既有北京、杭州、深圳等一线城市，也有襄阳、桂林等二、三线城市，尽管各地在文化资源和建设能力方面千差万别，但至少说明对文化，特别是对传统文化在城市发展中的地位的认识已被提高到了一个空前的高度。例如，深圳市在 2003 年提出要确立"文化立市"的战略，树立"文化经济"的理念，把深圳建设成为高品位的文化和生态城市。此后开始围绕文化产业集团大力发展文化经济，强调要将文化生产力作为城市未来产业布局的基本理念加以贯彻。<sup>②</sup> 杭州的"文化立市"战略则将其理解为"历史文化、地域文化、民族文化与现代文明和时代精神相结合的产物"，充分发掘地方文化底蕴，将文化立市作为城市发展创造新的经济增长点，为城市发展提供精神动力和智力支持，进一步促进城市的可持续发展。<sup>③</sup> "文化立市"的城市发展战略尽管充满了明显的经济利益气息，但是对于传统文化遗产而言，依然是一个重要的利好消息。

总而言之，传统文化遗产的保护和发展在城市化的浪潮中命运多

---

①单霁翔：《城市化进程中的文化遗产保护》，《求是》，2006 年第 14 期。
②曲鸿亮：《文化生产力与文化立市战略——以深圳为例》，《福建论坛·人文社会科学版》，2006 年第 11 期。
③李德铭：《文化立市与城市发展》，《光明日报》，2011 年 11 月 20 日。

舛，但绝对不是毫无机会的，只要能够把握住城市化发展中人本理念延伸出来的各种机遇，是完全有可能凤凰涅槃，浴火重生的。

**（二）应对全球化的挑战，在文化多样性的潮流中重新定位**

全球化进程对文化多样性的影响根本上取决于文化自身的生命力，只有具有强大适应能力、创新能力的文化才能在城市化浪潮中保全、发展自己，从这一角度来说，全球化进程也为各种文化提供了一个自我检视、发现自我的平台，也是焕发新生命的机遇，中国传统文化遗产也必须经历这一洗礼。

全球化提供了一个开放的文化交流与融合的平台，传统文化可以获得更多展示自我的机会，有助于激发文化自觉和民族意识。全球化拉近了各个地区、民族、国家之间的地理距离和文化距离，不同文化之间的国际交流日趋频繁，在一个共同的舞台上展示更容易发现不同文化的特色和价值，这也是一个对文化价值再发现的过程。近距离的文化比较增强了文化自信心和文化认同感，也提升了社会责任感和心理驱动力，人们不再对自己的生活熟视无睹，而是以批判的视角去反思生活方式变迁的意义，用欣赏的眼光去审视传统观念的价值，这个过程也就是一个文化自觉的过程。费孝通认为："文化自觉，意思是生活在既定文化之中的人，对文化要有'自知之明'，明白它的来历形成的过程所具有的特色和它发展的趋向。自知之明是为了加强对文化转型的自主能力，取得决定适应环境，新时代文化选择的自主地位。"[1]文化自觉要求人们对传统文化持一种客观、开放、理性的态度，既不要盲目自大，也不需妄自菲薄。对传统文化遗产的再认识必须基于文化自觉的基础之上。

全球化进程也创造了一个打破文化霸权的机会，传统文化的保护和发展将有助于推动中华文明的复兴之路，获取重新阐释现代文化内涵的机会。未来学家托夫勒在《第三次浪潮》《第四次浪潮》等书中给我们描绘了信息社会的图景，特别指出发达国家和发展中国家之间的差距将会进一步拉大，弱国对强国的经济、技术依赖将进一步增强，

---

[1]费孝通：《中华文化在新世纪的挑战》，《炎黄春秋》，1999 年第 3 期。

而借助经济优势推行的文化霸权主义也从未停止过。实际上随着我国经济在世界经济体系中的地位日益重要，争取平等的文化对话权，甚至进一步打破西方文化霸权的机会将会越来越多。抓住这一机遇，推动传统文化的国际交流和跨文化交流，实施"走出去"的战略，不仅有利于传统文化遗产的保护和发展，也有利于提升中华文明的世界传播。传统文化注重"天人合一""和谐统一""美美与共"的价值理念与现代可持续发展观、文化多样性的全球化理念是并行不悖的。2004年 11 月，海外第一所孔子学院在首尔成立，截至 2012 年，全球已建立 400 所孔子学院和 535 个孔子课堂，分布在 108 个国家（地区），孔子学院已成为汉语教学推广与中国文化传播的全球品牌和平台。[1]孔子学院并非一个单纯的语言教育机构，借助语言工具传达以"中和"为核心的中华文明，展示中国文化的软实力是其重要的使命。近十年间，孔子学院的迅猛发展也说明，在全球化时代主动争取文化话语权，打破西方文化霸权是可能和可行的。

全球化的压力也是传统文化创新的动力，只有具有强大创新能力的传统文化才能真正实现保护和发展。应对全球化挑战的最佳选择就是提升本国家、本民族文化的生命力和竞争力，通过文化创新将全球化的威胁转化为传统文化发展的动力，要在文化观念、文化体制、文化内容、文化形式等多个层面进行系统的变革，将传统文化遗产中的精华与现代文化发展的特点结合起来，在不断的创新中实现传统文化的保护和发展。近年快速发展的文化创意产业为传统文化的创新性发展提供了广阔的发展舞台。文化创意并非一个单一的实体产业，而是基于文化创新在广播影视、动漫、视觉艺术、表演艺术、工艺与设计、雕塑、广告装潢、服装设计、软件和计算机服务等多个领域的新发展。欧美国家在全球文化产业中的影响力很大程度上就是建立在文化创意的基础上的，如好莱坞电影、迪士尼乐园、宫崎骏动漫等。一方面，文化创意的重要基础是传统文化，无论是传统与现代文化元素的再组

---

[1]《孔子学院总部年度报告 2012》，参见国家汉办网站：http://www.hanban.edu.cn/report/index.html.

合，还是传统文化的"新瓶装旧酒"，"头脑中的革命"与传统文化深厚内涵的结合是可以展现出巨大的创造力和影响力的。另一方面，文化创意产业的勃兴又是建立在迅速蔓延的现代都市文化的基础之上的。文化创意中的创意价值往往要通过跨文化的创意比较来体现，都市文化追求新奇、时尚以及快速更新的特点与文化创意中"创意无国界"的理念本质上是一致的。2010 年的上海世博会实际上就是都市文化、传统文化、文化创意三者融为一体的最好范例，经由世博会，上海的都市文化空间在全球化格局中被重塑，文化旅游中的身份认同得以重写。借助于文化创意的平台，上海传统的"海派文化"与城市性格都得到升华。[①] 由此可见，城市发展、传统文化和全球化三者可以在某种意义上实现共荣共进，这为传统文化遗产的保护和发展创造了历史性的机遇。

### （三）市场经济促进合理产业化与文化创新

不合理的产业化会伤害传统文化保护和发展，但通过产业化发展推动传统文化创新，利用市场力量激发传统文化遗产新生命力的理念还是可取的。当前文化产业已成为经济结构中一支强有力的新生力量，文化产业的大发展也为传统文化遗产的保护和发展提供了新的机遇。

文化消费需求的快速增加和经济增长方式的转变促进了文化产业的发展，传统文化遗产巨量的资源成为文化产业发展的营养源泉。我国经历了多年的经济高速增长，人民生活水平大幅提高，对文化消费的需求也持续增加，这为文化产业的快速发展带来难得的机遇。有研究指出，我国 2010 年人均 GDP 达到了 29748 元，约合 4547 美元，已经接近国际上消费结构转型的 5000 美元指标，这意味着居民的消费将进入一个以文化消费为主的阶段，消费需求的升级将成为拉动文化产业发展的内在动力。据有关方面预测，从现在开始到 2020 年，我国文化产业将进入高速增长期，人均文化消费需求年均增长 6.7%，文化产业就业年均增长 9.7%，文化产业增加值的年均增长将保持在 14%左

---

①陈潜、王伟、杨洁洁：《从文化产业角度看上海世博会的后期效应》，《东南学术》，2011年第 6 期。

右。[①] 同时，文化产业大发展的另一大动力来自经济增长方式的转变。当前我国正处于从高投入、高能耗的经济增长方式转向低消耗、高能效的"低碳"增长模式，文化产业兼具生活性服务业和生产性服务业双重特征，可为传统产业转型提供创意创新支持，传统文化遗产丰富的内容资源是取之不竭的营养源泉。大型山水实景演出《印象·刘三姐》曾风靡一时，通过对民族传统文化的创意性探索取得了良好的社会效益和经济效益，将民族文化的保护发展与经济发展结合起来，并产生了巨大的示范效应。[②] 实际上，传统文化遗产中还有更多的内容和元素可以通过创意性的改编和组合，在获得一定经济效益的同时再现传统文化遗产的魅力和价值。

政府支持文化产业发展相关政策也为传统文化遗产的保护和发展提供了契机。近十几年来，从中央到地方都对文化产业给予了高度重视，出台了许多支持文化产业发展的文件政策等，如 2009 年 4 月文化部与中国银行签订的《支持文化产业发展战略合作协议》，2009 年 7 月国务院通过的《文化产业振兴规划》， 2011 年 3 月《关于国民经济和社会发展第十二个五年规划纲要》中有关将文化产业发展纳入国民经济发展规划、2011 年 6 月 1 日起实施《中华人民共和国非物质文化遗产法》等，山东、浙江、广东等省也明确提出文化产业发展的规划目标，并加大财政投入。同时，政府也增加了非物质文化遗产保护专项经费，到 2009 年为止中央财政已累计投入 6.59 亿元，地方政府也将非遗保护经费纳入本级财政预算，资金投入也随着经济增长逐年递增。两方面的政策利好为传统文化的保护和发展带来了前所未有的机遇。

我国文化产业有机会参与全球分工，正是以传统文化遗产为核心竞争力的。中国加入世贸组织 WTO 之后，对文化产业来说，既有利于开展国际合作同时也面临着激烈的国际竞争，文化资源的市场配置意味着中国的传统文化资源也可能被国外企业开发利用，对中国文化

---

①姜锐：《"十二五"时期文化产业发展面临的机遇与挑战》，《东岳论丛》，2011 年第 7 期。

②玉苗：《民族传统文化与地方社会经济发展——以桂林〈印象刘三姐〉为例》，《桂海论丛》，2009 年第 2 期。

消费市场的争夺也给中国的文化产业发展造成空前的压力，近年火爆的动画片《花木兰》《功夫熊猫》就是典型例子。这种竞争挑战也为中国的文化产业的发展带来了机遇，丰富、多元的传统文化遗产将有更多机会获得市场力量的支持，成为文化产业发展的核心竞争力，合理的开发利用民族民间文化元素可以实现文化遗产保护和文化产业发展的双丰收。①

**（四）网络时代催生传统文化保护和发展的新模式**

网络时代以新技术、新思维为标志，数字化信息技术和革命性的文化传播方式为传统文化的保护和发展打开了新思路，创造了新机遇，主要表现在以下几个方面。②

第一，数字化存储为传统文化遗产的保护提供了新的保存方法。历经时间洗礼和岁月消磨，无论是物质性的文化遗产还是非物质文化遗产，都存在一定保存困境。许多文化遗址、古迹、文物残破易损，传统书籍更容易受到天气、环境等因素的影响，而更为丰富的口头传统、表演艺术、民俗礼仪、手工技艺等非物质文化遗产本身就缺乏稳定的保存介质。这些问题在数字化存储技术日益更新的今天已经变得非常容易解决，特别是网络云计算等高新技术的问世，不仅可以存储海量信息，而且可以无磨损地随时将最完整、最逼真的各类文化遗产的面貌进行再现。新的信息技术也为传统文化遗产的创新性发展提供了足够的保障，传统文化得以通过更为多样化的方式进行展示。如博物馆中利用 3D 技术模拟再现古代战争等大型场景。

第二，网络平台为传统文化遗产的传播提供了新渠道和新方式。互联网的问世创造了一种新沟通模式，其共享性、多元性、便捷性使人们更容易接触、接受传统文化，而网络传播主体的自由、平等的特点让人们对传统文化的接受不受身份地位的影响，网络的即时性和交互性使人们可以更自由便捷地讨论交流对传统文化的理解。近些年伴随着"国学热""汉文化热"的兴起，以传统文化为主题网站和主打传

①赵小娜：《中国文化产业发展的战略机遇与对策》，《中共长春市委党校学报》，2004 年第 6 期。

②康素娟：《网络文化冲击下的传统文化发展思考》，《理论导刊》，2009 年 11 期。

统文化元素的文化产品层出不穷，尽管其中还存在许多不尽如人意之处，但网络的兴起确实促进了传统文化遗产的保护和发展，而且未来有可能成为主要的发展动力。

第三，数字、网络、新媒体等高新技术的运用为传统文化遗产的产业化创造了新条件。当前文化产业的发展已经无法离开高新技术，对传统文化的创新性发掘利用也需要高新技术来提升文化产品的品质，如文化创意、动漫、数字立体电影、数字出版等新兴文化业态的发展正是高新技术升级文化产业的结果。

综上所论，传统文化的保护和发展是挑战与机遇并存的，通过适当有效的应对措施完全有机会转变这种被动的局面，不仅可以解决传统文化的生存危机，而且可以实现中华文明的复兴。这需要决策者审时度势的智慧，也需要社会力量的全力投注。

# 第二节　现阶段城市化进程中传统文化保护与发展的战略与要求

## 一、传统文化保护和发展的基本原则

2004 年 2 月 14 日，国务院办公厅转发了文化部等九部门《关于加强我国世界文化遗产保护管理工作的意见》，提出我国加强世界文化遗产保护的方针为"保护为主、抢救第一、合理利用、加强管理"。2005年国务院颁发的《关于加强我国非物质文化遗产保护工作的意见》指出，传统非物质文化遗产保护的指导方针是"保护为主、抢救第一、合理利用、传承发展"，保护工作的原则是"政府主导，社会参与，明确职责，形成合力；长远规划，分步实施，点面结合，讲求实效"。这为我国传统文化遗产保护和发展指明了方向。诸多研究者结合传统文化遗产的特点，提出了保护和发展所应坚持的基本原则。王文章认为，对非物质文化遗产的保护应将保护方式与保护原则紧密地结合起来，必须坚持"抢救和保护第一、积极保护、整体性保护"的原则。[①] 李荣启认为，非物质文化遗产保护要坚持本真性保护、整体性保护、科学保护和濒危遗产优先保护四项原则。[②] 谭志国主张少数民族传统文化保护应坚持"民族主体性与政府主导性、原真性与活态性、全局性与系统性、长期性与持续性"原则。[③] 苑利、顾军的研究中则提出非物质文化遗产保护的十项原则，即"物质化"原则、以人为本原则、整体保护原则、活态保护原则、民间事民间办与多方参与原则、原真性保护原则、保护文化多样性原则、精品保护原则、濒危遗产的优先保护原则以及保护与利用并举原则。[④] 顾及物质性文化遗产保护的特点和原则，在城市化背景下的传统文化保护和发展应坚持以下几项原则。

### （一）原真性保护原则

原真性即强调文化是真实性的而非虚假的、原本的而非复制的、忠实的而非虚伪的、神圣的而非亵渎的。1964年的《威尼斯宪章》引入"原真性"概念来阐述文化遗产真实、完整的传承后世的意义。1994年12月在日本通过的关于本真性的《关于原真性的奈良文件》肯定了原真性是定义、评估、保护和监控文化遗产的一项基本原则。坚持原真性原则是文化遗产保护和发展的起点和基础，对于认识文化遗产的价值，并进行有效的保护和创新，防止"伪民俗"和"伪遗产"占用可贵的保护资源和财富有着重要的意义。实际上，近年由于过度商业化和不合理的文化开发导致的"伪传统文化"层出不穷，如有的地方在发展民俗旅游中将其他地方的少数民族歌舞、节日庆典活动等与本地的民俗活动"糅合"起来，不伦不类，只为能够吸引游客，获得商业利益。这种张冠李戴式的捏造"传统"的行为不仅伤害了传统文化，而且导致游客的文化体验"失真"，也败坏了当地旅游的名声。另外，

①王文章：《非物质文化遗产概论》，北京：文化艺术出版社，2006年，第30页。
②李荣启：《论非物质文化遗产保护的主要原则与方法》，《广西民族研究》，2008年第2期。
③谭志国：《土家族非物质文化遗产保护与开发研究》，中南民族大学博士学位论文，2011年。
④苑利、顾军：《非物质文化遗产保护的十项基本原则》，《学习与实践》，2006年第11期。

由于城市化推动的生产生活方式和文化环境的变化，许多原生态传统文化正逐渐衰落或变异，如城镇化中"农民"转变为"居民"，以及大量农民外出打工，电视、网络的信息传播方式变革而使许多传统技艺、习俗发生变化，特别是以口头讲述和行为传承等动态方式存在的文化遗产失去了原有的生存的空间。因此，传统文化的保护和发展首先必须对各种文化遗产正本清源，确保文化的真实性、完整性才能谈及保护措施和创新发展问题。

### （二）整体保护与活态保护原则

整体保护就是要保护文化遗产全部的内容和形式，包括文化遗产本身及其生存空间，对非物质文化遗产来说，传承人也是文化遗产的一部分。首先，任何一种文化遗产都是由多重元素构成的，作为文化介质的物质载体和容纳符号象征意义的非物质要件往往是结合在一起的。以年画为例，各地的年画风格和技艺尽管有许多不同之处，但都需要掌握描图、刻板、印制、上色等多道工艺，彩色套版还需要多次套色印刷，工艺相当繁复，而所需要的颜料、纸张等材料也需要同前述各项技艺一起保护才能实现年画文化的保护和发展。其次，许多民族民间文化都是与特定的文化生态环境紧密相依的，保护文化遗产就必须保护好相关的文化生态环境。例如，具有2500多年历史的侗族大歌是一种独特的音乐艺术形式，除了其在音律结构、演唱技艺、演唱方式和演唱场合等方面的独特性之外，一领众和、分高低音多声部谐唱的合唱特点与其所依存的侗族生活方式是密不可分的。侗族传统的对歌、赛歌一般在"侗年节""吃新节""春节"等节日，或者是农闲季节村寨之间的集体交往"委嘿"时，由甲寨的男歌队与乙寨的女歌队在鼓楼里进行。对歌既是一种艺术活动，也是社会生活、人际交往的一部分，而一旦传统的侗寨生活方式发生变化，这种文化生态环境就难以留存，大歌的生存就会面临危机。都市中存在于高楼大厦的夹缝中的古建筑、文物古迹，即使观者如潮、香火缭绕，但其本身的文化意涵已经脱离人们的日常生活，其价值完全碎片化了。最后，整体性保护原则还应体现在时间维度上，从发展的角度来把握传统文化的整体性。如陕北米脂县农民艺术家艾剑英创作的剪纸《黄土风情》中，不仅有表现传统习俗的剪窗花、置年货、压年糕、垒火塔、跑旱船等，而且也有表现新时代生活的观看新年晚会、学电脑等内容，在艺术技法上也做了很多创新。[①] 传统文化遗产并非一成不变的照样继承，而是可以在保持传统意蕴的基础上发展创新。

对于非物质文化遗产而言，只有整体保护才能确保文化遗产的活态性；只有活态保护才能保持文化遗产的生命力。活态保护好比池中养鱼，一个环境佳、氧气足、营养好的池子才能保证鱼儿生长；反之，如果只关注鱼而忘了换水、放食，鱼就会死掉。非物质文化遗产如同"活鱼"，"死鱼""鱼干"是没有多大价值的。因此，非物质文化遗产的保护和发展是一个动态的过程，对文化生态环境的要求比较高，保护好传承人和文化生存的生产生活环境是确保"活"的文化遗产的关键。[②]

**（三）以人为本的原则**

文化根本上是人类生产生活的成果，传统文化遗产生命力的延续根本上取决于其余社会生活之间的关联度。对于非物质文化遗产来说，在成品形成之前，通常只是作为一种知识、技艺或是技能存在于非物质文化遗产持有者的头脑中。只有这些匠人、艺人或是普通百姓在以不同方式将它们复述、表演或是制作出来时，人们才会感受到它的存在。因此，只要保护好并激励这些文化遗产传承人，非物质文化遗产就不会消失；只要鼓励这些传承人继续招徒授业，非物质文化遗产就会后继有人，绵延不绝。同时，民族、民间传统文化的全部活力都存在于孕育它们的民族民众中，人们对传统文化的现实需求和情感眷恋，会指引他们积极地参与到文化遗产的保护和发展之中；反过来，只有依靠文化的创造者和享用者，"保护"才能得到真正的保障。正如刘魁立所指出的，从根本意义上说，无形文化遗产的保护，首先应该是对创造、享有和传承者的保护；同时也特别依赖创造、享有和传承者以遗产的群体对这一遗产的切实有效的保护。[③] 因此，以人为本的原则

①王文章：《非物质文化遗产概论》，北京：文化艺术出版社，2006年，第329页。
②苑利、顾军：《非物质文化遗产保护的十项基本原则》，《学习与实践》，2006年第11期。
③刘魁立：《从人的本质看非物质文化遗产》，《江西社会科学》，2005年第1期。

要求传统文化的保护和发展必须从文化的创造者、使用者的角度考虑问题，顾及他们的感受和选择。

**（四）濒危遗产优先保护原则**

作为一个历史悠久、幅员辽阔、民族众多的文明古国，我国的传统文化遗产丰富多彩、数量众多，有限的财力、人力、物力难以保证所有遗产都获得相同的保护待遇，不同的文化遗产面临的保护压力也有差异，因此必须集中力量优先保护那些濒临消失的文化遗产，"保护为主、抢救第一"的方针已得到广泛的认可和支持。周边环境的改变或传承人的病危都有可能使一些文化遗产成为濒危遗产，因此建立一种"临时性指定制度"是非常有必要的，国外已经有相关成功经验可以参考。[①]

**（五）可持续性保护与发展原则**

传统文化的保护和发展并非一朝一夕之功，而是一项必须持之以恒的事业，保护与发展也必须同等看待，将文化遗产的保护与社会发展、文明进步结合起来考量。可持续性原则要求对传统文化遗产的保护要坚持长期性和连续性，与以人为本的原则结合起来。"保护为主、抢救第一、合理利用、传承发展"的保护方针很好地阐释了这一原则。"保护"和"抢救"是基础和前提，"有效保护、合理利用"则是传统文化遗产可持续发展的必由之路。对于不同的文化遗产应根据具体情况采用针对性的保护措施，已经失去生存条件的文化形式要采用收入博物馆的方法加以保存，而对于仍有一定生命力的民族民间文化形态则可以考虑通过合理开发利用的方式，如产业化等，使之更好的传承和发展。[②] 实际上，大多数传统文化遗产都还有一定的生命活力，进入博物馆并非最佳选择，关键在于如何通过思维创新和文化创新，将传统文化蕴藏的深层次价值发掘出来，在不失其原真性的前提下适应、融入现代文化中去，才能真正实现可持续发展，最终达到传承发展的目的。在全球化、城市化的强力冲击下，传统文化遗产的保护和发展

---

①苑利、顾军：《非物质文化遗产保护的十项基本原则》，《学习与实践》，2006 年第 11 期。

②王文章：《非物质文化遗产概论》，北京：文化艺术出版社，2006 年，第 335 页。

绝不能有任何观望、权宜之念，一方面要适应城市化所改变的社会文化环境，自我改变，另一方面也必须从历史的角度坚守传统文化的根本，以为子孙后代负责的态度选择可持续的发展方向。

### （六）政府主导与多方参与相结合的原则

传统文化的保护和发展是一项社会公共事业，需要政府、学术界、商界、文化机构、媒体、民众等多重力量积极参与，共同努力，其中政府的主导性作用是不可或缺的，因为只有政府具备协调各方面力量的能力，通过立法、政策、财政等多重渠道组织保护资源，构建系统长远的保护和发展机制。当然，这并不代表保护事业可以由政府包办，实际上各种力量都有特定的作用。学术界不是传统文化的发明者，但却在保护和发展中扮演发现、宣传、指导的作用。学术界最早指出传统文化遗产的保护危机问题，并呼吁社会关注，同时通过学术研究阐发传统文化的价值，提出科学的保护和发展建议。尽管商界对传统文化遗产的市场价值的不恰当利用一直为人们所诟病，但文化产业发展的主要动力就来自商业投资，其对文化创新的作用也是应该肯定的，而在发起社会力量保护传统文化的过程中，商界作为现代城市社会的核心和主导性群体，也是必不可少的关键力量。文化机构和媒体对传统文化遗产的积极关注和宣传所起的作用也是不容忽视的，唤起全社会保护传统文化的意识，普及相关保护知识，乃至启发社会的文化自觉，都与文化机构和媒体长期不懈的努力分不开。相对于上述力量的作用，民众自觉地广泛参与传统文化保护更为重要。一方面是源于民众的影响力更大、更深远，另一方面在于民众的参与也是保护和发展的目标所在：传统文化继续作为人们的精神食粮而被享用，提升民族凝聚力和认同感。

## 二、传统文化保护与发展的战略选择

传统文化的保护和发展是一项关系国家发展和民族复兴的伟大事业，需要国家、社会，乃至所有中华儿女共同努力。因此，必须从战略高度制定科学、系统、长远的保护和发展措施。传统文化保护与发展的战略既要遵循上述保护原则，又要考虑国情，结合实际积极应对保护和发展所面临的挑战。

**（一）政府主导与社会参与相结合，不断完善传统文化保护制度，建构文化保护与社会发展相协调的长效机制**

传统文化遗产具有明显公共产品属性，对文化遗产的保护和发展也是一项公共事业，政府负有首要责任，就转型中国的现实而言，也只有政府（从中央到地方的各级政府）才更具备通盘筹划、全面动员、切实推行的综合能力，能承担起如此重要的历史使命。因此，中央及各级地方政府应发挥主导作用，通过完善相关法律法规和管理制度，协调经济社会资源，并号召社会各界加入保护行列。同时，倡导企业、各类文化机构、媒体、社区、学校、家庭及个人积极参与到传统文化遗产的保护中来，并将保护行动与日常生活结合，深度参与传统文化的创新发展。这种全民动员式的保护模式有利于吸引全社会对传统文化遗产命运的关注，提高保护意识，更加重视文化发展的重要意义。如同近十几年民众环保意识日益增强一样，文化保护意识的增强在根本上会促进文化保护与经济社会发展相协调的长效机制的建立。

**（二）保护与发展并重，文化抢救与文化创新相结合，促进传统文化的可持续性发展**

当前传统文化遗产面临的重要问题是重发展轻保护，文化遗产资源化、过度商业化现象严重，从而导致各种"建设性破坏"或"保护性破坏"。因此，必须坚持保护与发展并重的原则，针对不同类型的传统文化采取不同的措施。其一，对于濒危文化遗产要保护优先，采取抢救式措施进行保护，比如许多非物质文化遗产都面临着传承人老去而缺乏文化继承人的问题，大量古建筑、文化遗迹等年久失修、疏于管理，因城市化建设而被拆毁的问题，因生活方式改变而导致的一些文化空间消失的问题等，对于这些文化遗产的保护必须与时间赛跑，主动出击，至少要能够以静态的形式保留到博物馆中去。从这个角度上看，对传统文化遗产的保护必须视为一项影响深远的文化事业，需要更多公共资源的投入作为保护基础，国家和地方政府需要通过更多立法和行政手段予以保障，并纳入文化和社会发展的战略规划中去。

其二，对于不存在明显时间压力且或多或少具有时代活力的文化遗产则可以考虑发展与保护相结合，以发展促保护，通过文化继承性创新保持或提升文化遗产的生命力，包括采用产业化的手段与社会发展、经济发展相结合，但必须建立预防过度开发或过度商业化的保护监督机制。文化产业化是一把"双刃剑"，参与主体也更为广泛，除了相关法律、管理制度的约束，还必须树立这样一个观念：只有反思性的文化创新才能实现传统文化的可持续发展。

反思性文化创新应该包括两个方面：文化反思和价值重构。所谓文化反思，就是要对传统文化遗产的形成、发展、衰落过程进行批判性审视，而价值重构则是在文化反思的基础上，把握传统文化的内核，并结合时代要求重新阐释、转化传统文化，赋予其新的意义。在全球化时代，任何未经深刻文化反思的传统文化都难以获得新的社会价值，也难以实现真正的文化创新。对传统文化的溢美和全盘否定一样都不是真正的文化继承，许多地方发展文化旅游产业中的做法就是明证。许多地方开展的"民族风情园""民俗村"等文化旅游项目，为了吸引游客，往往用猎奇的眼光看待地方文化、民族文化，导致民族文化庸俗化。如炒作、夸张一些少数民族的婚俗习惯迎合一些游客的低级趣味等。近几年许多旅游景区大打宗教牌，几乎每个景区都有一个或多个寺庙，传统的宗教文化更多发挥的是"经济"功能（如香火钱、信徒捐献等），封建迷信活动也趁机堂而皇之地开展起来。这种对传统文化糟粕的"继承"与"发扬"非但与文化发展、创新毫无关联，反而严重扼杀传统文化固有的生机和活力，并在民众对伪传统的不断厌恶中出现逐渐对真传统"失忆"的恶果。与之相对，文化创意产业的发展则顺应了全球化和市场化的潮流，同时又对传统文化进行了有效的创新。如近几年国产动画片出现了爆发式发展，2009年国产动画片产量达到171816分钟，共322部，比前一年增长31%。《喜羊羊和灰太狼》就是其中突出的代表，这部以传统民间"狼和羊"的故事为原型的动画片对传统文化进行创造性演绎，将传统文化元素与现代大众文化结合起来。在电影领域，以《锦衣卫》《叶问》《神探狄仁杰》等历史文化题材的国产电影在电影市场中掀起一波"国产大片风"。从总体上看，传统文化已成为文化创意产业重要的资源支柱，也在一定程度上刺激了全产业的快速发展。[①]

**（三）将传统文化保护纳入国家文化发展战略规划，增强民族凝聚力，提升文化软实力**

在全球化时代，传统文化、民族文化是保持文化多样性的关键，也是体现一个国家、地区文化生机活力与竞争力的基础，第二次世界大战后发达国家的文化发展战略对我国的文化战略选择颇具借鉴意义。美国依靠强大的文化产业成为最大的文化产品出口国，这与美国所持的文化输出战略和文化霸权主义密切相关。伴随着好莱坞电影等文化产品的大规模出口，美国的民主理念、大众文化、消费主义等价值观也随之传播到世界各地，成为美国世界霸权地位的有力支撑。法国则采取了政府积极干预文化发展的战略，把文化视为国家战略的重要组成部分，通过对内强力扶持、赞助本国文化产业，对外推动文化交流，提升法语地位，加强法国文化的国际影响力。日本和韩国竭尽全力推进文化产业的发展，强调"文化立国"，已成为世界重要的文化出口国。

中国要成为真正的大国、强国，必须从"富强中国"走向"文化中国""文明中国"。传承与发展传统文化遗产自然成为实现这一宏伟目标的核心动力。因此，只有立足传统文化，反思性传承与创新传统文化，大力发展文化产业，推动传统文化"走出去"，才能切实提高文化软实力。这一战略可以用三个概念加以概括，即"发掘""重构""输出"。[②]"发掘"就是要对传统文化遗产进行广泛、深入的发掘，对不同的传统文化的个性及身份进行批判性继承，充分认识传统文化的危机和潜力，在"文化自觉"的层次认识传统文化遗产。"重构"则强调要用开放、多元、包容的眼光来看待跨文化交流，积极借鉴、吸收外来文化的优点，正视文化全球化的趋势，在此基础上重构传统文化的文化生态，既满足国内社会发展的需求，增强民族认同感和民族凝聚

---

①叶朗：《中国文化产业年度报告 2010》，北京：北京大学出版社，2010 年，第 18—20 页。
②陈秀娟：《文化全球化与民族传统文化发展战略》，《山东社会科学》，2005 年第 7 期。

力，又能够适应全球化的潮流。"输出"则是以文化大国、强国的姿态展示中华传统文化遗产的魅力，作为国家软实力的标志影响世界。

# 第三节  传统文化保护与发展对策：国家层面、地方政府和社会公众

　　针对传统文化保护与发展中存在的主要挑战和机遇，结合保护原则和战略规划，包括国家、地方政府、社会组织、普通民众在内的多元力量是实现传统文化遗产保护和发展壮大的基础。在这一大框架内，各种力量扮演着不同的角色，发挥着不同的作用。国家和中央政府主要扮演战略规划、宏观决策的角色，主要通过完善相关立法和宏观政策把握传统文化保护和发展的基本方向，并协调其他力量实现战略规划中的具体目标。地方政府是传统文化保护和发展的落实者和操作者，需要掌握当地文化遗产的具体情况，建立系统的遗产档案，具体制定和实施保护措施，落实相关资源，并协调文化保护与地方城市化发展之间的矛盾。包括各类文化保护机构、社会团体等在内的"第三部门"以及企业组织、普通民众构成传统文化保护的基础性力量，与政府的法律、政策相比，公众参与的影响力更为广泛、持久、深刻，特别在传统文化遗产的创新性发展方面，公众的态度和行动在一定程度上决定了传统文化的情景和未来。而且，政府的保护措施也需要得到公众的大力支持才能见效。

## 一、国家层面

### （一）将传统文化保护纳入国家文化战略规划，推动国家文化软实力建设

　　冷战结束之后，以美国为代表的西方国家日益注重通过文化输出对发展中国家施加影响，从民主制度、可口可乐到好莱坞电影娱乐，利用文化技术上的优势，逐渐影响他国人群的生活方式和思想观念，

这种文化渗透是西方国家文化战略的一部分，同时也在开创新的国际竞争模式。各国逐渐开始意识到文化战略在国家战略中的特殊意义：文化竞争是大国竞争的最后战役。文化竞争力不强的国家即使赢得了战争，也无法获得他国的认同，只能成为强国而不能成为大国。正如孟子所言，"以力服人者，非心服也；以德服人者，心悦而诚服也"。这种变化催生了许多国家"文化立国"战略的产生。1996 年日本文化厅正式提出了 21 世纪文化立国的战略方案，1998 年文化政策促进会议提交了文化振兴基本设想，对文化立国战略进行阐释，并把 21 世纪作为日本依靠本国的文化资源与文化优势开始新一轮发展的世纪。韩国政府紧随其后，提出要将文化产业作为 21 世纪发展国家经济的战略性支柱产业予以大力推进，并出台了一系列推进文化发展的政策法规。[①]各国文化战略的重要目标就在于提升本国文化软实力，增强全球化时代国际竞争力。

软实力（Soft Power）概念最早由美国学着约瑟夫·奈（Joseph-Nye）提出，指一个国家运用吸引力而非强制力实现其目标的能力，并使其他国家按照与它的偏好和利益相一致的方式界定自身的偏好和利益。软实力可以使人心甘情愿地去做，是一种能影响人的价值观和喜好的能力。[②] 文化吸引力是软实力的重要内容之一，强调文化具有全球吸引力，一个国家的文化如果能够对其他国家产生吸引力，其中所蕴含的价值观信仰体系以及情感表达方式，能够得到其他国家的普遍认同，甚至被吸纳或融合到其他国家的文化中去，那么，这个国家的意识形态影响力、制度影响力、外交影响力自然会得到增强，并产生良性循环，进而甚至达到扩张的效果。[③] 美国大众文化对全球的影响就是一种文化吸引力的体现。

文化吸引力具有的强大的影响力和竞争力，因而也被称为文化软

---

①安宇、沈山：《日本和韩国的"文化立国"战略及其对我国的借鉴》，《世界经济与政治论坛》，2005 年第 4 期。

②宋海洋：《软权力理论与中国文化发展战略》，《临沧师范高等专科学校学报》，2013 年第 1 期。

③刘瑜：《基于软实力塑造的中国文化产业国际发展战略》，《中共四川省委党校学报》，2013 年第 2 期。

实力。文化软实力对外体现为一个国家在国际上的影响力和吸引力，对内则表现为一个国家或民族的凝聚力和向心力。[①] 文化软实力的形成根本上来自对本国、本民族传统文化遗产的深度发掘和整理，中华民族五千年的历史文化传统、深厚的文化底蕴和丰富的文化遗产是我国文化软实力的主要源泉。近年的研究中多强调儒家、道家等大传统文化遗产在建构文化软实力中的作用，实际上作为小传统的民族民间文化在强调文化多样性的全球化时代，同样具有诱人的文化魅力。中华传统文化本以多元一体、和而不同著称于世，因此，文化软实力的建设不仅需要核心价值体系的构建，更需要发掘丰富多样的民族文化、地域文化，让主流文化与亚文化在开放、自主、宽容的交流氛围中，"各美其美""美美与共"，共同走向生机勃勃的多元现代化。如新疆维吾尔木卡姆艺术、西藏唐卡、陕西老腔等民族地方文化艺术在国外的展示或演出，以其深厚的艺术魅力征服了西方的观众，都是中国文化软实力丰富性、多元性的充分体现。因此，对传统文化遗产的保护和发展必须从国家文化战略的高度，从文化软实力建设的角度给予全面性重视。

我国文化软实力的国际影响，与经济、政治地位相比还相当弱小。从 2004 年开始，以推广汉语和中国文化传播为目标的孔子学院的快速发展，对提升我国的文化软实力发挥重大作用，但还存在渠道单一、影响范围受限等不足。反观西方国家的文化软实力建设，以发达的文化产业为主的发展模式很值得借鉴。美国电影产业的全球影响力已人尽皆知，临近的韩国、日本的文化产业举措很值得借鉴。日本的"文化立国"战略政策可以概括为以下 10 个方面：（1）建设大型国立文化基地，增强文化对外辐射能力；（2）构筑与文化政策相配套的环境政策、观光政策和产业政策；（3）适应时代变迁，实施地域性的"文化街区建设计划"；（4）重视充实与加强文化设施的内容与功能，推动大型"参与型"文化事务活动；（5）构筑文化信息的综合系统，致力于新兴文化产业的振兴；（6）适应知识经济时代特征，完善著作权益制

---

①肖丽丽：《论中国国家战略中的软实力》，《辽宁行政学院学报》，2011 年第 9 期。

度；（7）加强日本国语地位，适应全球化和国际化趋势；（8）建立多元化的文化事业的支援体系；（9）扩大保护文化遗产对象，设立世界文化遗产保护与修复的合作基地和支援体系；（10）重视对亚洲的国际交流与合作，构筑日语教育的国际援助网络。韩国从 1998 年开始，陆续颁布了《国民政府的新文化政策》（1998）、《文化产业发展五年计划》（1999）、《文化产业发展推进计划》《21 世纪文化产业的设想》《电影产业振兴综合计划》（2000）、《文化韩国 21 世纪设想》（2001）等计划和《文化产业振兴基本法》（1999）、《设立文化地区特别法》《出版与印刷基本法》（2002）等法律保障政策，政策重点集中在优化文化产业发展环境、设立文化产业振兴基金、建立国家级尖端文化产业基地、形成集约化规模化的产业经营和专业化城市生产布局以及以外向型产品积极开拓海外市场等方面。① 系统化的文化产业政策提振了两国文化软实力，日本动漫产业和韩国"韩流"风格的文化产业已广受关注，并取得了可观的经济效益。

韩、日"文化立国"战略的经验对我国文化战略和传统文化的保护和发展有很大的启发意义，我们认为，应从以下三个方面展开：

首先，对传统文化遗产进行批判性继承，整合各个层次的文化遗产，取其精华，并进行创新性价值转化，形成对外有竞争力、对内有凝聚力的文化软实力。传统文化纷繁复杂，有的文化已不能满足时代的需求，有的文化则与社会发展趋势相背离，如儒家文化倡导的"和而不同""天人合一"理念有助于发展普世价值，而过重人情、升官发财、任人唯亲、注重人治的理念则难以被世界普遍接受；少数民族文化中朴素的生态环保观念、民族技艺体现了文化的多样性，而反映落后生产方式的一些风俗、宗教巫术等则不适宜推广宣传。因此，必须加强对传统文化遗产的研究、整理，在不伤害文化原真性的前提下，对传统文化进行创新、转化，使传统文化以新的形式、面貌示人，并整合到中华"多元一体"的民族文化传统这一大的框架体系中，一方

①安宇、沈山：《日本和韩国的"文化立国"战略及其对我国的借鉴》，《世界经济与政治论坛》，2005 年第 4 期。

面能够解决当代中国面临的信仰迷失、认同危机、精神空虚等问题，另一方面能够被世界所理解、认可、赞同，从文化资源转化为文化资本。有研究指出，风靡一时的韩剧实际上有一个基本套路，即"日本的故事结构+中国的儒家文化底蕴+人造的俊男美女+先进的技术手段"，但剧作家们非常注重发掘韩国文化传统中的儒家思想精髓：忠、孝、诚、信、礼、义、廉、耻，辅以对平淡无奇的日常生活和人际关系的细腻描绘，在有着相似文化背景的亚洲国家和地区赢得了大批观众的喜爱；而在《大长今》中巧妙地把韩国的饮食、服饰、习俗、时尚和韩国的现代精神风貌融合进来，实现了对传统文化的完美创新，取得了经济效益和社会效益的双丰收。① 反观中国的电视剧中要么极力渲染宫廷权斗、人性丑恶，要么好勇斗狠、暴力血腥，甚至恶俗的扭曲传统文化（如武术），这与我们对外宣传中宣扬的孔子"和为贵"的理念格格不入，连国人都无法认同，何况外国人呢？

其次，制定适合国情的"文化立国"战略规划，大力推动以传统文化为核心的文化产业发展。与韩、日等单一民族国家相较，作为多民族国家的中国在整合传统文化上面临的问题更为复杂，需要充分考虑国情和现实的限制，如城乡二元格局、区域发展不平衡、传统文化遗产极为丰富以及管理制度局限性等问题。在我国急速城市化的进程中，对新老城市文化遗产保护与发展、传统文化产业的开发，尤其应根据城市自身的特点，因市制宜，合理规划，坚持保护与开发相结合，文化事业与文化产业共同发展，突出优势，发展多元化文化产业，才能切实保障中华文化的伟大复兴。

再次，将传统文化遗产教育纳入现代国民教育体系，拓展、丰富传统文化的国民教育。对传统文化遗产的继承应从青少年教育抓起，把传统文化教育作为素质教育的重要组成部分看待。长期以来，中小学教育中的传统文化教育存在偏重知识化、意识形态化、片面注重升学率、缺乏系统性、内容单一、形式呆板等问题，青少年要么基于考试的重要性来学习传统文化，要么基于道德教化、意识形态教育来理

---

①夏骏：《韩国传统文化如何产业化》，《中华遗产》，2007 年第 1 期。

解传统文化，而大部分民族民间文化甚至没有机会进入青少年教育体系，试想青少年只是为了考试才背古诗，了解朝代更替却不知自己成长的社区文化历史，谈及传统文化只知孔孟老庄，那如何能激发他们对传统文化遗产的探究兴趣和保护意识？尽管这一系列问题多与当前教育体制不合理和素质教育不足有关，但在文化战略中缺乏对传统文化教育的重视也是重要原因之一。因此，需要从国家长远文化战略角度考虑，很有必要制定包括青少年素质教育和终生学习模式等形式的传统文化教育计划。在教育内容上，不能只注重主导性儒家文化的教育，还应该关注亚文化、民族文化与主流文化的合流性教育；不但关注传统文化的文本教育，还要注重多样性物质性、非物质性文化遗产教育的熏染，只有这样，国人特别是青少年对中华多元一体的灿烂传统文化才有更鲜活的认识，才能从小切实理解与认同民族传统，才能最终实现传承和创新。

具体来说，在基础教育阶段，应从激发青少年对传统文化的兴趣入手，寓教于乐，培养青少年对传统文化关注意识。在幼儿教育中加入含有传统文化元素的游戏、识字课等，如各具特色的地方木偶戏、皮影戏、歌谣故事、民俗节日、年画等。中小学教育则应将传统经典文化和当地优秀文化遗产都纳入教育教学，可以在语文、常识、社会、地理、历史等课程中渗透传统文化，通过开设素质教育选修课、第二课堂活动，如少数民族体育活动、传统工艺品制作、剪纸、地方戏等，还可以将文化遗产教育作为中小学活动内容，开展系列主题活动，如参观文化遗址、访问非物质文化遗产传承人、参与体验传统技艺等。高等教育中则应利用高等院校在传统文化遗产的人才培训、智能参与、信息传播和知识创新方面有其特定的优势，着重从以下几个方面努力：（1）把高校作为传统文化的传习地，结合开放、民主、竞争、创新等现代理念，使传统文化遗产教育得到充分的继承和发展。（2）将传统文化遗产的价值理念融入大学知识教育体系中，大学应当积极开设满足传统文化遗产保护和发展需要的新课程、新专业，培养专业人才，开展专项科学研究。（3）积极协助、支持国家及政府制定适合国情和文化发展的文化政策和操作模式，为国家文化遗产事业和文化产业发展提供优质服务。（4）承担起将传统文化遗产向世界传播、文化交流的重担。（5）在高校、政府和民间组织之间开展合作，应对传统文化遗产的保护和发展问题。[①]

最后，鼓励传统文化的海外传播和跨文化交流。文化交流是不同国家、民族增进了解，建立融洽国际关系的重要方式，而文化交流的主要内容就是传统文化。通过展示光辉灿烂的中华传统文化魅力形成文化吸引力，是文化软实力建设不可或缺的途径和方法。因此，扩展传统文化国际交流平台，改进文化交流机制对传统文化遗产的保护和发展也是非常有价值的。首先，国家应鼓励更多传统文化以各种形式走出国门，到国际舞台上展示，包括参加各类博览会、参评电影节、艺术展演、文化创意赛事等，充分展示传统文化多样化的特点。这种文化交流的机会越多，文化形式越多，对展示传统文化魅力就越有利，也就越能吸引人。电影《霸王别姬》对京剧艺术的国际传播，《卧虎藏龙》对武术魅力的世界影响就充分地说明了这一点。其次，文化交流形式应注重讲求技巧，把握文化受众的心理特点。文化全球化在发展中国家常被批评为思想入侵、文化殖民，直接推广政治理念或文化产品对文化交流并非上佳之选，如何以一种更柔和、潜移默化的方式，让文化本身的魅力"以德服人"往往是考验文化政策制定者的智慧的。孔子学院通过语言文化方式对塑造中国积极友善的国家形象功不可没，但语言教育在文化交流中并不是一种完全对等的方式，在美国等国家地区出现的对孔子学院表示质疑的声音就说明了这一点，至少在他们看来是如此的；而上文所举"韩剧"的例子很少让中国人觉得韩国人在进行"文化殖民"。在文化传播方面，市场的渠道往往比政府的行为更容易让人接受。

**（二）加强政府管理，完善传统文化保护与发展的相关法律法规**

传统文化是一个国家、民族重要的历史遗产和社会资源，政府部门应该承担起文化遗产的保存和延续的历史责任。20 世纪以来，世界

---

[①] 章玳：《文化遗产的可持续发展——把文化遗产教育纳入现代国民教育体系中》，《继续教育研究》，2007 年第 1 期。

各国对各自民族文化遗产的保护意识不断增强，保护措施逐渐制度化、法制化，逐渐形成了传统文化遗产的保护制度体系。

1840 年，法国颁布了世界上第一部文化遗产保护法《历史性建筑法案》，之后陆续出台了《纪念物保护法》(1887)、《历史古迹法》(1913)、《景观保护法》(1930)、《考古发掘法》(1941)、《城市规划法》(1973)等保护文化遗产的法案，法国比较偏重物质性文化遗产的保护，将建筑、树木、悬崖峭壁等自然景观以及城市街区等都纳入保护范畴，并制定了严厉的制裁措施。[①] 此外，法国人还首创了"文化遗产日"，规定每年 9 月的第三个周末，所有公立博物馆免费向公众开放，私立博物馆门票减价，就可以得到收税优惠。[②]

在亚洲，日本的传统文化遗产保护行动先行一步。1871 年，为了应对佛寺被毁等传统文化危机，日本政府颁布了《古器旧物保存法》，之后不断加大文化保护的法制化步伐，出台了《古社寺保护法》(1897)、《古迹名胜天然纪念物保护法》(1919)、《国宝保存法》(1929)等系列法规，并在 1950 年通过了更为系统、全面的《文化财保护法》。1954年，对《文化财保护法》进行了较大的修订，扩大了保护范围，强化了文化财的管理体制，强调了政府与民间团体协同保护的规定，并确认了无形文化遗产即"非物质文化遗产"的地位与重要性。[③] 同时，日本政府特别关注那些身怀绝技的艺人和工匠，称之为"人间国宝"。1950 年，在文部省内组建"文化财保护委员会"，文部大臣任命五位日本国内一流的文化专家出任委员。1955 年起，日本政府开始在全国不定期的选拔认定"人间国宝"，对大师级的文化传承人进行保护，给予他们每年 200 万日元的特别扶助金，用于磨炼技艺和培养传人。如今，日本已有 1000 项无形文化遗产成为国家级保护项目，其中能剧、歌舞伎、文乐等 3 项已成功入选联合国教科文组织"人类口头和非物

①乔玉光：《发展与危机：国外民族传统文化保护经验的启示与思考》，《内蒙古师范大学学报》(哲学社会科学版)，2006 年第 2 期。

②飞龙：《国外保护非物质文化遗产的现状》，《文艺理论与批评》，2005 年第 6 期。

③乔玉光：《发展与危机：国外民族传统文化保护经验的启示与思考》，《内蒙古师范大学学报》(哲学社会科学版)，2006 年第 2 期。

质文化遗产代表作"名录。1996年，日本对《文化财保护法》进行了第四次大修订，这次修订主要是制定"文化财登录制度"，日本政府拨专款进行非物质文化遗产的登记录入工作，到2005年47个都道府县已有39个完成了非物质文化遗产的登记录入工作。韩国紧随其后，于1963年制定了《韩国文化财保护法》，侧重于保护非物质文化遗产及其传承人，在财政上进行大力支持。同时，韩国政府还成立了与日本类似的保护管理机构，隶属于韩国文化财厅的文化财委员会，下设有形文化财、无形文化财等8个分课，各分课均由各文化财保护团体、大学、研究机构的专家组成，还聘请了180名兼职的文化财专门委员，负责发现、搜集文化遗产。此外，为了有效地监督文化遗产保护的管理，政府还成了专门的非物质文化遗产委员会，由来自大学、研究机构的专职专家和普通民众组成，论证各地提出的非物质文化遗产项目，并审议确定国家重点非物质文化遗产名录，经过一年的公示之后才能正式确定下来。[①] 归纳国外传统文化保护的特点，主要是两个方面：系统的法律法规体系和严格的专门管理制度。

我国的传统文化保护行动自古即有，但法制化的保护则相对滞后。我国在《宪法》和《民族区域自治法》中对各民族保护和继承传统文化遗产的原则进行了规定，并特别规定了民族自治地区的文化管理自治权，如第38条规定民族自治地方的自治机关可以自主发展民族文化事业，加强民族文化设施建设，支持有关单位保护民族名胜古迹、珍贵文物等，搜集、整理、出版民族历史文化典籍等。1982年颁布了《中华人民共和国文物保护法》，经过多次修改和修订，对我国物质性文化遗产的保护发挥了重要的作用。在非物质文化遗产保护方面，1997年国务院颁布了《传统工艺美术保护条例》，提出了"国家对传统工艺美术品种和技艺实行保护、发展、提高的方针"，确定了传统工艺美术保护的范围，并强调对传统工艺美术传承人的保护和支持。2003年，经过多年调研，全国人大组织起草了《中华人民共和国民族民间传统文化保护法（草案）》，次年更名为《中华人民共和国非物质文化遗产法

---

① 飞龙：《国外保护非物质文化遗产的现状》，《文艺理论与批评》，2005年第6期。

（草案）》，之后经过多年研讨，并结合各地传统文化保护的实践，《中华人民共和国非物质文化遗产法》（下文简称《非物质文化遗产法》）于 2011 年 6 月 1 日正式公布实施。《文物保护法》和《非物质文化遗产法》共同建起了我国传统文化遗产保护的法律保障，为传统文化的保护和发展发挥了重要作用。但结合国外相关法律和我国保护实践来看，传统文化保护的法制化还有许多有待改进之处。

首先，两部法律之间存在诸多衔接问题，《文物保护法》主要是从文物管理方面立法，《非物质文化遗产法》则主要着眼于非物质文化的保护，导致原本具有整体性的文化遗产被割裂开来；同时，二者与《传统工艺美术保护条例》分属不同的行政主管机关，在实践中需要相互配合而导致行政成本增加，甚至出现互相推诿的现象。其次，除了上述三部法律法规之外，还有《文物保护法实施细则》《国家级非物质文化遗产保护与管理暂行办法》等多部法规条例，这些法律法规之间关系有待进一步理顺，解决好兼容互补、重叠、冲突等问题。再次，《非物质文化遗产法》中对国家政府相应的责任规定多为原则性的，缺乏对相关法律义务和责任的具体化，这会影响到法律实施中的权威和效力。最后，《文物保护法》中在法律覆盖面、保护权利和义务平衡、文物保护和管理制度的法治化等方面还有许多尚待完善之处；① 《非物质文化遗产法》中对遗产名录和传承人认定制度的规定还存在一些制度设计的缺陷等问题。② 因此，在传统文化保护立法方面，需要进一步顺现有法律法规之间的关系，进一步修订相关法律或制定新的法律，建立起文化遗产保护的法律体系，实现保护和发展的法制化。

除了以上传统文化遗产保护的基本法，还应加快特别法的立法进程。如针对非物质文化遗产的"知识产权保护法"，2011 年的《非物质文化遗产法》和 1999 年的《著作权法》都只做了衔接式的规定。还有许多具体问题需要通过专门立法解决，如非物质文化遗产立法认定及其标准、权利的行使问题、权利人享有什么权利、非权利人商业性

---

① 郑建华：《关于〈文物保护法〉修订的若干思考》，《中国文物报》，2013 年 6 月 12 日。
② 周超：《中日非物质文化遗产保护法比较研究》，《思想战线》，2012 年第 6 期。

利用非物质文化遗产、非物质文化遗产保护手段问题等；同时，要尽快明确非物质文化遗产项目的知识产权主体、客体及内容，确立非物质文化遗产项目的使用许可制度，对珍贵的非物质文化遗产项目采取强制性保护措施。

## 二、地方政府

### （一）制定和完善地方传统文化保护相关法规制度

传统文化遗产作为一种公共产品，地方政府负有直接的保护和发展责任，首要的任务就是建立和完善传统文化遗产的保护法规、制度，落实国家对传统文化的相关法律和政策，并组织开展保护和发展的实际工作。地方政府在公共行政的范围内应做好以下工作：

第一，结合地方实际，制定和完善文物保护、民间民族非物质文化遗产保护的法律法规。总体来看，传统文化遗产保护的地方立法存在以下几个特点：（1）各地立法进度差异较大。如对非物质文化遗产的保护立法，云南、贵州、江苏、江西、广西、甘肃、新疆等地立法较早，其他地方则相对落后，部分省份在国家《非物质文化遗产法》颁布之后才启动地方立法工作，而已有立法中云南、贵州为"民族民间文化保护法"，江苏、江西、新疆、宁夏等省份则称为"非物质文化遗产保护法"。（2）物质性文化遗产保护法规多于非物质文化遗产法规，但缺乏专门法规。各地与物质性文化遗产保护有关的法规制度很多，但缺乏专门立法，针对少数民族文化保护的法规也比较少。[①]（3）立法保护模式过于单一，以行政法规为主，尚未建起包括知识产权在内的涵盖公法和私法的综合法律体系。（4）法规制度的原则性较强，不易操作。如《宁夏回族自治区非物质文化遗产保护条例》第 29 条规定：传承人和传承单位享有下列权利：开展传艺、展示技艺、讲学以及艺术创作、学术研究等活动；可以依法向他人提供掌握的知识、技艺以及有关的原始材料、实物、建筑、场所；取得相应的报酬。这些

---

①田圣斌、柳红兵：《湖北文化遗产保护地方立法探讨》，《湖北社会科学》，2007 年第 4 期。

规定中传承人的权利如何体现与保障并没有具体说明，无法操作也意味着权利难以得到保障。①

这些问题的存在对文化遗产的保护和发展都造成了一定的影响，需要通过加强立法进行完善。根据国家相关立法精神进一步修订地方法规，协调立法。地方保护法规应与国家相关立法精神保持一致，并按照地方实际情况，同时清理相关法律法规，协调存在冲突矛盾的条款，形成法律保障体系，并尽快提出法律法规的可操作性实施细则。

第二，明确行政主管部门，完善文化遗产认定、登记制度，并结合实际创新管理，建立科学的管理制度。2011年颁布的《非物质文化遗产法》中规定，县级以上地方文化行政部门为非物质文化遗产的主管部门，并规定了具体的职责，同时设计了认定、传承帮助、保障三大法律制度。各级文化行政部门在明确相应保护职责后，应建立健全相应的保护工作组织和保存机构，其中对行政区域内文化遗产的普查、认定并建立完整的资料数据库工作尤为重要。普查就是要对非物质文化遗产进行摸底调查、区分甄选，按照文化遗产的特点分层分级，建立遗产档案。对于濒临消失、不可复制再生的非物质文化遗产，要建立紧急抢救保护机制；认定则要组织专家对申报的文化遗产按照程序严格评审，加入非物质文化遗产名录，并采用信息化技术手段建立系统完整的数据库。此外，还应做好以下几个方面的保护工作：（1）树立正确的保护理念。传统文化遗产保护不是一场"突击"运动，而是地方政府长期坚持的职责；传统文化遗产的保护是一项文化事业，不能仅从资源开发利用的角度看待文化遗产；传统文化遗产的保护要坚持原真性、整体性、可持续性等基本原则，不能人为地"现代化"或"复古化"。（2）明晰保护制度，包括确定保护方式、细化保护措施、完善传承人保护制度、建立专项保护资金制度和专家咨询制度等。（3）创新保护制度。各地在文化遗产保护中进行了大胆尝试，形成了一些各具特色的创新制度。如云南、贵州设立的少数民族文化生态保护区，

①周晓涛：《西北民族非物质文化遗产旅游开发中的地方立法保护》，《文化遗产》，2012年第4期。

江苏推行的"遗产档案"式分级保护制度和传承人享受政府津贴制度等。此外，尝试将物质性文化遗产与非物质文化遗产结合起来设计保护管理，对许多兼具二者特征的文化遗产进行整体性保护具有重要意义，也可以为今后的相关立法提供借鉴经验。

**（二）增加对传统文化遗产保护的投入，加强相关专业人才培养**

传统文化遗产保护需要大量的财力、物力、人力投入，作为公共投入的财政投入是基础，同时也需要拓宽投入渠道，利用社会资金。法国对文化遗产保护的投入不遗余力，每年保持1%投资增速，同时文化信贷、对重点文物机构的经常性财力援助、对文化团体的专项经济补贴等，还设立了一个全国性的文化资助委员会和一个文化遗产基金会筹集企业、社会资金用于文化遗产的保护。我国各地经济发展水平差异较大，文化遗产资源分布不均衡，特别是在中西部农村和少数民族聚居地区，各类文化遗产密集且保护压力较大，而地方保护投入能力却较低，这也是造成许多民族、民间文化遗产缺乏保护而濒临消失的原因之一。因此，地方政府一方面要尽可能将文化遗产的保护纳入地方财政预算，加大投入，另一方面也应寻求多元化的资金筹集渠道，保证基本的保护经费。例如，通过生产性保护的方式实现非物质文化遗产保护和发展良性互动。生产性保护并不等于文化产业化，"产业化"是将非物质文化遗产变成一个经济产业，采取市场经济的运作形式，以"低成本、高效率、大利润"为目标，进行"集约化、批量化、自动化"的大生产，特点是"以市场为导向，以利益为中心"；"生产性保护"则以"保护"非物质文化遗产的原真形态和文化内涵、尊重非物质文化遗产的独特性和差异性为前提，借助生产、流通、销售等市场化手段，将具备转化为经济资源条件的非物质文化遗产转化为文化生产力和文化产品，产生经济效益；对具备进行产业开发条件的项目，形成相关产业，通过产业化促进其发展。① 通过"生产性保护"把文化遗产转化为文化产品，获取一定的收益，可以实现保护与发展的双赢。此外，通过与企业、文保机构、公益基金等组织合作开展文化遗

---

① 汪欣：《对非物质文化遗产生产性保护理念的认识》，《艺苑》，2011年第2期。

产的保护和开发项目，如建立文化生态博物馆、民族工艺品开发等，都可以获得一定资金，弥补政府财政投入不足的缺口。

除了以实物、资金等方式进行文化遗产的保护投入之外，加强对非物质文化遗产传承人保护和培养相关专业人才也是保护投入的一部分。首先，保护和支持传承人及其传承活动。非物质文化遗产保护的关键是保护文化传承人，许多文化遗产消失都源于传承人故去或者缺乏有效的传承机制，因此，对传承人的保护和传承活动的保护非常重要。日本、韩国通常通过政府授予传承人"人间国宝""重要文化财保护者"称号和提供政府津贴等方式进行保护，我国从 2007 年开始公布首批非物质文化遗产传承人名单，2008 年开始首批省（市）非遗传承人名单也相继出炉。同时，津贴由中央财政统一调拨，按级别拨发 3000～8000 元的政府津贴，一般是每年发放一次，各级政府及相关文化部门也为传承人的生活改善、技艺传习提供资金支持。这一举措应该进一步推广到所有地区，并将资助措施扩展到传承活动中，对文化学习者也进行一定的支持。其次，培养文化遗产保护的专业管理人员。传统文化遗产的保护还需要培养一批既了解历史文化、建筑艺术、民族歌舞等非物质文化遗产知识，又能够从事普查、抢救、建立数据库等技术操作性工作的人才队伍。这类人才在基层尤为缺乏，可以通过与高等院校和研究机构合作，进行脱产进修或短期培训；① 最后，尝试在高校和研究机构中开设文化遗产类专业或课程培养专门人才。通过请文化传承人到高校中授课或授徒，高校、文保机构联合培养等方式培养具有高素质创新能力的新型人才。

**（三）将传统文化保护和发展纳入地方城乡发展规划，推动文化生态保护区的建设**

传统文化遗产是一个发展性的概念，一方面，城市和乡村中还有许多文化遗产有待研究者和保护者去发现；另一方面，文化价值观念的变化也会引导人们重新评价一些曾经熟视无睹的文化现象。事实上

---

① 黄桂秋、黄燕熙：《广西非物质文化遗产保护问题与对策》，《广西师范学院学报》（哲学社会科学版），2009 年第 2 期。

很多有价值的传统文化遗产在引起人们重视之前已经消失了，也有很多文化遗产濒临消失才得到关注。因此，系统的发现和评价机制对传统文化遗产的保护非常重要，这种机制实际上是一种预防保护机制。现实中建立这种机制并不容易，但有预见性地把对传统文化的保护作为社会发展的基本原则，并纳入城乡发展规划可以在一定程度上起到预防保护的作用，而且这种理念也有助于协调传统文化保护与地方经济发展中出现的种种矛盾。

有研究指出，当代历史文化名城的保护和发展呈现六个特点，即从旧城改造到古城保护、从单体保护到整体保护、从两相对立到两全其美、从文化造假到修旧如旧、从文化包袱到产业创新以及从个性泯灭到特色张扬。[①] 这种变化是古城保护与城市发展规划良性互动的结果，对精神层面的城市文化的重视超越了对物质层面的城市格局的追求。但这并没有完全解决文化保护与经济发展之间的矛盾，因为很多地方古城保护的后续动作是商业化的旅游开发。如丽江用兴建新城的方式将古城中的本地纳西人全部迁出，而大量的外地商人却占据了古城，古城俨然变成了一个大商场、娱乐中心，创造古城文化的当地人几乎与古城没有什么关系了，传统文化遗产保护出现了形神分离。而更多缺乏整体性保护的城市，大拆大建使分散的古旧建筑、传统街区、文化遗迹消失匿迹，地方特色的生活方式和城市精神荡然无存。在乡村，受城市化进程的影响也发生了类似的危机，所不同的是城市建设主要基于行政意志和市场需求，而乡村建设中传统文化保护困境则多源于缺乏文化自觉和城市文化观念的渗透，对城市生活方式和价值观念的追求指引农民拆掉古旧的传统建筑，建起了更加时尚和舒适的小洋楼，修筑起宽阔的水泥路，以过上"城里人的生活"为荣。乡村社会的这种城市商业化导向的去传统化得到了农民和地方政府的一致认可，正是传统文化遗产在乡村建设规划中遭遇重创的重要原因之一。一并面临挑战的还有非物质文化遗产，人们对乡村山歌、民族传统技

---

① 耿彦波：《从旧城改造到古城保护——走出文化传承与经济发展的两难困境》，《文化纵横》，2013 年第 4 期。

艺、民俗、方言的热情逐渐转向都市流行歌曲、高科技产品、洋节日、普通话，这种价值观的转变随着城市化进程的加快而愈演愈烈，这可以说是对传统文化遗产在乡村的生存、复兴的最大挑战。

传统文化遗产保护与地方城市经济发展之间存在矛盾，需要通过更为科学的城乡发展规划加以协调，文化生态保护区的出现为解决这一难题提供了契机。文化生态保护区的理论基础是文化生态学理论，是文化人类学受到生态学理论影响而形成的一种文化理论，1955 年美国人类学家朱利安·斯图尔德在其代表作《文化变迁论：多线进化方法论》中首次提出了"文化生态学"，强调文化的生态性，文化生态就是指文化自我存在、发展状态及与周围环境的相互作用。[①]1971 年，法国博物馆学家乔治·亨利·里维埃和于格·戴瓦兰提出了"生态博物馆"的概念，他们认为文化遗产被原状地保存和保护在其所属的社区及环境之中。生态博物馆的出现，顺应了当代要求文化遗产权和文化遗产的诠释权应回归原驻地和原住民的呼声，顺应了人类要求协调和持续发展的愿望，因而其理论一问世，便受到了欧洲、拉丁美洲和北美洲等许多国家和地区的欢迎，成为一种有效地保护文化生态的方式。[②]1997 年贵州省人民政府与挪威王国签署了合作建设梭戛生态博物馆的协议，这成为我国第一座生态博物馆，之后贵州、云南等地相继建立多个生态博物馆、文化生态村。2007 年国家启动了国家级文化生态保护实验区建设，并陆续建立了闽南文化生态保护实验区等 11 个项目，并计划在条件成熟时命名为"文化生态保护区"。所谓文化生态保护区是指在一个特定的区域中，通过采取有效的保护措施，确保非物质文化遗产与相关的物质文化遗产（不可移动文物、可移动文物、历史文化街区和村镇等）、自然环境、生产生活方式、经济形式、语言环境、社会组织、意识形态、价值观念等构成共生共存、相互作用的文化生态系统的真实性、活态性、完整性，使其自我调节、自我发展

---

① [美] 唐纳德·L.哈迪斯蒂：《生态人类学》，郭凡、邹和译，北京：文物出版社，2002 年，第 8 页。

②刘魁立：《文化生态保护区问题刍议》，《浙江师范大学学报》（社会科学版），2007 年第 3 期。

的能力得以充分实现。[1] 文化生态保护区强调采用整体性保护的方式，对遗产进行更系统和立体的保护，将保护范围从遗产本体扩展至周边环境；保护对象囊括物质形态和非物质形态，不仅对遗产和环境一同进行保护，而且还要保护遗产的文化内涵；保护方法强调从收藏、展览、保存到立法、宣传、教育等多种方式综合运用；保护主体则从以专家为主，发展到要求社会公众的共同参与。[2]

　　闽南文化生态保护区是我国首批国家级文化生态保护区，涵盖了泉州、漳州、厦门三个设区市的文化遗产与文化遗产相关的自然环境、文化生态环境。具体对象和内容包括非物质文化遗产传承人的有效保护和培养，整体保护文化遗产及其活动空间，以及优化文化生态环境，例如提倡青少年讲闽南话，开展闽南方言的民歌童谣等的吟诵、演讲比赛等，形成有利于闽南文化保护的语言环境。根据《闽南文化生态保护区规划纲要》，地方政府采取了一系列措施进行文化修复，如恢复原生态民俗活动，通过节日、庙会、人生礼仪等活动促进传统戏曲、曲艺、民间舞蹈、传统饮食等传统文化遗产的原生态保护；建立文化传承机制，在中小学进行普及性教育，充分利用高校、图书馆、博物馆等文化机构参与文化保护；推进海峡两岸文化交流，扩大国际文化交流，利用华侨资源举办国际性文化活动；加强闽南文化研究；兴建文化设施以及建设展示区、基地等保护试点等。通过以上一系列措施，保护区建立了一套有效的文化遗产整体性保护制度和运行机制，建设了一批有利于文化遗产保护的基础设施，改善文化遗产保存、保护的环境，濒危和重要的文化遗产以及一批传承人得到有效的保护，全社会文化遗产保护意识不断提高，文化生态环境得到了明显的改善。[3]

　　目前，各地文化生态保护区的建设具有一定的实验性，还存在诸多问题，如保护规划制定和项目实施中民众主体性不足、对传统文化

---

　　[1]宋俊华:《文化生态保护区建设存在的问题及对策》,《中国文化报》,2011年8月30日。

　　[2]赵艳喜:《整体性保护区域性整体保护与文化生态保护区的建设》,《河南教育学院学报》(哲学社会科学版),2012年第4期。

　　[3]何光锐:《闽南文化生态保护区咋保护》,《福建日报》,2007年6月26日。

价值的认识不足、文化的整体性保护不到位、对文化的过度开发等。[①]
同时，也应当看到文化生态保护区模式在传统文化遗产保护上的优势，特别是物质性文化遗产与非物质性文化遗产综合保护的特点，将地方社会经济发展规划与文化生态保护区建设结合起来，同时不断调整新出现的问题，完善保护模式和制度，就可以实现传统文化保护和社会发展的双赢。

### （四）鼓励文化创新，积极推动传统文化的产业化发展

传统文化保护需要产业化吗？这个问题已成为学术界和社会争论的焦点之一。归纳来看，有以下四种不同的观点：（1）"产业化保护"不同于"生产性保护"。这种观点认为，生产性保护和产业化完全不同，文化要求个性化、独特化、差异化，而产业化要求有规模、有标准、低成本和批量生产，这和手工技艺正好相悖。冯骥才也认为，文化遗产一旦被产业化，就难免被按照商业规律解构和重组，经济潜力较大、能成为卖点的便被拉到前台，不能进入市场的那一部分则被搁置一旁，由此造成"非遗"被割裂与分化。古村落中的民族语言和民间文学（民间史诗、传说、故事、歌谣等）就是消失得最快的"非遗"。[②]（2）产业化是一柄"双刃剑"。这种观点认为市场化使传统文化获得了新生的机会，但对经济利益的追求又成为一种建设性破坏力量，"合理利用"的尺度很难拿捏。（3）产业化是文化遗产保护的必然之道。这种观点肯定产业化是文化遗产保护和发展的最佳途径，文化遗产商品化才可以反哺保护，并肯定开发文化旅游产品的积极意义。（4）部分、适度产业化。这种观点认为应该区别对待不同类型的文化遗产，具备市场化条件的项目应走自我发展的产业化道路，同时强调适度的市场化，不能违背文化的本真性和原生态保护原则。[③]

综合以上四种观点，可以发现，所有观点都肯定文化产业化在传

---

①刘魁立：《文化生态保护区问题刍议》，《浙江师范大学学报》（社会科学版），2007 年第 3 期。

②冯骥才、周清印：《在文化认同下共栖中华精神家园——打一场中华民族文化基因保卫战》，《半月谈》，2009 年第 5 期。

③刘锡诚：《"非遗"产业化：一个备受争议的问题》，《河南教育学院学报》（哲学社会科学版），2010 年第 4 期。

统文化遗产的保护和发展中发挥了难以替代的作用，同时也指出了遵循市场规律的产业化对传统文化遗产潜在的威胁。所以，传统文化遗产的产业化需要调和这一矛盾，坚持以下几个原则①：

第一，适度开发。传统文化遗产开发的前提是不影响保护，所以要科学、适度开发，既要遵循文化发展规律，又要符合经济发展规律。具体而言，首先要分清哪些类型的传统文化适宜产业化，然后根据传统文化的具体特点来决定产业化的方式和途径，避免一刀切和模式化，不能只关注经济效益而忽视社会效益。

第二，统筹规划，区别对待。各地方应根据国家、省、市、县四级"非物质文化遗产"项目名录，组织专家进行产业化风险评审，确定不同的产业化发展目标。对远离现代社会生活，难以适应市场要求的项目，如礼仪类、语言类、风俗类等，应通过政府、社会力量和公众采用其他方式进行保护；对于仍有市场需求的项目，包括戏曲、舞蹈、杂技、传统技艺、民间艺术类，如昆曲、二人转、皮影戏、剪纸、雕塑、制陶等，从生产性保护开始，在保护优先的前提下开辟新的文化市场，部分或全部市场化。

第三，多元联动，协调发展。所有传统文化遗产都是在特定历史环境下形成，并具有地域性、民族性、历史性等特征，产业化的实施需要政府、传承人、企业、研究机构等各方面相互协调，也需要相关产业资源的配套发展，包括公共文化服务体系建设，高新技术介入和实体产品生产经营等层面和环节，每个层面和环节都应根据文化项目的特点有机融合商业元素和文化元素，通过规模化运作提升行业竞争力，取得文化传承和经济效益的双丰收。

第四，法律保障，政策扶持。为传统文化遗产的保护和发展立法，用法律来规范和约束产业化过程，是传统文化产业化良性发展的重要保障。《非物质文化遗产法》等国家法律以及各地方传统文化遗产相关法规应成为产业化的法律保障，地方政府应对传统文化产业化进展保

①刘金祥：《刍议非物质文化遗产产业化》，《华北电力大学学报》（社会科学版），2012年第4期。

持关注，出台相关政策引导传统文化产业化的发展方向。

第五，深化改革，坚持创新。文化创新是传统文化遗产产业化发展的基础，要通过观念创新来妥善处理传统文化遗产在保护、传承、利用等方面的关系，兼顾保护和发展；要以体制创新促进传统文化遗产转化为优良的文化资源，提升市场竞争力；要进行科技创新，运用最新科学技术破解传统文化遗产中的种种谜题，应用到文化产业发展中；要进行展示方法创新，生动展示传统文化遗产的发掘过程、历史背景等信息，再现传统生产工艺和流程，注重互动性、体验性和趣味性，吸引文化消费者。

依据上述原则，地方政府在传统文化遗产的产业化中要发挥必要的引导和监管作用，但政府不需要直接参与产业化过程，而是从宏观上通过政策引导和建立监督约束机制来施加影响。

第一，科学制定传统文化遗产产业化发展规划。地方政府应结合地方经济社会发展特点，以及传统文化遗产状况，组织专家严格审核产业化项目。一方面要突出特色，整合资源，注重产业聚集化发展和品牌化战略，建立文化遗产产业化基地；另一方面则要建立文化遗产保护的评估监督机制，监测和评估产业化水平，避免过度商业化、市场化，损害文化遗产的原真性和整体性。特别是与旅游文化产品相关的领域，要坚守传统文化的原创性和精品意识。

第二，依法监管传统文化遗产的产业化过程。传统文化遗产的产业化要坚持法制化，所有生产和经营活动都要符合国家和地方相关法律法规的规定。整体上要坚持公法为主，私法为辅。前者强调文化遗产相关法律主要体现国家对文化遗产的强制保护，规范国家履行管理职能和义务协调社会公共利益，创造文化遗产生存和发展的良好环境；后者注重文化遗产保护实施产业化时应在法律体系中明确传承人权益，明确传承人以及其他组织和个人主动传承的措施与机制，使他们在产业化中依法行使自己的权利体现他们的法定诉求，使他们对非物质文化遗产的贡献在产业化过程中能够有所回报。[①]

第三，促进传统文化遗产产业化经营服务平台的建设。为了鼓励传统文化遗产的产业化开发，地方政府需要打造有针对性的公共服务平台，如文化遗产研究和咨询机构提供公共技术、人才培训、对外宣传、国际交流、产品评估、咨询等方面的服务；各级地方政府应创造宽松环境，对文化产业品牌给予重点扶持；建立产学研知识产权联盟，促使知识产权管理服务与文化创新活动有机结合，提升非遗产业的规模化、集约化和专业化水平。[②]

第四，出台政策鼓励文化创新，积极推动文化创意产业的发展。所谓文化创意产业是一种将创意融合于文化元素，通过科技和智力创造生产的高附加值产品，进而形成满足市场需求的产业。[③] 这是一种以科技手段为支撑，以网络传播方式为主导，以创意为特征的跨行业、跨领域重组的产业形态。也可以说是一种文化、科技与经济互相渗透、融合发展的经济模式，是文化产业化和产业文化化、科技产业化和产业科技化交互发展的结果。[④] 文化创意产业具有低消耗、无污染、高科技含量等特点，被视为低碳经济时代的朝阳产业。文化创意产业并不是一个独立的产业，而是与出版、广告、影视广播、软件开发、视觉艺术、工艺制造、音乐、时尚、博物馆等行业结合在一起，以创新为生命的领域。创意的基础是内容丰富的文化，文化创意是具有创造性的文化意识，这种文化意识能够为文化的发展提供前沿理念的智力支持，并以其先锋姿态带动文化的传承与革新。[⑤] 西方国家发达的文化产业根本上是建立在文化创意的基础上的，如美国的"好莱坞""梦

---

[①]刘金祥：《刍议非物质文化遗产产业化》，《华北电力大学学报》（社会科学版），2012 年第4 期。

[②]刘金祥：《刍议非物质文化遗产产业化》，《华北电力大学学报》（社会科学版），2012 年第4 期。

[③]李创新、马耀峰、郑长海、刘宏盈：《文化创意产业视角的传统文化资源开发模式设计——对陕北民间文化开发与保护的实证研究》，《资源开发与市场》，2009 年第 10 期。

[④]张晓明、胡惠林、章建刚：《战略性调整中起步的中国文化产业》，载张晓明：《中国文化产业发展报告》，北京：社会科学文献出版社，2003 年，第 21—37 页。

[⑤]杨蔚：《文化创意产业语境下的传统文化创新》，《华南理工大学学报》（社会科学版），2009 年第 1 期。

工厂",更多被理解为行业中文化创意的佼佼者,而实际上他们的创意素材都来自欧洲、亚洲等地区的民间故事,如《泰坦尼克号》《花木兰》《功夫熊猫》等。传统文化资源通过这种创新机制和市场运作,获得新价值的增长。我国丰富的传统文化遗产为发展文化创意产业创造了优越的条件,但与欧洲、美国、日本等国家地区相比,我国的文化创意产业还非常弱小,作为一个文化大国,却也是一个"文化出口"小国和"文化进口"大国。

所以,地方政府对传统文化遗产的态度不能仅停留于保守的保护,而应该积极地鼓励创新,推动文化创意产业的发展。首先,成立文化创意产业推进组织,组织政府、研究机构和高校组成跨部门、跨行业的专门组织,制定刺激文化创意产业发展的政策和实施意见。其次,鼓励各类企业参与文化创意产业的发展,通过建立专门产业园区、出台优惠政策、兴建配套设施、协调文化资源等方式大胆尝试。再次,积极培养文化创意产业人才,与高校、文化创意企业、国内外研究机构合作培养专门人才。最后,加强文化创意产业的品牌建设。文化创意产业是一个竞争非常激烈的行业,品牌意识直接影响竞争能力和水平。从政府和区域发展的角度来说,文化创意品牌对本地文化产业的发展和传统文化遗产的对外宣传都有特别的意义。

## 三、社会与公众

### (一)鼓励非政府组织、学术机构等民间力量参与传统文化遗产的保护和发展

政府是传统文化遗产保护和发展的主导力量,代表国家、民族意志以立法、行政干预等方式保护和发展传统文化;产业化则代表市场力量,将文化遗产视为一种经济资源,在开发利用中实现传统文化的延续。除了这两种力量,有组织的民间力量也是传统文化遗产保护和发展的强大动力。非营利组织就是一种强有力的民间力量。

非政府组织(NGO)是指区别于政府部门和营利企业(市场部门)的一切志愿团体社会组织或民间协会,这些组织的集合也称为"非营

利组织"（NPO）或"第三部门"（the Third Sector），与政府部门、市场部门共同构成了现代社会的三大支柱。在我国，非政府组织包括各类事业单位、行业协会、群众团体及其他民办非企业单位。[①] 非政府性组织具有非官方性、独立性、公益性、专业性等特点，在传统文化遗产的保护中具有贴近民众、专业化、减少行政干预、避免产业化风险等优势。在欧美等发达国家，非政府组织是文化遗产保护和发展的重要力量。如 1877 年成立的古建筑保护协会是英国最早的民间保护组织，致力于古建筑保护，并推动了古建筑保护的立法过程。美国的活跃于各州、市的全国古迹信托组织、古迹行动保护组织等，以教育国民增强文物意识、宣传科学的保护和管理文化遗产方法等为宗旨，并推动了《联邦文物法》等法案的制定。在法国，全国共有各类民间社团组织 18000 多个，他们受政府委托承担了法国大部分文化遗产保护工作。法国政府充分肯定民间组织在文化遗产保护中的地位，并允许他们参与相关政策的制定。法国政府直接管理的重点文物古迹不足5%，大多数由民间组织进行管理。2001 年法国"国家遗产日"的主题为"遗产与协会"，鼓励国民更多地了解协会在文化遗产保护方面的作用，民间组织在保护遗产中的作用和地位，已被越来越多的法国民众所认同。[②]

　　我国非政府组织的发展起步较晚，1981 年中国儿童基金会的建立成为我国第一个真正意义上的非政府性组织。1995 年联合国第四次妇女大会，大量国际 NGO 组织开始进入中国，并促进了本土 NGO 组织的快速发展。截至 2008 年 6 月底，在民政部门登记注册的各类 NGO组织总量已经超过 38.6 万个，较 1988 年增长了 87 倍，年均增长超过40%。NGO 组织的活动范围遍及城乡各地，活动能力和影响力也不断扩大。2007 年厦门 PX 事件、2008 年汶川地震大救援、第 29 届北京

　　①张国超：《非营利性组织参与我国文化遗产事业的问题与对策》，《江汉大学学报》（人文科学版），2011 年第 3 期。
　　②陈光明、周翠娇：《先进发达国家对文化遗产的保护及镜鉴》，《求索》，2008 年第 12 期。

奥运会等场合都活跃着 NGO 组织的身影。[①]过去三十年间 NGO 组织的发展壮大在促进经济社会发展，改善社会关系，协调政府与基层社会，建设公民社会等方面发挥了巨大的作用。伴随着中国社会现代化和城市化发展的步伐，NGO 组织的影响将更为深远。其一，非政府组织将在社会危机管理方面发挥组织灵活、富于革新的特点，展示出更多优势；其二，非政府组织在动员社会资源促进社会公平正义方面会有大作为；其三，非政府组织可以创造更多的社区就业机会；其四，非政府组织能够有效地弥补市场不足，监督政府依法行政和促进政府决策公开民主；其五，非政府组织天生的草根性有助于促进政府和民众之间良好的互信关系的建立。[②]

我国专注于文化遗产保护领域的非政府组织较少，与文化遗产保护和管理的制度存在的一些弊病有一定关系。其一，我国的文化遗产管理存在多头管理的特点，一方面，文化或文物主管部门以行政或行业规划的方式规划、管理和监督文化遗产，如文化遗产景区、历史文物古迹等；另一方面，大部分文化遗产单位还要受到地方政府部门的影响，为地方经济发展提供文化资源。这种条块交叉的管理模式造成了保护过程中的责权分离。其二，各地文化遗产的管理多为管理式经营，即将遗产等同于一般旅游资源（如以旅游为目的的人造资源）来处理，其实质不仅是以遗产旅游业取代遗产产业，而且是以遗产旅游业取代遗产事业。这种模式容易造成遗产管理中的衙门作风和旧国有企业的各种弊端，遗产保护责任不明，积极性不高，容易导致遗产资源的闲置和浪费以及经营开发的无序低效。而通过出租、转让、机构划拨等方式交给旅游企业经营的"转让式经营"更容易造成旅游经营冲击保护的情况发生。[③]欧美国家则通常采用政府为主、分级负责、社会参与为特征的体制，尽管各国在遗产管理模式、经营机制、经费

---

①李丹：《改革开放后中国非政府组织的发展历程及趋势》，《郑州航空工业管理学院学报》，2009 年第 4 期。

②张传亮：《对中国非政府组织的功能及发展趋势分析》，《福建论坛》，2010 年第 S1 期。

③张国超：《我国文化遗产经营管理模式创新问题——以文化遗产景区为中心》，《江汉大学学报》（人文科学版），2009 年第 5 期。

来源、公众参与的程度上有所区别，但都强调文化遗产管理财权和事权的对称，管理者的牟利动机被较好地抑制，遗产的管理机构均是非营利性质；社会力量介入文化遗产经营管理，并在扩大保护范围，提高服务质量和补充行政管理体制力量匮乏之上发挥重要作用。[①]

因此，非营利组织在传统文化遗产的保护和发展方面应有更大作为。当前以文化、旅游企业为主的营利性力量正在改变文化遗产保护的格局，对经济利益的追求正直接或间接地损害文化遗产的公益性和生命力。很多文化遗产事业管理机构被改为差额拨款或自收自支事业单位，导致其通过发展遗产旅游解决财政收支问题，也导致了很多社会问题的出现，如景区门票涨价过快、景区接待量过高而造成的文化遗产损耗、过度商业化导致文化遗产的原真性受损等。在非物质文化遗产的管理方面也存在类似的现象。比如很多地方在非物质文化遗产传承人的保护上虎头蛇尾，热热闹闹评选传承人，却缺乏制度化的保护和资助传承人的创作和传承活动。非营利性组织可以通过建立公益基金直接援助文化遗产项目，也应被允许参与文化遗产单位的部分管理活动以及对文化遗产产业发展进行评估和监督等。[②] 非营利组织的介入有助于文化遗产保护优先原则的实现，也有助于向社会提供公益性、原真性的文化服务，也有助于缓解传统文化遗产的产业化发展的"副作用"。

各类非正式的民间组织则是传统文化保护的另一重要力量。传统文化遗产在我国的存在具有地方性、分散性、生活性等特点，大部分传统文化遗产并不具备在全社会推广发展的条件，因此，结合各地实际就地保护，广泛发动零散、非正式的民间力量参与文化保护，提升公众对传统文化遗产的珍视意识也是非常重要的。许多地方的实践也证明这一路径的可行之处。如位于上海卢湾区泰康路 210 弄的田子坊，利用社区闲置旧厂房和民居，吸引许多艺术创作者在该地区建立工作

---

① 刘世锦：《中国文化遗产事业发展报告（2008）》，北京：社会科学文献出版社，2008 年，第 71 页。

② 徐嵩龄：《西欧国家文化遗产管理制度的改革及对中国的启示》，《清华大学学报》（哲学社会科学版），2005 年第 2 期。

室，不仅提升了该地区的文化氛围，为社区带来了一定的经济效益，还创造了一种传统文化遗产发展的新模式。这种完全不需要政府等机构支持而自下而上形成的民间力量实现了文化保护与社区发展的和谐共荣。① 而在河南宝丰县出现"宝丰现象"则巧妙地克服了城市化冲击和产业化困境的难题，实现了传统文化的可持续性发展。以马街书会和赵庄魔术为代表的民间保护开发传统文化模式，主要通过自发的表演团体、艺术学校等形式，在为当地创造了可观的经济效益同时，有效地促进了民间文化的创新式发展，对传统文化遗产珍视的"文化自觉"意识深入当地居民的心中。② 此外，学术机构以及社会名流、精英人士的传统文化推广宣传活动也是非常重要的。例如国内知名学者冯骥才、阮仪三和以他们的名字命名的"冯骥才民间文化基金会""阮仪三城市遗产保护基金会"在传统文化保护方面不遗余力的奔走和宣传，在一定程度上促进了公众重视传统文化保护意识的提升，并在一定程度上转化为具体的保护行动。

**（二）加强传统文化遗产保护的社会教育，提升公众传统文化保护意识**

传统文化遗产的社会教育在形式和内容上更为广泛，西方国家有关文化遗产社会教育的经验值得我国借鉴。欧美国家非常重视利用博物馆进行文化遗产的社会教育，美国几乎所有大中型博物馆都设有教育部，并设置能够与学校教育接轨的专门机构，有专职教育人员负责根据基本陈列和特别展览为学生策划组织教育项目，指导老师如何更好地使用博物馆的资源。韩国的中央博物馆长期为公众开设各类文化遗产教育课程，如以成人为主的知识共享型课程，主要是通过韩国人文学各类专家学者的讲义对与博物馆相关联的历史、文化和艺术等各项进行的知识共享；而学习体验性课程则区别不同类型的对象按群体分开开课，如"青少年文化财体验学校"课程和"五感感知的博物馆

①毕波、高舒琦：《不同保护主体下城市文化遗产保护实例评析》，《北京规划建设》，2013年第4期。
②刘永涛：《非物质文化遗产开发保护的民间自觉——以马街书会和赵庄魔术为例》，《文化遗产》，2010年第3期。

文化财"课程等，前者主要针对青少年介绍韩国文化财，后者则是专门针对残障人士设置的通过视觉、听觉、嗅觉、味觉、触觉五感来体验博物馆文化财的课程。[①] 此外，现场参观和公共考古也是文化遗产的社会教育常用的方式。意大利的文化遗产景区长期维持低价门票（最贵的门票不足人均收入的1%），还实行其他优惠政策，目的就在于使更多的民众有机会到现场去参观文化遗产。公共考古活动则提倡考古学家面向公众的交流与解释，以此来达到传播文化遗产知识，提升公众文化遗产保护意识的目的。[②] 借鉴西方经验并结合实际，我国传统文化遗产的社会教育应注重以下几个方面：

第一，充分利用博物馆资源进行社会教育。博物馆教育具有形象、真实、直观等特点，比其他教育方式更具优势。目前我国的博物馆教育功能还比较弱，博物馆与学校教育难以衔接，国民教育体系也缺乏对博物馆资源的利用机制，博物馆自身的教育和服务意识较差。因此，必须对博物馆教育进行大胆的改革，实现三个转变："以物为本"转向"以人为本"、"讲授式教育"转向"探究式教育"、"观众旁观"转向"观众参与"，树立"观众第一"的教育服务理念，运用新式技术手段提高教育活动质量，如用复原场景或历史情境代替单一陈列，用互动体验代替单一解说等。[③]

第二，积极推动以社会教育为目的的遗产旅游事业。旅游本身是有教育功能的，遗产旅游比一般的旅游更能体现这一价值。当前我国的历史文化遗产多采用旅游经营的方式管理，与普通的休闲旅游一样，走马观花式"赶场"、旅游购物为主的特点非常突出，这种模式导致文化遗产的教育功能严重弱化。真正的遗产旅游强调游客对文化遗产本身的欣赏、体验、审美、学习的过程，获得身临其境的身心体验。所以，遗产旅游应避免过度商业化，从文化事业管理的角度为游客提供

---

①王绚：《浅谈韩国国立中央博物馆的社会教育课程》，《上海文博论丛》，2012年第2期。

②张国超：《我国文化遗产社会教育模式构建研究》，《贵州师范大学学报》（社会科学版），2012年第6期。

③张国超：《我国文化遗产社会教育模式构建研究》，《贵州师范大学学报》（社会科学版），2012年第6期。

"自助式"旅游,让游客在边走边看边思考中细细体味文化遗产的魅力,才能达到传统文化教育的目的。

第三,尝试推广公共考古活动,满足公众对传统文化遗产的知识需求。公共考古概念源自西方,在我国考古多被视为考古学家才能做的专业活动,实际上公共考古的形式有很多种,如参观考古、模拟考古、科普性考古和电视考古等。公众可以通过考古现场参观、体验性游戏、书籍阅读、媒体等多种渠道了解文化遗产的相关知识。这种教育方式特别适用于青少年的社会教育,是典型的寓教于乐型的素质教育。

第四,不断探索新的社会教育模式。除了以上社会教育方式,还可以结合地方传统文化遗产的特点尝试独创的教育方式和手段。在非物质文化遗产领域,社会教育活动常常是和文化遗产的传承结合在一起的。将对文化遗产的学习与日常生活有机地融合在一起,是最有效的传统文化保护和发展途径,乡村、少数民族地区尤其如此。如针对青少年开展乡土教育,增进青少年对乡村和传统文化的了解,提高文化自觉;在非物质文化遗产较集中地区举办各种民族文化培训班、民族艺术培训中心等。①

**(三)促进传统文化保护的社区参与,实现现代社会与传统文化的共赢**

传统文化遗产是历史的产物,总是在具体特定的社会环境中形成和发展起来的,具有鲜明的社区性。传统文化遗产的价值首先是为它所根植的社区居民成员所共享,满足他们社会生产生活的某些需求。例如"三大民族史诗"——《格萨尔王》《玛纳斯》《江格尔》首先是各民族历史记忆和文化传承的载体,为民族的繁衍和民族认同服务。从这一角度上说,传统文化遗产的延续和重生很大程度上取决于他们是否能为日常的社区生活所保留、共享。在全球化、城市化的背景下,传统文化必须深刻融入社区发展和社区生活之中。

---

① 申茂平:《非物质文化遗产的教育传承及其实现途径》,《教育文化论坛》,2009 年第 1 期。

20世纪60年代，日本乡村兴起了一场自下而上的草根运动："社区总体营造"。为了应对工业化导致的乡村社区没落，一群挚爱自己生活和工作地的人自发地组织起来，发自内心地希望建立起适合居住、有独特文化、充满吸引力的生活环境，使自己和周围的人生活得更好。运动的发起者希望通过找回丢失的社区传统手工艺、民俗活动等文化生活，激起人们的社区认同感和凝聚力。社区营造运动包括多项运动，其中比较有代表性的是地区自傲运动和生活工艺运动。前者注重社区传统民俗及庆典活动的恢复，通过对非物质文化遗产的指定和申请，鼓励人们自发地将祭祀等民俗延续和传承下来。后者则充分发掘社区的工艺资源，呼吁居民重视自己所拥有的工艺技术及自然资源。通过成立生活工艺馆、举办生活工艺展等使老艺人们在创作中重新找到了自身的价值和生存的空间，也使手工艺人们得到社会应有的尊重。[1]社区营造运动实际上是一场自觉的社区参与运动，人们怀着对传统文化和社区精神的共同愿景，全面挖掘、保护和发掘传统文化遗产，找回精神家园。

当前我国的传统文化遗产保护中社区参与的状况不容乐观，极大地限制了传统文化保护和发展。主要表现在两个方面：第一，社区参与意识比较薄弱。一项关于公众参与文化遗产保护的研究发现，公众对文化遗产保护重要性的认识远不及环境保护，认同比例为17.1%：57.6%。[2]这种状况一方面源于在城市和乡村都存在的传统文化与社会生活疏离化的趋势，另一方面也与文化遗产保护的宣传不足有关。城市和乡村频繁的人口流动造成传统节日、方言、传统生活方式等传统文化在人们心目中的地位不断下降，甚至被视为过时、落后而主动抛弃。传统文化遗产在研究和政府层面受到了一定的重视，但主要关注传统文化的资源性而着眼于旅游文化景区、文化产品等产业化发展，而公益性保护宣传则不太被看重。比如，2006年开始设立的"文化遗产日"在公众中的知晓度就很低，只有三成人知道2010年"文化遗产

---

① 吉田友彦、邓奕：《日本：公众参与社区营造》，《北京规划建设》，2005年第6期。

② 刘修兵：《〈2010中国公众参与文化遗产保护意识及现状调查报告〉显示：公众对文化遗产保护认知度不高》，《中国文化报》，2010年12月24日。

日"活动，这一比例比 2009 年还降低了 2.9%。[①] 第二，社区参与文化遗产的保护、发展存在制度障碍。各地文化遗产的保护和开发基本上都是政府主导，协同文化、旅游企业进行，作为文化遗产的实际享有者——当地居民基本上没有发言权，对于保护机制的决策、操作等方面处于被动的地位，甚至被完全排除出受益者的行列。缺乏合理的参与机制直接影响了社区参与的效果，也打击了居民的参与热情。

因此，提升传统文化保护中的社区参与关键在于完善社区参与的机制，才能提高公众的保护意识。首先，必须立足社区谈文化遗产的保护和发展问题，提高当地居民的话语权，建立互动和利益协调机制（如居民听证会、专家座谈会等），使居民能够参与文化遗产保护和开发的决策、收益分配。这有利于坚持传统文化保护的原真性、整体性、可持续发展等原则。其次，加大基于社区层面的传统文化保护宣传，提高社区参与意识。城市化进程导致城市社区结构的差异化，在传统文化的保护中也有所体现。比如在一些老旧城区、单位化社区、"村改居"社区，社区居民以本地居民为主，并建立了较为稳定的、以亲情或邻里情感为纽带的社会关系，社区本身具有较好的凝聚力，也有属于本社区的许多"微小传统文化"可以共享，这些社区居民的文化保护和传承意识往往比较强，主动保护的能力也较强。但这些社区在城市建设的冲击下，社区关系纽带也非常脆弱，如何实现维护社区关系与传统文化保护的相互促进，还需要在生活实践中慢慢摸索。而在城市新建商品化住宅社区中，社区居民来源、结构上的复杂性和异质性导致他们对社区本身和社区公共事务常常漠不关心，除了社区制度和价值观念等影响因素外，缺乏共同话题和互动媒介也是重要的原因，但实际上很多居民仍有很强的社区交流，建立"熟人"社区关系的愿望。这种背景下传统文化遗产则可以在一定程度上填补这一空白，作为社区互动的媒介，通过如"文化遗产日"社区主题活动、非物质文化遗产知识培训、民俗讲座、"社区传统文化展览"等活动增加社区互

---

①刘修兵：《〈2010 中国公众参与文化遗产保护意识及现状调查报告〉显示：公众对文化遗产保护认知度不高》，《中国文化报》，2010 年 12 月 24 日。

动机会，把提高文化遗产保护意识与社区教育结合起来，在提高保护
意识的同时也促进了社区交流和社区参与。① 最后，在社区的传统文
化保护工作中注意发现和培养社区领袖人才也非常重要。传统文化的
保护和发展既是一项需要普通居民积极参与的活动，也需要更多的专
业人士加入，而那些既拥有一定传统文化知识基础，又能够广泛发动
居民参与的人才是非常难得的。这些人能够将传统文化保护和社区发
展两项事业有机地联系起来，在提高居民的文化保护意识的同时，促
进社区的全面发展，塑造社区精神，提升居民的社区认同感和凝聚力。

　　总的来说，传统文化的保护和发展必须以更为开放的眼光自我审
视，在坚持"保护为主、抢救第一、合理利用、传承发展"的方针的
基础上，一方面严格遵循文化发展的规律，保持文化的原真性、整体
性、活态性等特征，另一方面要通过文化创新将保护和发展紧密地结
合在一起，发掘传统文化的新价值、新生命。传统文化的保护和发展
关系中华文明的长远发展和强国富民等重大问题，必须从战略角度设
计保护和发展规划，各级政府应发挥主导作用，社会多元力量积极参
与，以高度的历史使命感看待传统文化保护事业。

　　在中央政府层面，需要将传统文化的保护纳入国家文化战略规划，
以传统文化为核心建设国家文化软实力，同时，要加强传统文化遗产
的相关立法，完善保护和发展的法律法规体系，推动传统文化保护和
发展的制度化、系统化、科学化。各级地方政府应该更加积极地正视
并落实传统文化的保护和发展问题，实际上过去几十年间传统文化遗
产的保护不力、重发展轻保护等问题的存在都与地方政府不正确的传
统文化保护观念有一定的关系。各级政府首先要树立正确的传统文化
保护观念，在法治的框架内制定和执行保护政策和措施，协调传统文
化保护和发展工作与地方社会经济的发展之间的矛盾，加大对文化遗
产保护的财力、物力、人力投入，鼓励传统文化创新，推动保护和发
展制度和模式的创新。此外，社会公众也需要积极地参与到传统文化

---

① 权霖泓：《社区教育在非物质文化遗产保护中的作用》，《中国校外教育（理论）》，2008 年，
第 S1 期。

的保护和发展中来。一方面，各类非营利组织和公益性文保机构是传统文化遗产保护事业不可或缺的力量，他们具有一定的政府、市场力量所不具备的专业优势和社会资源动员优势；另一方面，社区和公民个人也是传统文化保护和发展的责任者，传统文化从本质上是社区生活、日常生产生活的产物，社区和个人既是文化的创造者也是文化的享用者，传统文化遗产只有在最普通的社会生活中保持生命力才能够获得真正的保护和发展。因此，每一个公民都需要增强传统文化保护意识，在社区生活和日常生活中注入更多的传统文化元素。

综上所论，传统文化遗产的保护和发展是一项必须长期坚持的社会事业，需要在宏观、中观、微观多个层面上采取措施，将传统文化的保护与文明发展、国家富强、民族繁衍以及人民幸福等终极目标的实现结合起来，有赖于国家、社会、个人多元力量的共同努力。

# 第五章

## 结语：城市化进程中的文化自觉

　　传统文化是城市文化的核心与灵魂。欧洲的许多国家，都把历史古城看作自己国家和民族的骄傲；把恢复历史建筑与保护古城看作重建民族精神的重要手段，以此增强人民的自尊自信，提高民族的凝聚力。[①] 新加坡作为城市国家，也将塑造城市价值观作为共同身份构建的重要手段，由此创造了经济和社会发展奇迹。[②] 在我国，传统文化是许多城市的特色资源，也是城市个性的体现。由于历史发展及地理环境影响，我国传统文化在物质遗产和非物质遗产形式上表现出很大差异，极大地彰显了不同城市的风韵及特质。然而，我国在前阶段的城市化过程中并未认识到这一资源，反而大加破坏。如果这种行为继续延续，终有一天，我们的后代将迷失在崭新的城市里，忘却了自己的身份与源点，丧失了自己的文化归属。因此在城市化进程中，我们不仅要注重城市物质性、功能性的一面，也要发掘城市特色文化，从精神上塑造整个城市形象。特别是把保护传统文化这个城市记忆的载体，构成城市当下发展的根基和创新实践来源。

---

①阮仪三：《城市，有多少记忆可以重来》，《上海商业》，2008 年第 10 期，第 69—71 页。

②[加]贝淡宁、[以]艾维纳：《城市的精神——全球化时代，城市何以安顿我们》，吴万伟译，重庆：重庆出版社，2012 年，第 8—85 页。

# 第一节　保护传统文化是城市化进程中的文化自觉

在城市建设中，保护传统文化，注重文化交流与文化共荣，是城市化进程中的文化自觉。当前，我国城市化及城市文化发展正在从文化自卑和文化模仿走向文化自觉。

## 一、文化自卑与文化模仿：城市化进程中传统文化屡遭破坏的心理根源

研究中国改革开放之前城市化发展的学者认为我国采取的是"反城市文明"和"非城市化"策略，城市被简单地视为工业发展的有效载体，农村则是资源的主要供应地，因此施行严格的户籍制度，限制大城市发展。[①] 改革开放后，随着计划经济向市场经济转变，城市化也由毛泽东时代强调"先生产，后生活"以及关注重工业的单一性城市发展向当前注重城市多元化、生活性、注重市政建设转变，[②] 我国的城市化获得了迅速发展。2011 年发布的中国社会蓝皮书显示，我国城镇人口占总人口的比重首次超过 50%，标志着我国的城市化率突破50%。虽然我国城市化获得重大成就，但是也面临着许多问题，尤其是文化发展的现状及其引发的结果，令人担忧。张鸿雁指出，我国的城市化是政府主导型的城市化，高速城市化采用的"类企业模式"不仅忽略了城市终极价值，即民众福祉的最大化，而且忽视了文化在城市化建构中的作用。[③]

除了体制原因之外，城市化进程中文化系统发展的短板，人文精神的缺失，破坏了城市内在精神的形成和市民气质的培养，这一现状可以追溯到中国近现代文化发展历程及其相应的国民心态转变。近代以来，中国历经天朝上国的文化自傲到半殖民地时的文化

---

[①] 薛凤边：《中国城市及其文明的演变》，北京：世界图书公司，2010 年，第 269 页。
[②] 薛凤边：《中国城市及其文明的演变》，北京：世界图书公司，2010 年，第 304 页。
[③] 张鸿雁：《中国城市化进程中的社会"解构"与"结构"》，《社会科学》，2012 年第 10 期。

自卑的巨大落差，再到中华人民共和国成立后的文化焦虑和文化虚无，国人文化心态也经历了高度自信到极度自卑的转变，对传统文化渐渐丧失信心。

改革开放以来，我国文化发展多元化与真空化并行。改革开放使我国经济得到发展，但也面临着人们需求层次提高和整体社会文化虚无的矛盾。现代人在理性化、物质化、高效化的激烈竞争中将自身的精神家园失落，出现"文化荒漠""虚无主义""整体的无根性"等，整个社会都陷落在文化的迷茫里，努力探寻着整体社会的文化方向。在文化陷落的同时，经济获得了前所未有的话语权和符号权，成为日常生活的主旋律，建构着人们的生活方式和思维方式。社会从20世纪80年代对文学的热情以及将文学作为个人自我确证的崇高方式转变为整体对文学的冷漠，公众精神素养的持续恶化，[①] 社会进入"日常生活的时代"，"过平常日子成了宏大叙事瓦解后人们的精神归宿"。[②]后现代主义在解构一切权威、总体的同时，也"回避了对终极价值、终极关怀的探寻和追问"，将人们留在了"现代主义文本中的孤独、痛苦、人性以及对情爱的诉说欲望中"。[③]

近现代对传统文化的批判、否定及抗争所形成的文化心态对现代城市化进程有巨大影响。文化自卑导致城市建设过程中对传统文化的大量破坏及模仿行为。在城市化进程中，对一切传统遗留不加分别地绝对抛弃，对一切新事物不加排斥地一律接受。这种现象特别普遍，构成了中国城市化的一道风景线。

法国学者塔尔德在其经典著作《模仿律》中，提出"逻辑模仿率"，即范本成为模仿对象的逻辑规律，认为"与先进技术越接近的发明越容易成为模仿对象"以及"从内心到外表"扩散的模仿率，即"任何模仿行为都是先有思想上的模仿，后有物质上的模仿"这种规律在某

---

①王晓明：《旷野上的废墟》，《上海文学》，1993年第3期，第63—71页。

②童世骏：《当代中国人精神生活研究》，北京：经济科学出版社，2009年，第342页。

③孟繁华：《众神狂欢——世纪之交的中国文化现象》，北京：中国人民大学出版社，2009年，第70页。

种意义上可以分析我国城市化现状。① 西方进化论思想中"适者生存"理论，以及中国社会"西化"思潮的大行其道，使国人认为西方社会一切均是先进的、科学的，是值得学习模仿的；而全球化浪潮作为"基本上是'欧化'或'美国化'"行为，② 使西方或者美国文化借助新媒体、互联网等迅速占据了文化高地，在全球范围内塑造着人们的思维形态。欧式或美式风格的设计在城市建筑、服饰、时尚、美食、影视、音乐等各领域畅通无阻，大有横扫一切之势，这种影响，不仅改变了城市面貌，也冲击着原有静态乡村的生活方式；模仿者若无法找到国外目标，就转向国内比自身地位高的其他对象，塔尔德将此称为"自上而下"辐射的模仿。由此，北大清华校门移植全国各地、千篇一律的块状楼群，相似的仿古旅游街区，一时间模仿之风蔚为壮观。观察这些模仿行为，不难看出其目的一是炫耀，二是生存，因此可称之为炫耀性模仿与生存性模仿。炫耀性模仿是指通过"对上模仿"，以上层风格作为载体，从而达到提升自身地位，满足炫耀心理需要；生存性模仿则是通过模仿其他先进、科学的事物，使社会认可其存在，论证其合法性。模仿的本质一方面是对自己文化的无知与缺乏自尊，一方面是创造力的匮乏，其结果都是城市的趋同。③ 也就是说，这两种模仿造成中国众多城市毫无个性可言。

## 二、文化自觉和文化自信：城市化进程中传统文化保护的关键所在

现代城市作为多元文化交融的地方，如何看待各种文化在其中的地位和功能决定了城市发展的心态和取向。传统文化作为一个民族的精神血脉，关涉到城市建设的风格和气质。什么样的城市文化定位能

---

① [法]加布里埃尔·塔尔德：《模仿率》（中译者前言），何道宽译，北京：中国人民大学出版社，2008年，第7页。

②孙若怡：《大小与短长：全球化下文化主体性建立之刍议》，载唐仕春：《近代中国社会与文化流变》，北京：社科文献出版社，2010年，第30页。

③冯骥才：《中国城市的再造——关于当前的"新造城运动"》，《广西城镇建设》，2013 第 4 期，第 28—31 页。

最大限度发挥城市的文化功能？纯粹的"拿来主义"能否满足市民的文化需要？传统文化能否适应现在城市建设和市民精神需要？对这些问题的思考需要我们不断提高文化自觉的能力，注重对传统文化的再发现和再定位，使之与我国的城市化进程相呼应。

费孝通先生认为："所谓文化自觉，是指生活在一定文化中的人对其文化有'自知之明'，明白它的来历、形成过程、所具有的特色和它发展的趋向，不带任何'文化回归'的意思，不是要'复归'，同时也不是主张'全盘西化''全盘他化'。自知之明是为了加强文化转型的自主地位，取得适应新环境、新时代文化选择的自主地位，从而达到'各美其美，美人之美，美美与共，天下大同'的境界。"[①] 从费孝通先生的论述中，我们可以看出，文化自觉强调生存在某文化内的群体对自身所处文化的充分认知，以此达到与其他文化的和谐共荣。这一视角应用到我国，文化自觉就是强调不仅要对自身的文化有深切了解，还要欣赏他人的文化，并在此基础上展开对话，取长补短，最终实现美好社会。其中，对传统文化的再认识，就是对中国历史上的"以汉族文化为主体，同时又包含着众多少数民族的文化"的再认识，对"以历史上的儒家思想文化为主脉和基线，同时又涵盖了儒家以外其他不同的思想的文化"的再思考。[②]

首先，我们应根据时代要求，既认清传统文化本身的局限性，也应看到其中可以继续传承和创新的部分，从而为我们当下的精神归属提供根基。张岱年认为，中国传统文化不是单纯的整体，而是矛盾的统一体，既有消极的一面，如专制主义、小农经济的懒散作风等，也有积极的一面，如倡导人与自然的和谐等；其中，最需要补课的是民主和科学。[③] 梁漱溟将世界文化主要分为西方文化、中国文化和印度文化，认为三种文化分别代表了三种人生态度：西方人注重外部物质世界，力图改变环境，满足生活的物质需要；中国人不尚争斗，力谋

---

①费孝通：《费孝通论文化和文化自觉》，北京：群言出版社，2005 年，第 2 页。

②曾长秋：《近 11 年中国传统文化现代化研究综述》，《船山学刊》，2008 年第 1 期，第 67—71 页。

③费孝通：《传统文化与现代化》（专题座谈），《群言》，1986 年 8 月，第 3 页。

人与人之间的友爱共处，遂生乐业；印度人则纠缠在物质生活和精神生活之间永远也协调不了。① 以此可以看到学者们对传统文化的矛盾性有着清醒的认识。中西方文化差别以及在此基础上的中西方文化论争导致的民族认同和文化认同是我国思想的主流，归根结底"就是在西方文化的冲击下，现代中国人能否继续保持原有的文化认同？还是必须向西方文化认同？"② 方李莉的研究认为，较高层次的传统艺术文化在城市化进程中的重要作用，如景德镇的快速发展等，我国各地区文化资源的丰富性和多元性对其经济发展和城市化进程将起到重要作用。③ 文化自觉作为一种观念倡导，体现了传统文化要素在当前社会发展中的作用。

其次，我们也要看到西方文化的传入是具有历史重要价值的，当代对文化自觉的呼唤是对先前中西文化论争的回应。早在民主主义革命时期，五四运动就起到了文化启蒙或文化复兴的作用，但是，对五四运动意义的讨论还有待商榷。雷韬晦认为，"五四"的"启蒙"只不过是"借用西方 18 世纪启蒙运动的影响力，以打倒现行体制，方便武装革命，最终目的是夺取政权，为政治服务"，而非倡导"人的解放""理性交流""真理之光"。④ 李长之在《五四运动之文化的意义及其评价》一文中，认为"五四所象征的时代精神……有人说是文艺复兴，我看并不是，这个时代还不够文艺复兴。假若要用一个名称确切的说明五四精神的话，我觉得应该用启蒙运动"。⑤ 但是，顾毓琇在参考西洋文艺复兴定义，即"文艺复兴是古代文化的再生，尤其是古代思想方式、人生方式、艺术方式的再生……或者有人说西洋文艺复兴的真意义，乃在新世界与新人类的觉醒"的基础上，⑥ 认为五四运动归

---

①费孝通：《孔林片思》，载费孝通《从实求知录》，北京：北京大学出版社，1998 年，第 6 页。

②费孝通：《关于"文化自觉"的一些自白》，载费孝通《费孝通九十新语》，重庆：重庆出版社，2005，第 207 页。

③费孝通：《更高层次的文化走向》，《民族艺术》，1999 年第 4 期，第 8—16 页。

④雷韬晦：《从反传统到回归传统》，北京：中国人民大学出版社，2010 年，第 18 页。

⑤顾毓琇：《中国的文艺复兴》，北京：科学出版社，2011 年，第 1—6 页。

⑥顾毓琇：《中国的文艺复兴》，北京：科学出版社，2011 年，第 1—6 页。

属文艺复兴，"中国的文艺复兴，是目前迫切的一个运动"，它是"产生在政治革命（辛亥革命、国民革命和抗日战争）以后，却发端在社会改造运动（平教运动、乡建运动等）以前"的。① 虽然各家意见不同，但却能够看出，五四运动所代表的文化论争给当时的社会带来了新的因素，新的气象，是较之于传统文化完全不同的新的文化源流。

最后，我们要清醒地认识到传统文化与西方文化对不同社会层面的影响，这种影响分层是与我国发展的特征相吻合的。部分西方文化作为"舶来品"，是纯粹"拿来主义"成果，即使是在文化先锋们都未完全理解其真正内涵，就直接"嫁接"在中国已有文化基础上，这必然导致文化的"消化不良"。梁启超曾谈到"盖现代社会，本由多世遗传共业所构成。此种工业之集积完成，半缘制度，半缘思想，而思想又为制度之源泉……近二十年来，我国人汲汲于移植欧洲政治制度，制度不效，又顾而之他……然而名实相谬，治丝益棼。盖制度不植基于国民意识之上"，从而导致"欲革去一旧思想，必须有一新思想焉足，餍人心者以代之。否则全社会陷于怀疑与虚无，结果仍让彼由传统的情礼之旧思想占优势耳"。② 外来文化虽被引入，但由于其与国民意识不相衔接，本土化效果有限，传统文化在一定层面仍保持影响力。邓曦泽认为，我国目前处于"中、马、西三种思想或力量相互交错"的格局，"比较而言，历史文化在显性层面（如宣传界、理论界）的力量是最弱的……在隐形层面（如日常生活、底层思想）上，历史文化的力量十分强大"。③ 这是由于我国文化的现代转型具有"激变性和复杂性"，以及"任务的交叉与多重上"。中国与西方现代化存在的"时间差"，导致中国现代转型所面临的"'中西古今'的层累式积淀，呈现'多重'性状"。④ 费孝通将中国近现代发展总结为"三大阶段和两大变化"，并比作"三级两跳"，即近百年来，我国先后经历了"三

① 顾毓琇：《中国的文艺复兴》，北京：科学出版社，2011年，第1—6页。
② 梁启超：《先秦政治思想史》，载顾毓琇：《中国的文艺复兴》，北京：科学出版社，2011年，第22页。
③ 邓曦泽：《文化复兴论——公共儒学的进路》，北京：人民出版社，2009年，第348页。
④ 冯天瑜：《文化守望》，武汉：武汉大学出版社，2006年，第70—71页。

种社会形态，就是农业社会、工业社会和信息社会。这里面包含两大跳跃，就是从农业社会跳跃到工业社会，再从工业社会跳跃到信息社会"。[①] 社会变动如此之剧烈，显性和隐形层面的历史文化冲撞可见一斑。

因此，从文化自觉视角，我们可以看到当代文化发展局面的复杂性和艰巨性，这也构成了城市化进程中文化系统建设的基础。文化自觉中对传统文化的强调，可被视为是中国近百年文化转型和文化探寻的当下阶段，是承接五四运动以来文化启蒙尝试的又一努力，是文化人对传统文化的守望与追寻，对城市化建设具有深刻意义。在城市传统文化保护的问题上，冯骥才呼吁全民的文化自觉。他认为由专家的文化自觉转化为国家的文化自觉是不够的，还必须由国家的文化自觉转化为全民的文化自觉，这样社会的文明才能进步。因为我们是"文化的大国"，是"地球上最大的东方的书香门第"，是"文化的珠穆朗玛峰"，我们"必须要传承自己的文化"。[②]

文化自觉是建立在文化自信的基础之上的。改革开放以来的经济发展带来了文化上的相对自信与自觉，文化作为资源的经济意义广泛参与了城市化进程。在经济思维占据主导地位，我国由"政治中国"过渡到"经济中国"的时候，物质资料的丰盛大大恢复了人们对自身所属文化的自信心和自豪感。这种自信来源于中国历史上的国力强盛和文化繁荣。五千年长久不衰的文明进程，使中国人相信，在任何不同的历史时期，中华民族都能以其开放性和创造性保持民族的强盛。所以，胡适有言："当吾国文明全盛之时，泱泱国风，为东南诸国所表则。稽之远古，则有重译之来朝。洎乎唐朝，百济、新罗、日本、交趾，挣遣子弟来学于太学。中华经籍，都为异国之典谟。纸贵鸡林，以觇诗人之声价。猗欤胜哉！大国之风也。"[③]今天，随着改革开放取

---

①费孝通：《经济全球化和中国"三级两跳"中的文化思考》，《中国文化研究》，2001年第1期，第3页。

②冯骥才：《呼唤全民的文化自觉》，《齐鲁艺苑》，2011年第3期，第4—6页。

③迟云：《自觉自信自强——涵养当代中国文化建设的内驱力》，济南：济南出版社，2013年，第56页。

得巨大成功，人们有理由相信，这种大国之风在物质富足的情况下，有回归迹象。

经济的崛起以及多样化国家形象宣传确实带动了我国国际地位的提高，更多的本土文化通过在国际舞台上展示而走向世界，也赢得了他国人民的欣赏和肯定。在《北大调查》的一项问答中，美国受访者在选择喜欢中国的八个（社会稳定、环境优美、灿烂文化、政治民主、经济发达、和平外交、公民素质高、其他）原因选项中，作为首选的"灿烂文化"要比排名第二的"公民素质高"高出 12.7%，达到 55.6%；这一选择在德国受访者中更为突出，达到 69.2%，比第二选项"环境优美"的 34.8%高出 34.4%。[①] 此外，传统文化对人与内心、人与自然、人与他人关系的有效调和得到人们的重视，使得传统文化不论是其内在心理修为，还是外在表现形式，都得到了国人的青睐，从国学、书法、歌舞、武术到地方性的特色建筑、民俗、戏曲等都大放异彩，人们以更开放、积极、乐观的态度学习传统文化。不仅是民间，政府等也借助文化资源的经济意义对地方传统特色进行发掘、保护、利用，并依靠文化资源加快了城市建设和发展。

随着我国社会及城市化发展的逐渐成熟，人们对传统文化有了更为清晰的定位。如何有效而合理地对传统文化进行保护与创新，使其适应当下社会，成为不仅是城市规划者和管理者，也是普通大众的一个重要问题。

## 三、人文知识分子：城市化进程中文化自觉的先行者

城市化需要文化自觉，需要对多元文化的冷静、客观反思，如何达到"共存"和"共荣"，如何在城市建设及规划中达到和谐，使其自然地融合在城市的文化精神中，共同构成一个城市关于过去与未来的记忆与憧憬？在这一过程中，谁应该担此重任？文化自觉需要全民的

---

[①]关世杰：《美、德、俄、印民众眼中的中国国家形象问卷调查分析（上）》，《对外传播》，2012 年 12 月，第 41 页。

共同努力，其中人文知识分子扮演着先行者的角色。

所谓人文知识分子，是个较为广义的概念，即受到中西文化，尤其是传统文化熏陶，有较高人文素养或人文精神，具有文化自觉意识，对传统文化具有敏感性和反思性，了解认同传统文化且知道所属文化价值的群体；不仅包括学术知识分子，还包括政治系统中的文化型官员、媒体影视行业中积极推动传统文化产业发展的创意人员以及民间各种具有传统文化保护意识和行为的代表人物等。这部分人有着深厚的人文素养和人文情怀，对当下城市规划和建设的整体趋向有着更为适宜的把握，因此未来的城市建设要将该部分人纳入决策层，使其真正发挥作用，肩负起对传统文化的保护和传承，让传统文化在融合新时代因素后焕发出新的光彩。

人文知识分子发挥作用是当代文化自觉的题中之意。费孝通先生认为，文化自觉的达成，需要"新的孔子"，一个具有更大胸怀和手笔的新时代的孔子。这个孔子必须熟知自身和他人的文化，他由一群有文化自觉意识的人文知识分子构成。这部分人承担着文化自觉先行者的角色。近百年来，中国始终在中西文化、传统和现代性的迷雾中踯躅前行，无论是中体西用、全盘西化还是批判继承、综合创新，[①] 学者们始终在探索着一条适合中国国情的文化发展道路。人文知识分子把文化自觉看作是一种反思性活动，深入分析传统文化在当下的实践应用，以引导整个社会对传统文化进行再认识，在传统和现代之间寻找平衡点，这就决定了他们能够为文化建设和城市建设提供指导。

从国内外各种情况来看，城市文化的形成与发展，都与人文知识分子有着莫大的关系。"田子坊"作为早期上海"海派文化"的代表，既是早期创意和艺术的历史风貌地，如黄宾虹、李叔同、徐悲鸿等大师曾在此建立华新艺专，又保留了多元的建筑风格，还肩负着混合的城市功能。其典型的"里弄"风格民居以及历史风貌在 2004 年的拆迁公告后掀起了一场自下而上的保护运动，这场运动使"田子坊"获得

---

① 李承贵：《文化继承的基本范式》，《南昌大学学报》（人文社会科学版），2002 年第 4 期，第 66—71 页。

了新生，而这场保护运动也"创造出地方精英与草根市民合作的发展模式"。① 其中，作为田子坊的开拓者陈逸飞和尔冬强，在发现田子坊艺术价值，倡导文化保护中起到了重要作用。放眼世界，一个城市，之所以令人流连忘返、让人印象深刻，不在于它支离破碎的模仿和翻新中；而在于它不经意间氤氲流露出来的历史文化、审美艺术气氛，在于它"像人一样，有着独特的个性"，就如提到耶路撒冷，就会想到宗教之城，提到巴黎，就会想到浪漫之都，提到牛津，就会想到学术之城。② 而在我国前期的城市化进程中，"660 个风情各异的城市形象基本上都消失了"。③ 这种状况，近年来虽有所改善，但仍不容乐观。由此看到，城市化建设中不仅仅需要理性效率经济的视角，人文历史及艺术审美也是至关重要的方面，这也是我们在未来城市化中应该采取的行动，更多具有人文历史、传统文化、创意美术等方面素养的群体应被纳入城市化规划及建设队伍。

在当下的城市建设中，人文知识分子必须肩负起责任。20 世纪 80 年代中期以来的"新城改造运动"出现了很多问题，城市建设呈现出"无个性""模仿""功能主义规划""粗鄙"的特征，④ 变为了商业建筑的大超市，⑤ 缺乏人文关怀，缺乏城市道德和城市精神。⑥ 造成这一局面的原因，恰恰是城市的规划建设者主要是官员、开发商和技术知识分子，而较少人文知识分子参与；即使参与，也多表现为"噪音"，被屏蔽于城市建设规划之外。⑦ 城市文化代表着一个城市的形象，它

---

① 姚子刚：《"海派文化"的复兴与历史街区的再生——以上海田子坊为例》，《住区》，2012 年第 1 期，第 139—144 页。

② [加]贝淡宁、[以]艾维纳：《城市的精神》，吴万伟译，重庆：重庆出版社，2012 年，第 3 页。

③ 冯骥才：《我们的城市形象陷入困惑》，《建筑与文化》，2008 年第 2 期，第 90—93 页。

④ 冯骥才：《中国城市的再造——关于当前的"新造城运动"》，《广西城镇建设》，2013 第 4 期，28—31 页。

⑤ 冯骥才：《我们的城市形象陷入困惑》，《建筑与文化》，2008 年第 2 期，第 90—93 页。

⑥ 李静：《打造有道德的城市——从女性知识分子的视角看城市规划》，《中华建筑报》，2009 年 6 月 30 日，第 9 版。

⑦ 冯骥才：《要请人文知识分子参与城市构建》，《建筑与文化》，2005 年第 10 期，第 84—85 页。

是一种历史积累，是一代代人不断地创造和叠加，[①] 是不可一蹴而就的；一旦毁坏，后代人的城市记忆就会出现断裂，无法复原。因此，人文知识分子必须在城市化进程中担当起重任，成为城市规划的先行者，延续城市文化脉络，凸显城市文化精神，塑造城市文化形象。冯骥才指出，"人文知识分子应参与到城市的构建中"，"一个文明古国和文化大国的城市构建不能没有人文知识分子"，而且"应该把他们请到决策的位置上，不是只请他们'发表意见'，而是使他们能够在城市和谐、整体的发展中真正地起到作用"。[②] 在夏铸九看来，城市建设人员的最佳组合为"通读了历史的好的历史学家"加"好的社会科学家"，配合上一点点的工程技术即可。[③] 技术提供的是城市的物质基础，满足的是城市的功能需要，而城市还有精神的一面，即它的个性、历史、传统、习俗等特有的美感。[④] 人文知识分子参与城市化进程，可以将"人文视野与思考"带入其中，从实体的建筑、街区到形上的意识、气质等方面塑造整体的城市精神。

## 第二节　保护传统文化有利于形成都会文化与城市品牌

当前我国的城市建设缺乏特色，都会文化和城市品牌的塑造十分紧迫。我国传统文化历史悠久，有着鲜明的民族特色和地域特色，从而形成了中国传统社会"以乡土文化为主，以都会文化为辅"的特点。梁漱溟、钱穆等学者认为，中西文明的一个重要差别是中国是乡村文明，而西方是城市文明。中国的哲学观念，如天人合一，民胞物与，和谐，重视人际关系，忽视科技等，导致城市在中国历史上的地位不如西方那样重要，[⑤] 且以都会为载体的城市文化也一直发展不充分。

---

①冯骥才：《我们的城市形象陷入困惑》，《建筑与文化》，2008年第2期，第90—93页。
②冯骥才：《要请人文知识分子参与城市构建》，《建筑与文化》，2005年第10期，第84—85页。
③夏铸九：《忽视城市形象建设》，《美术研究》，2006年第2期，第29页。
④冯骥才：《要请人文知识分子参与城市构建》，《建筑与文化》，2005年第10期，第84—85页。
⑤杜丽红：《20世纪30年代的北平城市管理》，中国社会科学院研究生院博士学位论文，2002年。

我国在大力推进城市化的同时，片面强调城市的快速开发和建设，城市文化难以得到足够的成长空间。许多城市规划者在进行城市建设的时候，出现了错误的城市品牌定位，忽略城市的传统风貌、文化古迹和风土人情，对原有的文化遗产造成了前所未有的冲击，城市文化危机由此浮现，出现"千城一面"及城市活力的丧失，甚至出现了"孤城"和"死城"。此外，与外国城市建设相比，我国城市建设缺少城市自身的特色，在城市化过程中简单移植和模仿西方的城市文明，而不结合自身特点，忽视了传统文化的资本价值。殊不知，我国传统文化包含了丰富的内涵，是中华民族集体智慧的结晶，蕴藏了巨大的生命力和创造力，既是历史发展的内在动力，也是文化进步的智慧源泉。传统文化不仅对我国古代社会的发展进步做出了巨大贡献，而且为当今人们探索解决许多城市问题，提供一种新的思维方式，这对于形成具有核心价值的城市文化和进行正确的城市品牌定位不可或缺。

# 一、传统文化对都会文化的形成具有重要作用

文化是一个城市的灵魂，没有文化的城市是没有灵魂的城市。都会文化具有鲜明的地域特色，世界上的城市千差万别，最根本的差别就在于都会文化，而都会文化最重要的根基则为传统文化。在我国城市化进程中，都会的传统文化保护在都会文化的形成中起着十分重要的作用。

## （一）都会文化是地理环境、文化资源与城市发展的共同产物

所谓都会文化，是指一种以都会为载体的文化形态，城市是文化实体，城市就是文化的体现。[①] 都会文化是在城市形成和发展中，根据自身的地理、气候等自然环境因素所形成的一种文化特质，反映了该都会的社会、经济、政治以及人们的生活方式、人际关系、宗教信仰等特点。具体来说，都会文化，一方面是存在于城市市民思想、观念、心理中的精神产物，表现于市民的日常行为习惯之中；另一方面

---

① 孙勤：《传统文化的平衡发展观与现代城市建设》，《群言》，2009 年 12 月 7 日。

外化于城市的建筑、街道、桥梁、雕塑、文学艺术等，并得以记录、保存与传承，是都会的真实而生动的写照。[①]

都会文化是对该都会传统文化的继承。世界上有不少历史名城，如有"永恒之城"美誉的意大利首都罗马，有"众神之城"称号的希腊首都雅典，"金字塔之城"开罗、"两教圣城"伊斯坦布尔等，是世界珍贵文化的一部分。当然，我国也有闻名世界的大都会，如洛阳、西安、北京、南京等。"神州大地是中华民族世世代代衍生栖息的地方，5000多年来，尽管自然灾害、战乱频仍，但经过世代经营，我们的祖先建设了无数的城市、村镇和建筑，也留下了中国非凡的环境理念。这是中国传统文化的重要组成部分"。[②] 中国上下五千年的历史、文化以及经历的风雨沧桑，铸就了中国的历史文化名城。这些闻名于世的历史文化大都会，大多是根据事先规划建造的。据相关资料记载，我国古代的城市，从春秋战国开始直到清朝时期，凡是具有一定规模的都会，都是经过一系列严密的规划，不仅根据当地的地理气候等环境因素创建的富有特色的环境意境，而且紧密结合儒家传统思想，与其一脉相承，同时顺应了当时的人文精神特征。但较之西方城市化随工业化大规模迅速发展不同，我国工业化发展晚，都会建设较为迟缓，都会文化和城市品牌尚未形成与建立。

但是，随着西方文明的传入和我国城市化的推进，当下的城市内涵发生了改变。近代城市兴起于西方国家，布罗代尔认为近代资本主义民族国家的形成将自治城市并入国家，"国家战胜了城市，但是继承了各项体制和面貌，它完全不能脱离城市而生存"。[③]当下我们所讲的具有现代性的城市，更多地是指来自于西方文明的城市，而不是传统社会塑造的城市。另外，城市化的发展要求有更多人进入城市，享受城市文明，而古代大多数人生活在乡村，所以当时的都会只是为极少

---

[①] 李书生、王莹、汝艳红：《城市文化精神和城市品牌特色在现代发展中的重构——以济南为个案》，《济南职业学院学报》，2009年12月。

[②] 吴良镛：《人居环境科学导论》，北京：中国建筑工业出版社，2001年，第26页。

[③] [法]费尔南·布罗代尔：《15至18世纪的物质文明、经济和资本主义》（第一卷），顾良、施康强译，北京：三联书店，1992年，第60页。

数人服务的，都会职能有限。随着现代化的发展，传统少数人的都会模式和都会文化已不适应社会发展的需要，当前城市文化趋向于多元化和功能化，以满足更多人的需求。我国关于现代城市文化建设的议题起步于中华人民共和国成立后，所以城市文化起步较晚，加上快速的城市化建设，城市文化缺乏充分发展空间，因此目前我国的都会文化发展仍处于幼年阶段。

**（二）传统文化是都会文化的重要来源**

亨廷顿在他的著作《文明的冲突》中提出，"世界上众多国家随着意识形态时代的终结，将被迫或主动地转向自己的历史和传统，寻求自己的'文化特色'（或者叫'文化认同'），试图在文化上重新定位"。[1]在城市大规模崛起的今天，都会文化开始成为城市经济发展的原动力，而且未来的城市间的竞争也将逐步以文化为主，所以都会文化成为城市竞争力的主要筹码之一。拥有别具一格的都会文化，在宣传城市形象、带动城市旅游业发展、进行历史文化传统教育以及维系固有的乡土情结、建设生态文明宜居城市等方面具有综合性的价值。城市的文化资源、文化氛围和文化发展水平，在一定程度上体现出城市的竞争力，决定着城市的未来。[2]城市的传统文化是形成别具一格都会文化的重要因素，给都会文化带来特色和独有的个性。一些城市在发展过程中，不但没有认识到传统文化的重要作用，反而排斥传统文化及其思想精髓，没有形成具有鲜明特点的都会文化，使得城市在发展竞争中失去优势。因此，传统文化是形成都会文化的重要资源，也是城市快速发展的重要因素，能够使得该城市在激烈的城市竞争中立于不败之地。

由于都会的传统文化一般是结合本地区所拥有的地理气候等环境因素和当地的人文精神经过长时间的积淀所形成的，所以每个城市的文化不可能完全一样。都会文化是城市个性的体现，彰显了城市的特色。我国由于地域等原因，形成了各种各样的风土民情和地域特色，

---

①赵夏：《城市文化遗产保护与城市文化建设》，《城市问题》，2008年第4期。
②单霁翔：《城市文化建设与文化遗产保护》，《中国人大》，2012年5月10日。

每个城市在发展规划时要充分利用特色的传统文化资源，而不是相互模仿、复制。为了避免城市面貌的趋同和"千城一面"现象的出现，城市管理者和开发者应该发掘城市特色的传统文化资源。城市特色能够突显一个城市的形象，美好的城市形象，不仅能够将自己的文化风貌展现给世人，还能够带动社会经济等各方面的发展。城市形象体现在该城市物质水平、文化品质和市民素质当中，深厚的城市文化积淀不仅是城市特色的体现，而且还能够创造良好的城市形象。

### （三）传统文化是城市记忆和城市精神的营造者

城市记忆是在一点一滴积累中形成的，都会的传统文化是对城市记忆的最好保存。"城市通过集中物质的和文化的力量，加速了人类交往的速度，并将它的产品变成可以储存和复制的形式。通过它的纪念性建筑、文字记载、有序的风俗和交往联系，城市扩大了所有人类活动的范围，并使这些活动承上启下，继往开来。城市通过它的许多储存设施（建筑物、保管库、档案、纪念性建筑、石碑、书籍），能够把它复杂的文化一代一代地往下传，因为它不但集中了传递和扩大这一遗产所需的物质手段，而且也集中了人的智慧和力量。这一点一直是城市给我们的最大力量。"① 传统文化能够营造人们共同的城市记忆和文化认同心理。城市记忆就是城市传统文化的保存和延续，但是在目前一些旧城改造的过程中，人们不但意识不到已有文化的重要性，反而用轰隆隆的推土机将其归入垃圾行列，北京的四合院不见了，上海的石库门消失了，成都的明城墙倒塌了……② 改造后的城市让人们感觉越来越陌生，再也不是人们记忆中的那个城市了。

都会文化的重要内核是城市精神，都会传统文化的积淀和提升有利于突显城市精神。城市精神是市民文明素养和道德理想的综合反映，是城市意志品格与文化特色的精确提炼，是市民生活信念与人生境界的高度升华，是城市市民认同的精神价值与共同追求，它是城市的精

---

① [美]刘易斯·芒福德：《城市发展史——起源、演变和前景》，宋俊岭等译，北京：中国建筑工业出版社，2005年，第580页。

② 张海燕：《城市记忆与文化认同》，《城市文化评论》，2012年11月20日。

神地标，是城市之魂。[①] 通过对城市传统文化的体悟，能够让人们认识到所在城市的精神是什么，从而接受这种精神，发扬这种精神，具有文化自觉。只有真正意识到城市文化的核心——传统文化，才能在城市建设的大潮中进行正确的城市定位，而不是盲目攀比。

### （四）保护传统文化有利于形成都会文化

都会文化的形成，一方面要吸收西方城市优秀的文明成果，另一方面要形成自己的独特优势，这就需要保护城市原有的传统文化，因为一个城市的文化个性与品位主要来源于其本身的历史文化传统。传统文化作为形成都会文化的重要来源、城市记忆和城市精神的营造者，以及都会文化特色的突出体现，对城市发展建设有着不可或缺的作用。任何一座城市都是历史的产物，都有着不同于其他城市的历史传统，在每一座城市的背后都隐藏着丰厚的人文历史与典故。[②] 由于我国都会文化具有起步晚、发展不充分的特点，因此，形成都会文化要从城市中挖掘具有个性与特色的传统文化。城市的物质文化遗产和非物质文化遗产作为城市传统文化的组成部分，因自然环境和地理位置而异，每个城市的物质文化遗产各具特色，而且基于这种条件形成的非物质文化遗产也有十分鲜明的地域特色，一些城市在保护传统文化方面取得了很大的成功，形成了别具一格的都会文化，城市建设也因此得到了快速发展。所以，都会文化的形成需要从保护物质文化遗产和非物质文化遗产两方面分别考虑。

历史文物、历史风貌、历史建筑、历史街区等物质文化遗产作为一种"有形遗产"，是城市传统文化的一个十分重要的组成部分。它们反映了其自身产生时社会政治的情况，生产力发展水平的情况，科学技术水平的情况，文化艺术的成就，当时的文艺特点以及人民的生活习惯、宗教信仰、国际关系等，[③] 是城市现在和以后都不会再出现的物质财富，具有艺术欣赏价值和科学研究价值。它们构成和记录城市

---

① 林映梅：《城市精神的文化解读》，《教育文化论坛》，2011 年第 6 期。

② 宁永锁：《文化传统在城市文化建设中的地位和作用》，《内蒙古电大学刊》，2007 年第 9 期。

③ 施国庆、黄兆亚：《城市物质文化遗产的价值探析》，《特区经济》，2009 年 11 月。

发展的历史，蕴藏城市特有的"文化基因"，承载城市荣辱兴衰的历史印记，并向今人传递那些城市记忆中尚未湮灭的信息。通过物质文化遗产，我们可以回溯城市的发展源流，把握城市的发展脉络，了解城市的人文底蕴，对于城市品牌的定位具有重要的启发意义。① 所以，它们也是城市发展的重要资源，是建设人类宜居环境、增强城市凝聚力、促进城市可持续发展的基础。对城市物质文化遗产这一宝贵资源加以保护和合理开发利用，不仅可带动遗产所在城市的社会经济发展，形成巨大的辐射力，而且能够在极大程度上凝聚城市人民，形成对城市的认同感、荣誉感和自豪感。

北京、洛阳、南京、西安等城市在保护城市物质文化遗产方面取得了巨大的成就，形成了以物质文化遗产为代表的城市文化。北京城有着三千年的历史，作为六朝都城，拥有数量较多的宫殿、园林、庙堂等，如天安门、故宫、天坛、十三陵、颐和园等都是北京代表性的物质文化遗产，不仅极大地带动了北京旅游和经济的发展，北京的城市文化也在此基础上具有了独特的地域特色，并以此为依托形成了北京厚德、宽容的城市精神。作为十三朝古都的洛阳，是中华文明和中华民族的主要发源地，拥有着十分丰富的历史文化资源，龙门石窟、白马寺、关林庙、白云山都是国内乃至世界上首屈一指的旅游胜地，洛阳的城市规划者也以注意突显名城特色、实现洛河南北对应发展为目标，增强对历史文化遗产的保护开发，使洛阳形成了以河图洛书、二里头遗址、杜康、周公、白马寺、龙门石窟、牡丹等为代表的十大文化符号，形成了具有鲜明地域特色的城市文化，并有"千年帝都、牡丹花城"的美誉。这些历史文化遗产极大地带动了洛阳的旅游产业的兴盛，成为城市重要的经济增长点。同时，作为中国古都代表南京、西安也都有以其物质文化遗产为依托而形成的城市文化符号，如南京的中山陵、明孝陵等，西安的秦始皇陵兵马俑等。这些城市在城市建设和规划的时候，能够突显物质文化遗产的重要作用，形成了以物质

① 姚旸：《论加强城市文化遗产保护与传承——以天津为例的研究》，《新规划·新视野·新发展——天津市社会科学界第七届学术年会优秀论文集《天津学术文库》（上）》，2010年6月30日。

文化遗产为特征的城市文化，也带动了城市的经济社会的发展。由此可见，城市的物质文化遗产对于形成具有典型性和特色性的城市文化具有十分重要的作用，对于形成都会文化是必要的因素。

非物质文化遗产是一个城市特色、城市精神的重要体现，尤其对于历史文化名城来说是不可或缺的，对于都会文化的形成同样不可或缺。一个公园、房子等古迹的真正价值，其实并不是建筑或物品本身，而恰恰体现在与该古迹相关联的历史事件和历史人物，是非物质性的特色赋予了物质性文化遗产更多的价值和意义。正如芒福德所说的："如果我们仅研究城墙内的那些永久性建筑物，那么我们还根本没有涉及城市的本质问题。"[①] 目前一些城市的建设者已经意识到非物质文化遗产在城市发展和形成都会文化中有重要作用，在城市规划和发展中强调了非物质文化遗产的突出地位。

以天津市的非物质文化遗产保护为例。天津作为闻名全国的文化重镇，历史悠久，文化积淀深厚，地理位置独特，非物质文化遗产资源相当丰富，天津曲艺，包括相声、评书、天津快板、梅花大鼓、京东大鼓，"泥人张"彩塑、杨柳青木版年画等，天津市相关部门也十分重视这些非物质文化遗产的保护、开发和利用。天后宫里供奉着一位富有传奇色彩的宋代民女林默——"妈祖"，旧时每月初一、十五，逢年过节，这里香火旺盛；每逢天妃诞辰（农历三月二十三日），举行"皇会"，表演龙灯、高跷、旱船等民俗艺术，百戏云集，万人空巷。如今这一传统仍在继续，以弘扬妈祖文化为主题的妈祖文化旅游节在天津每两年举行一次，来自各地的人们来参加，这一文化传统提高了天津知名度，弘扬中华民族优秀文化，带动文化旅游事业和天津经济社会发展。此外天津对杨柳青年画和"泥人张"彩塑采取了十分有效的保护措施。这些传统文化中的非物质形式是天津文化的特色，人们一说起妈祖、"泥人张"，就会马上联想到天津。仅仅有高楼大厦的天津或许不能给人们留下什么印象，但是这些简单的名词却让大家印象深刻。

---

① 文化部民族民间文艺发展中心：《中国非物质文化遗产保护研究》，北京：北京师范大学出版社，2007年。

非物质文化遗产，如民俗、名人精神等，有时候更容易引起人们的共鸣与认同，将人们凝聚在一起，从而成为城市文化的核心，保护非物质文化遗产对形成都会文化是十分重要的。

## 二、传统文化对城市品牌的形成具有重要作用

随着城市之间竞争力的增强，一座城市不想被淘汰，就必须像营销产品一样营销这座城市，进行城市品牌定位，打造具有特色的城市品牌，才能在竞争之中处于有利位置，城市品牌日益成为城市最宝贵最有价值的无形资产。一个成功的城市品牌，是城市个性与实力的体现。城市品牌如何定位，需要紧密结合本城市的特色，而城市特色主要体现在城市所拥有的文化资源中。中国是一个文化源远流长的文明大国，在城市品牌的塑造方面应该在不失其独特性的前提下，更加注重城市自身传统的东西。[①] 传统文化在城市文化资源中所占据的重要位置我们已不需多言，城市品牌定位和建设必须要结合传统文化特色，才能创造良好的城市形象，吸引人们的注意力，并且能够不断地创造新价值和新财富。该部分主要通过展现城市品牌的内涵和特点，以及它在城市化进程中的重要作用，并结合传统文化的地域性和多样性的特点举例说明保护传统文化有利于形成城市品牌。

### （一）城市品牌意识亟待加强

城市品牌是近年来逐渐得到重视的一个问题，有关这个方面的意识还有待进一步加强。"像产品和人一样，地理位置或某一空间区域也可以成为品牌，城市品牌化的力量就是让人们了解和知道某一区域并将某种形象和联想与这个城市的存在自然联系在一起，让它的精神融入城市的每一座建筑之中，让竞争与生命和这个城市共存。"[②] 城市品牌重要的是突出该城市的个性和特色，正如产品的品牌一样，每个

---

① 张潍：《论杭州老字号在城市品牌塑造中的作用与影响》，浙江工商大学硕士学位论文，2010年。

② [美]菲利普·科特勒：《战略品牌管理》，李乃和等译：北京：中国人民大学出版社，2003，第19—20页。

品牌都有属于自己的特点，城市管理者在进行城市品牌定位的时候也应该结合本城市政治、经济、文化以及历史底蕴、自然环境等的特性，人们由此也把城市品牌划分为几种类型，政治型城市品牌、历史型城市品牌、经济型城市品牌、自然地理型城市品牌、文化型城市品牌等。所以，城市品牌是指体现一个城市丰富的经济文化内涵和精神世界，与其他城市相区别的独特标志。

城市品牌的魅力首先在于形成城市品牌的向心力，也就是城市居民的凝聚力和对于自己所在城市的自豪感。城市文化是长期积淀形成的，是由城市居民共同创造的，因而人们对其有认同感和归属感，城市文化能调动他们的积极性，产生巨大的向心力和凝聚力，并起到显性激励和隐性激励的作用，[1] 进而有助于城市良好社会风气和健康生活方式的形成，提高城市品牌的向心力、凝聚力，以传统文化、城市精神将市民团结在一起，提高城市的文明程度，积极展现城市品牌的魅力。其次，城市品牌的魅力还表现在对外部的吸引力。一个具有优秀传统文化的城市品牌，必然吸引大量的旅游人口，促进旅游业的发展，带来经济效益的增长。再有就是能够吸引更多的投资者、人才到该城市来投资、发展，成为城市品牌建设的重要力量。

城市品牌具有不可复制性，也就是说它的最重要的特点就是拥有属于自己城市的特色。"每个城市在区域生态链中就好比交响曲的一部分，不管是高音、低音，还是和弦都能凸现一个城市的精彩，如果每个城市都在唱'同一首歌'，那就麻烦了"。[2] 城市的特色不仅仅是在城市化进程中学习西方文明，更重要的是发掘本城市的历史积淀，也就是城市所具有的独特的传统文化。独特的历史沉淀和因这一沉淀而形成的个性特色是城市极具魅力和活力的识别要素，是构成城市识别系统的精神和灵魂。[3] 城市品牌不仅是城市的一种营销手段，同样也是一种文化现象，是一个具有文化属性的概念。我国历史文化作为祖先留给后人的宝贵财富，是城市建设的重要依托之一。城市的传统文

---

①张艺：《城市品牌建设与城市文化研究》，《商场现代化》（上旬刊），2009 年 1 月。
②金定海：《城市品牌如何塑造与传播》，《广告大观》（综合版），2009 年第 6 期，第 59 页。
③陈建新、姜海：《试论城市品牌》，《宁波大学学报》（人文科学版），2004 年 3 月。

化，无论是物质文化遗产还是非物质文化遗产，都属于城市的历史积淀，每个城市的传统文化经过悠久的历史，具有了一定的特色性和个性，尤其是一个城市的观念文化中的城市价值观等核心内容就像是一个城市的"DNA"，只属于一个城市。所以城市品牌的塑造与该城市的传统文化有着十分密切的关系。

### （二）传统文化在城市品牌塑造中的作用不可替代

城市品牌存在的价值是它的不可替代性，只有拥有特色和个性，这样形成的品牌才能够具有持久而旺盛的生命力。[①] 优秀的具有特色性的悠久历史积淀的挖掘，对于展现城市魅力具有十分重要的作用，既是城市凝聚力的展现，也是城市辐射力的展现，能够展现城市品牌的魅力，进而促进城市政治、经济、文化、生态等的发展，有利于形成城市品牌建设的良性循环和快速发展。

传统文化能够丰富城市品牌的内涵。随着城市化的快速推进，各个城市都在加快推进广场、高楼、街道的建设，能够给人留下深刻印象的城市越来越少。真正能够让人记住的还是城市建筑和物品、自然风光中所蕴含的历史文化特点。哪怕是一块儿石头、一棵树、一条小溪都有可能成为该城市的主打品牌。地域性和具有个性的城市传统文化，能够突显城市品牌的灵魂和核心所在，并且能够丰富城市品牌的内涵，能够为城市管理者在进行城市品牌定位的时候，提供更多的参考，也为外部人增加对该城市更深刻的了解和认识。如果在塑造城市品牌的过程中，不能充分发掘其中的传统文化的因素和特点，必然会造成错误的城市品牌定位。因此，在城市品牌定位的时候，应该紧密结合该城市的传统文化，如果只是建造广场、街道、寺庙等，只是单纯的对城市空间的一个占用，难以起到应有的作用。成功的城市品牌应该是具有丰富的文化内涵，包含城市中多种多样的传统文化因素，从而能够令人们心向往之。

### （三）保护传统文化有利于形成城市品牌

城市的传统文化对于该城市品牌的魅力展现和内涵的丰富来说，

---

①王欢妮：《论李白文化与城市品牌的塑造与传播》，《新闻窗》，2010 年第 5 期。

具有十分重要的作用。从国际视野来看，城市作为多元文化的汇聚地，既是文化的"舞台"也是文化的战场，各种文化思潮竞相在城市场域争夺话语权，以期成为文化主流。各个城市要想在全球化背景下，从这场竞赛中脱颖而出，就需要不断塑造自己的特色文化。所以，一个成功的城市品牌的形成和塑造不能离开传统文化，物质文化遗产和非物质文化遗产两个部分对于城市品牌的形成都是不可或缺的。注重加强对文化遗产的保护、传承有助于我们学习和反思城市的文化传统，并从中汲取能为城市品牌建设服务的丰富养料。到目前为止，有许多城市的管理者在进行城市品牌定位和营销的时候，能充分利用传统文化的因素，城市品牌的塑造获得了巨大的成功。

从城市建设实践来看，不少地方对传统文化中的物质文化遗产和非物质文化遗产进行保护和挖掘，并将其成功运用于城市品牌的建设中，已经获得十分显著的成效。

以"瓷都"江西景德镇为例来探讨保护物质文化遗产对形成城市品牌的突出作用。人们只要提及陶瓷，就会很自然地想到"景德镇"，"景德镇"在某种程度上已经成为陶瓷的代名词，并深深地印在人们的心中，陶瓷艺术对于景德镇的品牌建设具有十分重要的意义。瓷窑、瓷片、窑砖、瓷匣、瓷器、瓷雕、瓷灯、瓷墙……浓郁的瓷文化符号在景德镇随处可见。景德镇的城市建设者们十分注意对关于陶瓷的名胜古迹、陶瓷艺术、陶瓷教育、陶瓷产业、陶瓷旅游等的保护，"陶瓷"成为景德镇进行城市品牌定位时的一个重要乃至唯一的砝码。景德镇有许许多多名胜古迹，但它们都有一个显著的特点，就是与陶瓷业的发展、繁荣紧密联系在一起。无论是古代还是当代，一代代景德镇人总是通过自己勤劳的双手，孜孜不倦地向四方宾客推广着"陶瓷艺术"这张城市王牌。[①] 景德镇城市品牌"瓷都"的塑造离不开它悠久的制瓷历史、精湛的陶瓷艺术、发达的瓷业经济、现代的陶瓷旅游。景德镇无疑是我国进行品牌定位准确的城市之一，以陶瓷为中心，全力打造"瓷都"品牌，使人们不仅对于景德镇的陶瓷艺术这一精湛的技艺

①刘毅：《景德镇瓷业成就及其成为"瓷都"的原因》，《南方文物》，1996 年 9 月 30 日。

有了深刻的认识和了解，也使景德镇能够更好地进行城市营销，城市发展更加迅速，人们也因此受益颇多。

非物质文化遗产作为"无形遗产"，在城市品牌定位和塑造城市品牌方面所起的作用并不亚于物质文化遗产这一"有形遗产"。非物质文化遗产如果保护得当，不仅能够团结城市人民，凝聚人心，突显城市精神，展现城市文化，同时能吸引更多的人加入到该城市的建设中来。保护城市的非物质文化遗产，需要城市管理者和广大的人民群众积极参加到非物质文化的保护、继承、开发和传播中去，这样才能成功打造以非物质文化遗产为代表的城市品牌。当然，以非物质文化遗产作为城市品牌中心的城市很多，如作为"风筝之都"的山东潍坊，以"潍坊国际风筝会"这一节庆活动成功打造了潍坊的城市品牌。山东济南作为"泉城"，在进行城市品牌建设的时候也充分注意到挖掘本城市的泉文化，保护这一非物质文化遗产，成为济南成功的营销策略。

济南自然文化景观十分丰富，山、泉、湖、河众多，其中泉水是济南重要的自然资源，也是济南的最大特色。对于泉水的保护，是济南城市品牌建设的重中之重。济南市制定的"东拓、西进、南控、北跨、中疏"十字大发展方针，对保护南部山区的泉水资源起到了重要的作用，为坚持泉源、泉脉、泉眼、泉系并重的保护措施发挥了积极的作用；以趵突泉、黑虎泉、珍珠泉和五龙潭四大泉群为基础，大明湖和护城河连为一体，把重要泉水景区串联起来，使之影响增大；再现"家家泉水，户户垂杨"的济南风貌，要加大还泉于民的力度，要把公园"变小"，把泉城"变大"。① 并且在此基础上，济南市的城市规划者还积极举办泉水文化节等，使人们从心里认可泉文化、传播泉文化，以泉文化为豪，以此来打造"泉文化"品牌。泉水在形成济南城市品牌中发挥了巨大的作用，成为济南的文化支点，是济南市发展的根和灵魂。

总起来说，我国的传统文化具有悠久的历史，每个城市的物质文

---

① 李书生、王莹、汝艳红：《城市文化精神和城市品牌特色在现代发展中的重构——以济南为个案》，《济南职业学院学报》，2009 年 12 月。

化遗产和非物质文化遗产具有地域性特点，继承和保护传统文化有利于形成都会文化和城市品牌。传统文化作为一种文化资本，应该努力发挥其积极作用，促进传统文化资本的再生产。传统文化保护不仅使城市具有了灵魂，而且推动了人们文化自觉意识的提高，有助于城市更好发展。

## 第三节　保护传统文化是保护我们的文化认同与文化荣誉感

文化认同危机主要是伴随着近代工业化以及全球化以来城市的大规模出现而产生的。工业化和全球化造成的城市和人关系的异化，导致了城市认同危机。具体说来，工业化导致人与传统乡土的分离及人与劳动的异化，全球化则不断侵蚀人们已有的传统文化认知，人在城市里获得的是一种文化认同危机的体验。传统文化作为城市文化的核心与灵魂，积极构建以传统文化为基础的特色多元城市文化体系，有助于提高人们的城市文化认同与文化荣誉感。因此，在城市化过程中，城市规划者和管理者应该注重传统文化对市民城市文化认同及荣誉感的作用，积极推动传统文化的保护和开发工作，塑造有特色的城市品牌和丰富的城市精神。

### 一、社会转型造成文化认同危机

对于文化认同，不同学者有不同见解。崔新建将文化认同定义为人们之间或个人同群体之间的对其所共有文化的确认。使用相同的文化符号、遵循共同的文化理念、秉承共有的思维模式和行为规范，是文化认同的依据。[①] 亨廷顿则认为文化认同是由共同的宗教信仰、历

---

①崔新建：《文化认同及其根源》，《北京师范大学学报》（社会科学版），2004 年第 4 期，第 102－104 页。

史经验、语言、民族血统、地理、经济环境等因素共同形成，其特性比政治、经济结构更难改变。① 因此，文化认同主要是指人们对其所属群体的共享文化的认可，这种共享文化是基于群体共同构建的一整套关于自然和社会实践的文化符号、理念、价值观等。

文化认同作为一种现象，是早已出现的，而作为一个问题，却是近现代才被提出。崔新建认为，文化认同问题与现代性及其引发的文化危机相伴随；较之于前现代社会中由封闭结构、单一活动、固定交往范围构成的强同质性，以社会化大生产为标志的现代社会则是开放结构、多元活动以及不稳定交际网络的异质性社会。现代性对传统文化的否定，造成了文化的断裂，文化危机逐渐显现。② 费孝通先生认为，我国传统社会是建立在乡土基础上的"熟人社会"，是"面对面社群"③，是"生于斯，死于斯"的"世代的黏着"在某一地方的固定群体，④ 注重血缘地缘，结构单一，交往固定，封闭与稳定构成了传统社会的基本特质。而现代社会则是一个"流动的"社会，"游牧人口"取代"定居人口"成为当下精英的生活方式；速度意味着支配，流动的现代性支配游戏是在"较快者"与"较慢者"之间进行的，稍纵即逝的东西才是值得珍视的。⑤ 传统社会与现代社会的不同特质决定了文化认同在当下的重要意义。它是对断裂的传统的追溯，是在流动中寻求稳定的精神需要。斯图亚特·霍尔认为，传统社会文化变迁缓慢，风俗、习惯、道德规则和价值观继承性强；现代社会特别是都市化进程，使原来稳定的社会系统转变成为流动性社会，规则和习俗的继承性减弱。同质化的社会更多地无意识地被动接受既有文化，而不断变

---

① 卿臻：《民族文化认同理论及其本质探析》，《前沿》，2010 年第 7 期，第 156－159 页。

② 崔新建：《文化认同及其根源》，《北京师范大学学报》（社会科学版），2004 年第 4 期，第 102－104 页。

③ 费孝通：《文字下乡》，载费孝通《乡土中国》，上海：上海人民出版社，2007 年，第 15 页。

④ 费孝通：《再论文字下乡》，载费孝通《乡土中国》，上海：上海人民出版社，2007 年，第 21 页。

⑤ 邹建立：《现代性的两种形态》，《社会学研究》，2006 年第 1 期，第 234－240 页。

化的现代社会迫使人们思考自己的文化归宿和价值观选择。[①]

正是由于现代社会的高速流动性，人与人之间基于血缘、乡土等传统社会纽带而建立的互相依赖基础不断被破坏与消解，人们转而寻求在更大范围内建立一种相互认同，即城市认同，这是以城市文化、城市精神为纽带的。

## 二、城市身份认同是城市化中文化认同的主要表现形式

城市化往往伴随移民的大量产生，因此文化认同更多体现为一种城市身份认同。城市化使得人口流动成为常态，移民对开放城市文化的建构发挥重要作用。身份认同是指个人与特定社会文化的认同，包括个体认同、集体认同、自我认同和社会认同四种类型。其中，"从个体认同到集体认同，从一种文化到另一种文化，这类过程动态描摹了身份认同的嬗变机制"。[②] 身份认同强调的是个体在价值和情感意义上把自己归类于某个群体的认知，并对该群体有强烈的归属感和认同感。[③] 城市身份认同则是市民对所在城市文化和群体在观念意识及行为指向上的认同与自豪感。历史地理等因素决定了城市的个性，"城市的个性并非是由钢筋混凝土构建的，而是由历史文化合成的"，著名的城市规划师沙里宁谈道"让我看看你的城市，我就知道你的人民在追求什么"。[④] 华沙古城能够在重建的基础上被列入世界遗产名录，[⑤] 不是因为古城物质性的修复，而是华沙人民在战争和重建前后自发的对民族文化和历史传统的维护、珍惜以及由此表现出的高度的文化认同和文化荣誉感。

在现代化的城市中，城市文化身份认同首先表现为城市对传统文化的自觉与创新。现代性在打破传统对时空认知的基础上，也激发了

---

① 邹威华：《族裔散居语境中的"文化身份与文化认同"——以斯图亚特·霍尔为研究对象》，《南京社会科学》，2007 年第 2 期，第 85 页。

② 陶佳俊：《身份认同导论》，《外国文学》，2004 年 2 期，第 37—38 页。

③ 邹美萍：《边缘化：新生代农民工身份认同困境研究》，华中师范大学 2012 届硕士论文。

④ 阮仪三：《城市，有多少记忆可以重来》，《上海商业》，2008 年第 10 期，第 69—71 页。

⑤ 阮仪三：《城市，有多少记忆可以重来》，《上海商业》，2008 年第 10 期，第 69—71 页。

人们对传统静态、稳定、安全的向往，永恒的"乡愁"弥散在整个城市上空，而传统文化则以某种具象的形式化解了人们心底的彷徨，增强了对城市的共同记忆，有利于城市荣誉感的形成。祭孔，是华夏民族为了尊崇与怀念至圣先师孔子，而主要在孔庙举行的隆重祀典，两千多年来从未间断，成为世界祭祀史、人类文化节史上的一个奇迹。[①] 祭孔大典是山东省曲阜专门祭祀孔子的大型庙堂乐舞活动，亦称"丁祭乐舞"或"大成乐舞"，是集乐、歌、舞、礼为一体的综合性艺术表演形式，于每年阴历八月二十七日孔子诞辰时举行。[②] 孔孟之乡的孔子文化节和祭孔大典诠释了"千古礼乐归东鲁、万古衣冠拜素王"的盛况，每年都会吸引大量中外游客参观。这样的祭孔仪式不仅增强了以儒家文化为代表的中国文化在世界上的地位，也熨帖了山东人的文化自豪感与荣誉感。再如天津的麻花、泥人张、狗不理包子、海河、妈祖、戏剧相声，已经成为天津的特色标志；城厢文化、租借文化和码头文化共同建构了天津城市、社会和人文格局。"北门富，南门穷，东门贵，西门贱"的天津老城厢的布局，涌现出大批市井能人，如"刻砖刘""泥人张""风筝魏"等；以马可波罗广场为中心的意式风情区呈现了天津的租借文化；天津人具有以炽烈爽利、逞强好胜、充溢活力为特点的码头脾气和地域性格，一个"混"字更是深度刻画了天津市井的活命哲学，大大咧咧，得过且过，温饱自足，知足常乐。无论是山东新时期的祭孔，还是天津美食、民俗，都让人看到了城市作为文化构建的主体，在传统文化的继承与创新上所做的努力。

城市文化身份认同还表现在新市民对所属城市的归属与认同。城市移民脱离原有地域文化的场域后，新城市文化身份认同就成为重要问题。城市要想增加自身的凝聚力和城市认同，必须拥有自己独特的文化系统和文化认知，创建自身的城市形象和品牌。我国地域辽阔，环境、地理、气候等差异较大，虽然都以儒文化或汉文化为主体，但不同城市留存的文化传统形式异质性强，具有鲜明的地方特色。以建

---

① 参见《祭孔大典》：http://baike.baidu.com/view/808108.htm.

② 参见《祭孔大典》：http://baike.baidu.com/view/808108.htm.

筑为例，贯穿在中国所有民居建筑精神里的"天人合一"观念，在北方为四合院，到南方就为吊脚楼，陕西是冬暖夏凉的窑洞，江南则是流水环绕的白墙黛瓦。① 城市的特色既是城市市民对历史环境的适应，也是其在生产生活上对周围环境的创造性改造，这构成了人们在此活动的文化基础。

因此，"城市不仅具有功能，且应拥有文化。文化是城市的灵魂。有灵魂的生命体才有活力，有文化的城市才具有生命力"。② 如一则关于风雨桥的故事，"2004 年 7 月，百年不遇的洪水将风雨桥冲毁，百名村民自发跃入洪水，拼死打捞风雨桥构件，3 天 3 夜的奋争，从贵州省打捞到广西壮族自治区，抢救回 73％的风雨桥构件，使之得以重建"。侗族学者解释说："花桥是侗族生命中的桥，保她是侗族人传承民族文化的方式。"侗族人民自出生开始，花桥见证了他们的休闲节庆、谈情说爱，"为花桥做任何事都如同呼吸般自然"，花桥已经深深地融入了他们的意识。③ 人们对于自己生活地区的认同是建立在该地区中的物质景观是与其生产生活息息相关，因而承载了群体大量的情感因素，该景观由此具有了灵性和拟人的特征，并构成了群体共有的美好记忆。这一过程既是文化创造的过程，也是文化塑造群体共同记忆的过程，有助于加强群体凝聚力，提高人们的身份认同与文化荣誉感。

## 三、以传统文化构建城市身份认同

近现代工业化和全球化背景下，城市与人逐渐相分离，成为一个独立运行的实体，规制和束缚着人的行为，城市在此基础上相互模仿而趋于同质化。在"功能城市"向"文化城市"转变的过程中，城市与人的关系渐趋缓和；这一过程中，传统文化发挥着重要作用，不仅构成了特色文化城市与人性化城市的基础，也促进了文化多元化和中

---

① 阮仪三：《中国传统建筑文化的保护与传承》，《百年建筑》，2003年Z1期，第26—31页。
② 单霁翔：《为未来守护文明》，《中外文化交流》，2009 年第 6 期，第 4—11 页。
③ 单霁翔：《为未来守护文明》，《中外文化交流》，2009 年第 6 期，第 4—11 页。

西文化的交流沟通，这一定位和文化自觉增强了人们的城市文化认同和文化荣誉感。

## （一）城市异化与城市身份认同危机

城市是人们生产生活的集中地，也是文明孕育地；城市最终是为人服务的。"文明的三重意义都充分体现在城市中"，这三重意义包括价值观和意识形态、制度、器物。[①] 而近代我国城市发展中三者是失衡的，从而使城市趋于异化。近代我国城市化进程是以工业化的迅速发展为前提的，工业化中劳动与人的分离异化也同样显现在城市化过程中城市与人的关系中。城市在适应快速工业化的同时，逐渐演变为更大范围内的"工厂"，规训、监督成为其主要特征；"市民"作为同质"工人"，其职能就是不断生产城市发展所需要的各项产品，以保证城市各个功能系统的正常运转。在这一阶段，城市受西方工业理性影响，城市与人是控制与服从的关系。张鸿雁认为，我国前期的高速城市化过程采取的"类企业模式"，忽视了城市终极价值，即民众福祉的最大化。[②] 城市建设以单向的政府主导型为主，人是被动参与的，这就导致城市建设对传统文化的忽视。此外，城市作为一个社会有机体，片面强调经济建设所带来的文化效应就是城市"本土要素的虚无化"，其表现就是人们对城市结构和空间缺乏整体的文化认同，对城市化的发展和社会的整体文化价值的建构缺乏参与感。[③] "赢利性的空间结构"也会通过新文化塑造大都市的新道德，即个人主义，城市因而成了原子化的分离的世界。[④] 在此基础上，张鸿雁强调人与城市应该是一种"嵌入性"的结构关系，即一方面人通过制度化形式的城市化，改造传统社会关系和思维方式，另一方面，城市通过特有的演化方式，

---

① 薛凤旋：《中国城市及其文明的演变》，北京：世界图书出版社，2010 年，第 311 页。

② 张鸿雁：《中国城市化进程中的社会"解构"与"结构"》，载中国人民大学《社会学》，复印刊 2013，第 61—62 页。

③ 张鸿雁：《城市定位的本土化回归与创新——找回失去 100 年的自我》，《社会科学》，2008 年第 8 期，第 65 页。

④ 孙晓忠：《全球化城市中的"地方"如何可能》，《探索与争鸣》，2012 年 12 期，第 27—28 页。

整合、创造着城市人群体的文化追求。[①] 人与城市相互塑造，共同形成当下的城市景观。

　　未受到工业理性和全球化影响的传统文化是传统社会的产物，反映的是小农经济下静态社会的意识观念，这显然无法适应工业理性的要求，因此，传统文化及其景观在城市化大规模推进初期是作为阻碍性因素而遭到拒斥。这一点阮仪三作为"古城卫士"，在保护平遥和周庄的过程中有着深刻体会。[②] 这也导致了城市化过程中"大拆大建"，西化成风，"千城一面"的状况。此外，城市的"麦当劳化"加速清扫了传统文化存在的意识根基，文化认同转向以欧美为代表的西方文化，但是，这种快速转变与"嫁接"产生了认同危机，其不良反应在城市化中也逐渐显现，城市与人相分离，人只是作为城市的附属品而存在，寻找身份成了人们共同的任务。贾平凹在《废都》里将这种身份焦虑展现得淋漓尽致。"西安在中国来说是废都，中国在地球上来说是废都"，西安代表的传统文化的没落使得废都人有了"废都人式的生命堕落体现"，也显示了中国人共有的"尴尬性焦虑"。在此意义上的"废都意识"，实际上就是"文化黄昏意识"，"废都人从历史上所曾有的文化黎明，步入今天的文化黄昏"，形成了"废都人灵魂深处一种前所未有的文化危机意识"。[③]

### （二）以传统文化为中介重新定义城市为人服务的关系

　　值得注意的是，人们对待传统文化的观念正在积极改变，城市和人的关系也趋向有机融合；传统文化作为中介，使城市和人的关系得到重新定义，即城市是为人服务的。欧洲在第二次世界大战后的大规模城市建设中，也经历了两个阶段，前期致力于新城市的建设，后期则在古城保护运动的背景下，致力于传统与现代的有机融合，创建一

---

　　① 张鸿雁：《城市定位的本土化回归与创新——找回失去 100 年的自我》，《社会科学》，2008年第 8 期，第 65 页。

　　②阮仪三：《"刀下留城"救平遥》，《新华日报》，2010 年 6 月 2 日；阮仪三：《保护周庄古镇的艰辛历程》，《衡阳师范学院学报》，2005 年 4 月，第 1—3 页。

　　③ 张亚斌：《文化焦虑："废都精神"的文化解析》，《唐州学刊》，2005 年第 6 期，第 54—59 页。

个有着历史气息的城市，甚至把保护城市与爱国主义连在一起。[①] 我国对传统文化及遗留的保护观念也可以追溯到中华人民共和国成立后，但却没有形成全民性的保护运动，因而作用甚微。中华人民共和国成立后在对北京城的整体规划中，以梁思成为代表的城市规划者试图采取新旧分开的方案以保护老北京原貌，但最后归于失败；即使到改革开放后的 20 世纪八九十年代，这种保护观念和行动在现实中都会出现极大阻力。20 世纪末，费孝通先生提出"文化自觉"，强调生活在既定文化中的人要对其文化有"自知之明"，明白其来历、形成的过程，具有的特色和其未来的发展方向，以提高在文化转型中的自主能力，与各文化实现共存共荣。[②] 这一概念的提出促使人们关注传统文化在当下的意义，尤其是在解决城市和人之间关系中的紧张状况方面，城市应该是市民建构的结果，反映的是人的思维、审美、信仰、价值观等。就如贝聿铭所说"艺术和历史才是建筑的精髓"，[③] 文化和历史才是城市的灵魂，城市不同时代的建筑映射着不同时代的文化特色。"要看中国的两千年，请到西安；要看中国的 500 年，请到北京；要看中国的 100 年，请到上海；要看中国的近 10 年，请到广东"。这首流行于 20 世纪 80 年代的民谣，形象地概括了城市与其历史及文化的特点。[④] 城市的历史与文化构成了人们城市身份认同的心理基础和观念取向，因此，保护传统文化成了城市规划者和管理者不得不认真考虑的问题，保护传统文化有利于人们文化认同和文化荣誉感的达成。

## 第四节　要处理好保护传统文化与文化多样性的关系

保护传统文化主要是指保护已有的物质和非物质文化遗产以及在此基础上的传承与合理创新。这些文化遗产作为传统文化的有效载体，

① 阮仪三：《保护历史古城就是保护民族文化》，《汉中日报》，2010 年 11 月 24 日，第 3 版。
② 费孝通：《费孝通论文化与文化自觉》，北京：群言出版社，2005 年，第 2 页
③ 贝聿铭：《建筑是艺术和历史的融合》，《中华活页文选》，2012 年第 9 期，第 19—21 页。
④ 单霁翔：《阅读一座城市》，《中国教育报》，2010 年 7 月 22 日，第 6 版。

熔铸了无数前人的心血与情感，是城市记忆不可缺少的部分，也是城市识别与认同的基础。举例来说，中国的老腔艺术随着一部《白鹿原》逐渐进入公众的视野，经过改造，与皮影相分离，从幕后到台前，展现在观众面前的"原生态"性和"刚健激越"风格明显体现出关中地区自然文化空间的特征。[①] 这片土地近依华山、黄河、潼关，自古是兵家必争之地，商贾流民通衢之所，无论是从战争题材或神话题材的选取，还是到整个的表演过程，老腔"拉波号子冲破天，醒木一拍鬼神惊"的震撼力都与江南柔情缠绵、婀娜多姿之风相异。[②] 这种创新性保护的艺术形式不仅为市民提供了新的富有生机的文化形态，而且唤起了城市人心中对过往历史及文化的深切共鸣与认同，也传递着他们对传统文化在当今社会发展的自信与自豪。

但保护传统文化并不意味着固守传统文化，而是要正确地对待中西文化、传统与现代文化的关系，在对传统文化进行创新性传承的基础上，更好地适应时代需求，吸收全球文化元素，从而在更大范围保护文化多样性，提高市民的文化生活质量。

## 一、全球化赋予城市的传统文化保护以新的使命

城市是全球化时代里对抗一体化和同质化的有效单位。全球化时代里，同质性不断侵蚀着世界的各个角落，技术、媒体等的运用更是努力地将世界拉成平面，重塑了人们对时空的概念和体验。城市作为不同于国家的一层社会单位，成为抵御全球一体化危险的有力单位。一方面，世界性组织和跨国组织的建立迫使国家往往不得不遵守国际协议和规定，这极大地削弱了不同地区间在文化、价值

---

① 杨立川：《华阴老腔的"蝶变"与"流播"及其启示》，《当代戏剧》，2012 年 06 期，第 25 页。

② 梁志刚：《老腔皮影戏的起源、生存环境及演出形态》，《美与时代》，2007 年 10 期，第 119 页。

观和生活方式上的差异性，使各地本土文化趋于同质；① 另一方面，全球化带来的强势文化对弱势文化的入侵加剧了对地方特色文化的排斥与驱逐，文化霸权在全球范围内膨胀并圈占领地，压缩了地方文化的生存空间。与此同时，消费主义在全球的逐渐兴起则不断强化差异、个性，流变，要求消解权威，建立有个性的"榜样"或"教练"。这种强烈的对自我的肯定也表现在对城市的身份认同上，特色城市或者说个性有精神内涵的城市成为人们追求的目的地；消费时代里"游牧形态"下的大规模流动消费者更是加剧了这种对城市的选择。在此意义上，城市越来越多地成为人们用来反对全球化，反对文化同质化机制的工具。

城市较国家在适应全球化方面表现得更为灵活，也能比国家层面上更容易实现目标建设。"即使是在国家层次上捍卫中立立场的自由派，也倾向于允许大众在城市层面上表达其特殊性"。② 以城市为单位建立自身的城市精神或气质不仅使得城市在生活、政治等各方面获得多样化体验，也能够在最大程度上建立声誉并吸引认同该气质的游客。而拥有类似气质的城市有时候可以在国家领导人之外进行交流，获得共识。③ 因此，城市应该充分利用这种自由，努力创建自己的城市品牌和城市文化，提高城市的竞争力；同时，随着城市化的推进以及越来越多的人员转变为市民，城市只有通过保护传统文化，形成城市特色文化，构建共同的城市记忆与城市身份认同，才能有效地团结市民，增强市民间的认同与荣誉感。

文化是城市之魂，城市的竞争即是城市文化的竞争，未来全球城市的竞争，也是城市文化的竞争。④ 城市作为文化的载体，不仅承担

---

① [加]贝淡宁、[以]艾维纳：《城市的精神——全球化时代，城市何以安顿我们》，吴万伟译，重庆：重庆出版社，2012年，第5—6页。

② [加]贝淡宁、[以]艾维纳：《城市的精神——全球化时代，城市何以安顿我们》，吴万伟译，重庆：重庆出版社，2012年，第5—6页。

③ [加]贝淡宁、[以]艾维纳：《城市的精神——全球化时代，城市何以安顿我们》，吴万伟译，重庆：重庆出版社，2012年，第5—6页。

④ 邹永华：《城市特色与城市竞争力》，国际住房与规划联合会（IFHP）第46届世界大会中方论文集。

着当下全球文化的传播与再造，更重要的是对已有传统文化的记忆与传承。其中，传统文化是重要的城市文化资本，表现在城市雕塑、建筑、街区等物质遗产上以及口头艺术、观念性格等非物质文化遗产上。城市的传统与历史构成了城市识别的重要标志，与当下进行中的城市文化活动共同构成了城市文化特色的重要资源，城市通过不断推出其文化资本，如历史遗迹、艺术创意、体育赛事以及其他地域文化特色的建设方案吸引全球注意力的分配。

## 二、城市化需要多元文化的有机融合

城市规划是文化观念最集中的体现，中西方不同的文化视角决定了不同的城市规划方案，这也与城市自身的地理、人口等因素相适应，城市文化建设要注重多元文化的有机融合。西方重视功能、实利，而我国则重视人与人、人与自然的关系；西方重视理性功用，我国则重视感性审美。

以往我国现代城市规划在很大程度上抛弃了中国传统城市规划文化，多遵照西方理念，产生了一些问题，而传统规划理念却可以在一定程度上规避这些问题。第二次世界大战后，功能主义风靡西方社会，统摄了所有领域，这也反映在城市规划和室内布局上；这也极大地影响到我国城市规划理念的变革。第二次世界大战后城市规划多采用功能分区的理念，将整个城市分为工业区、商业区、居住区等，区域间以绿化带作为分界，这种规划依赖高度发达的交通系统；在家庭内，将其分为卧室、餐厅、厨房等。而中国的城市规划与家居布置则多体现人际关系和天人观念。对传统等级观念及家庭邻里和睦关系的要求决定了城市规划上多环形嵌套式的，里层中心为权力最高，依次外推，这也是中国传统社会"差序格局"在城市范围上的应用；不仅如此，中国传统家庭建筑多按照前厅、客房、后厅等区分，即以处理人际关系作为重点。在邻里上，由于是贫富混居，和睦相处，公共产品的提供上相对较为均等；而现代建筑分为富人区、高端区、贫民区等，这种人为分化结果导致许多社会问题的出现。① "天人合一"观念在中国的建筑上也得到了很好体现，天井的运用象征着"人要与天地相通""没有天地就没有了人，人与天地共存"，② 而西方虽然有落地窗、海景房，却终究是用玻璃将人与自然隔绝。此外，中国的建筑反映着中国人自己的审美观点，无论建筑总体的规划、细部的刻画、外观的造型，都反映着先人的一种审美取向与国外建筑迥然相异。比如它要讲究神韵，讲究和谐，讲究一种内在的精神。③ 再比如窗子，西方强调实用，注重光线、空气、阳光等，而在中国，窗子是审美的，是画，一个窗子一个景，景随人而异。窗的外形就是画框，有各种形式来框定画面——扇形的、梅花形的、圆形的、三角形的，包括经常使用的瓶形的，应有尽有。中国人对窗有与西方人不同的感受能力。④ 中国传统文化较西方文化存在的优点决定了我国应该从"功能城市"走向"文化城市"。⑤ 提出"竞争优势"理论的迈克尔·波特教授认为，基于文化的优势是最根本的、最难替代和模仿的、最持久和最核心的竞争优势。⑥ 通过对传统文化的继承与创新，建设文化城市，增强城市的宜居性，是当下最重要的任务，也可加强城市文化认同和文化荣誉感。

　　然而，城市文化的建设不是仅仅保护传统文化，更是在保护基础上的继承与创新，这就要求我们以更开阔的视野，注重中西文化的有机融合，以此为基础，不断发展出传统文化新成果。贝聿铭建造的苏州博物馆可以算是中西元素有机融合的典型例子，这与贝聿铭先生坚持的理念与知识结构有关。他认为中美文化在他身上并没有矛盾冲突，在学习西方新观念的同时，不放弃本身丰富的传统，力争把古典和创新相结合，努力在文化缝隙中活的自在自得。⑦ 由此，我们可以看到中西文化不存在本质性的冲突，只是二者的偏重点不同，它反映的是

① 阮仪三：《留存城市的传统》，《社会科学报》，2010 年 10 月 25 日，第 006 版。
② 阮仪三：《天人合一的中国传统民居》，《中国房地》，2005 年第 9 期，第 59—60 页。
③ 阮仪三：《中国传统建筑文化的保护与传承》，《百年建筑》，2003 年 Z1 期，第 26—31 页。
④ 贝聿铭：《论建筑的过去与未来》，《世界建筑》，1985 年第 5 期，第 7—9 页。
⑤ 单霁翔：《从"功能城市"走向"文化城市"》，《建筑创作》，2007 年 06 期，第 24—28 页。
⑥ 单霁翔：《从"功能城市"走向"文化城市"》，《建筑创作》，2007 年 06 期，第 24—28 页。
⑦ 贝聿铭：《我和我的建筑都像竹子》，《领导文萃》，2005 年 12 期，第 135—139 页。

不同群体对自身所在自然社会环境的适应与创造的结果。

总之，传统文化有助于人们建立城市文化身份认同，化解城市与人的对立关系，使城市更好地转变为人性化的、有精神内涵的居住生活场所。传统文化是城市文化系统的核心，是城市增强竞争力的有效组成部分，因此，一方面要加大保护力度，加大对物质遗产和非物质遗产的保护工作，另一方面也要注意传统文化的时代适应性，注重多元文化在城市文化建设中的作用。作为现代社会里的人，我们要想更好地保护传统文化，发展有特色的城市文化，就要在已有成果的基础上，注重多元文化的有机融合，这才能适应当下时代的发展要求。

# 参考文献

Clark, D. (1982) Urban Geography. London:Croom Helm.

Eldridge, H.Tisdale (1952) The Process of Urbanization, in J. Spengler (ed.), Demographic Analysis. New York: The Free Press.

Fields, Gary(1993)CitySystems, UrbanHistory, and Economic Modernity, Berkeley Planning Journal, Vol.13.

Nyíri, János Kristóf (1992) Tradition and individuality: Essays. Vol. 221. Kluwer Academic Publishers.

Park,R.,E.Burgess, and R.McKenzie(1968)The City. Chicago: University of Chicago Press.

Vries, Jan de (1984) European Urbanization1500-1800.Cambridge: Harvard University Press.

Weber,Max (1958) The City. New York: The Free Press.

Wirth, L. (1938) Urbanism as a Way of Life, American Journal of Sociology, 44.

安宇、沈山:《日本和韩国的"文化立国"战略及其对我国的借鉴》,《世界经济与政治论坛》,2005 年第 4 期。

奥斯瓦尔德·斯宾格勒:《西方的没落》(上),北京:商务印书馆,1991年。

白寿彝:《中国史学史教本》,北京:北京师范大学出版社,2000 年。

鲍铭莹:《文化产业化背景下非物质文化遗产保护和传承的困惑与出路》,《宁夏大学学报》,2012 年第 3 期。

北京老字号发展研究课题组：《北京老字号的发展现状及对策研究》，《北京行政学院学报》，2004 年第 3 期。

［加］贝淡宁、［以］艾维纳：《城市的精神——全球化时代，城市何以安顿我们》，吴万伟译，重庆：重庆出版社，2012 年。

贝聿铭：《建筑是艺术和历史的融合》，《中华活页文选》，2012 年第 9 期。

贝聿铭：《论建筑的过去与未来》，《世界建筑》，1985 年第 5 期。

贝聿铭：《我和我的建筑都像竹子》，《领导文萃》，2005 年第 12 期。

毕波、高舒琦：《不同保护主体下城市文化遗产保护实例评析》，《北京规划建设》，2013 年第 4 期。

边思玮：《生产性保护：鼓励非物质文化遗产在生产中传承》，《中国文化报》，2012 年 9 月 4 日。

别金华、梁保尔：《中国非物质文化遗产保护利用研究综述》，《旅游论坛》，2008 年第 3 期。

蔡俊豪、陈兴渝：《"城市化"本质含义的再认识》，《城市发展研究》，1999 年第 5 期。

曹玲、张丽：《高校学生非物质文化遗产认知情况的调查分析——以南京信息工程大学为例》，《中国电力教育》，2011 年第 20 期。

曹寒娟：《侗族服饰文化在社会转型期的演变研究》，天津师范大学研究生学位论文，2010 年。

曹新明：非物质文化遗产保护模式研究，《法商研究》，2009 年第 2 期。

曾长秋：《近 11 年中国传统文化现代化研究综述》，《船山学刊》，2008 年第 1 期。

常青：《历史建筑修复的"真实性"批判》，《时代建筑》，2009 年第 3 期。

陈春林、梅林、刘继生、韩阳：《国外城市化研究脉络评析》，《世界地理研究》，2011 年第 1 期。

陈钢：《精英文化的衰落与大众文化的兴起》，《南京师大学报》（社会科学版），2001 年第 4 期。

陈光明、周翠娇：《先进发达国家对文化遗产的保护及镜鉴》，《求索》，

2008 年第 12 期。

陈恒：《城市起源诸理论》，载《世博会与都市发展国际学术研讨会论文集》，2010 年。

陈建宪：《文化创新与母题重构——论非物质文化遗产在现代社会中的功能整合》，《民间文化论坛》，2006 年第 7 期。

陈建新、姜海：《试论城市品牌》，《宁波大学学报》（人文社会科学版），2004 年 3 月。

陈潜、王伟、杨洁洁：《从文化产业角度看上海世博会的后期效应》，《东南学术》，2011 年第 6 期。

陈燮君：博物馆与无形文化遗产保护，《中国博物馆通讯》，2002 年第 11 期。

陈秀娟：《文化全球化与民族传统文化发展战略》，《山东社会科学》，2005 年第 7 期。

迟云：《自觉自信自强——涵养当代中国文化建设的内驱力》，济南：济南出版社，2013 年。

仇保兴：《城市化过程中的历史文化名城保护》，《中国名城》，2008 年第 1 期。

崔荣荣、牛犁：《民间服饰文化遗产的保护与传承体系建构》，《2012 年中国艺术人类学年会暨国际学术研讨会论文集》，2012 年 7 月。

崔荣荣：《文化圈视野下汉族民间服饰类文化遗产保护与传承》，《创意与设计》，2012 年第 3 期。

崔新建：《文化认同及其根源》，《北京师范大学学报》（社会科学版），2004 年第 4 期。

单霁翔：《城市化发展与文化遗产保护》，天津：天津大学出版社，2006 年。

单霁翔：《城市化进程中的文化遗产保护》，《求是》，2006 年第 14 期。

单霁翔：《城市文化建设与文化遗产保护》，《中国人大》，2012 年 5 月 10 日。

单霁翔：《从"功能城市"走向"文化城市"》，《建筑创作》，2007 年第 06 期。

单霁翔：《为未来守护文明》，《中外文化交流》，2009 年第 06 期。

单霁翔：《阅读一座城市》，《中国教育报》，2010 年 7 月 22 日，第 006 版。

邓曦泽：《文化复兴论——公共儒学的进路》，北京：人民出版社，2009 年。

杜怀亮：《刍议全球化中的传统文化走向》，《河北省社会主义学院学报》，2003 年第 2 期。

杜丽红：《20 世纪 30 年代的北平城市管理》，中国社会科学院研究生院博士学位论文，2002 年。

范今朝、范文君：《遗产概念的发展与当代世界和中国的遗产保护体系》，《经济地理》，2008 年第 3 期。

方李莉：《陇戛寨人的生活变迁——梭戛生态博物馆研究》，北京：学苑出版社，2010 年。

飞龙：《国外保护非物质文化遗产的现状》，《文艺理论与批评》，2005 年第 6 期。

菲利普·科特勒：《战略品牌管理》，李乃和等译，北京：中国人民大学出版社，2003 年。

费尔南·布罗代尔：《15 至 18 世纪的物质文明、经济和资本主义》（第一卷），顾良、施康强译，北京：生活·读书·新知三联书店，1992 年。

费孝通：《传统文化与现代化》（专题座谈），《群言》，1986 年 8 月。

费孝通：《从反思到文化自觉和交流》，《读书》，1998 年第 11 期。

费孝通：《反思 对话 文化自觉》，《北京大学学报》（哲学社会科学版），1997 年第 3 期。

费孝通：《费孝通论文化与文化自觉》，北京：群言出版社，2005 年。

费孝通：《更高层次的文化走向》，《民族艺术》，1999 年第 4 期。

费孝通：《关于"文化自觉"的一些自白》，载费孝通《费孝通九十新语》，重庆：重庆出版社，2005 年。

费孝通：《经济全球化和中国"三级两跳"中的文化思考》，《中国文化研究》，2001 年第 1 期。

费孝通：《孔林片思》，载费孝通《从实求知录》，北京：北京大学出版社，1998 年。

费孝通：《文化自觉的思想来源与现实意义》，《文史哲》，2003 年第 3 期。

费孝通：《文字下乡》，载费孝通《乡土中国》，上海：上海世纪出版社，2007 年。

费孝通：《再论文字下乡》，载费孝通《乡土中国》，上海：上海世纪出版社，2007 年。

费孝通：《中华文化在新世纪的挑战》，《炎黄春秋》，1999 年第 3 期。

冯骥才、周清印：《在文化认同下共栖中华精神家园——打一场中华民族文化基因保卫战》，《半月谈》，2009 年第 5 期。

冯骥才：《呼唤全民的文化自觉》，《齐鲁艺苑》，2011 年第 3 期。

冯骥才：《文化遗产不能一股脑产业化》，《人民日报》，2011 年 8 月 12 日。

冯骥才：《我们的城市形象陷入困惑》，《建筑与文化》，2008 年第 2 期。

冯骥才：《要请人文知识分子参与城市构建》，《建筑与文化》，2005 年第 10 期。

冯骥才：《中国城市的再造——关于当前的"新造城运动"》，《广西城镇建设》，2013 第 4 期。

冯天瑜：《文化守望》，武汉：武汉大学出版社，2006 年。

冯天瑜：《序言"文化自觉与文化复兴"》，载于平、傅才武：《中国文化创新报告》（2012），北京：社会科学文献出版社，2012 年。

甘露、马振涛：《新型城镇化的核心是人的城镇化——"新型城镇化：发展与转型研讨会"述要》，《人民日报》，2012 年 10 月 29 日。

高珮义：《国外关于城市化理论的研究概况》，《北京社会科学》，1990 年第 4 期。

高启安：《从敦煌饮食文化的开发看中国传统饮食文化的创新》，《食文化：提高企业竞争力的重要途径——2005 食文化与食品企（产）业高层论坛论文》，2005 年 4 月 1 日。

高小康：《"后申遗时期"：保护非物质文化遗产的可持续性发展》，《中国社会科学报》，2011 年 4 月 19 日。

耿彦波：《从旧城改造到古城保护——走出文化传承与经济发展的两难困境》，《文化纵横》，2013 年第 4 期。

顾军、苑利：《文化遗产报告——世界文化遗产保护运动的理论与实践》，北京：社会科学文献出版社，2005 年。

顾军、苑利：《美国文化及自然遗产保护的历史与经验》，《西北民族研究》，2005 年第 2 期。

顾军：《法国文化遗产保护运动的历史与今天》，载张庆善：《中国少数民族艺术遗产保护暨当代艺术发展国际学术研讨会论文集》，北京：文化艺术出版社，2004 年。

顾毓琇：《中国的文艺复兴》，北京：科学出版社，2011 年。

关世杰：《美、德、俄、印民众眼中的中国国家形象问卷调查分析（上）》，《对外传播》，2012 年 12 月。

关昕：《文化空间建构与传统节日保护》，《文化学刊》，2009 年第 5 期。

郭娜：韩国保护非物质文化遗产的做法，《社会主义论坛》，2006 年第 9 期。

郭玉军、唐海清：《文化遗产国际法保护的历史回顾与展望》，《武大国际法评论》，2010 年第 S1 期，第 4 期。

郭旃：《"西安宣言"——文化遗产环境保护新准则》，《中国文化遗产》，2005 年第 6 期。

张应杭：《中国传统文化概论》，杭州：浙江大学出版社，2005 年。

哈贝马斯：《现代性的哲学话语》，曹卫东等译，南京：译林出版社，2004 年。

郝良真、李建欣：《城市博物馆在城市化进程中的重要作用》，《武汉文博》，2012 年第 3 期。

何光锐：《闽南文化生态保护区咋保护》，《福建日报》，2007 年 6 月 26 日。

何念如：《中国当代城市化理论研究》，上海：复旦大学（学位论文），2006 年。

何晓佑：《中国传统器具设计智慧启迪现代创新设计》，《艺术百家》，

2010 年第 6 期。

黑格尔：《哲学史演讲录》，北京：商务印书馆，1978 年。

亨利·皮雷纳：《中世纪的城市》，北京：商务印书馆，2006 年。

胡锦涛：《坚定不移沿着中国特色社会主义道路前进　为全面建成小康社会而奋斗——中国共产党第十八次全国代表大会报告》，北京：人民出版社，2012 年。

胡锦涛：《高举中国特色社会主义伟大旗帜　为夺取全面建设小康社会新胜利而奋斗——中国共产党第十七次全国人民代表大会上的报告》，北京：人民出版社，2007 年。

黄桂秋、黄燕熙：《广西非物质文化遗产保护问题与对策》，《广西师范学院学报》（哲学社会科学版），2009 年第 2 期。

霍布斯鲍姆，T.兰格：《传统的发明》，顾杭、庞冠群译，南京：译林出版社，2004 年。

吉田友彦、邓奕：《日本：公众参与社区营造》，《北京规划建设》，2005 年第 6 期。

籍凤英、刘默、姚继红：《用标准化技术保护传承少数民族服饰文化》，《中国文化报》，2013 年 10 月 24 日，第 004 版。

加布里埃尔·塔尔德：《模仿率》（中译者前言），何道宽译，北京：中国人民大学出版社，2008 年。

菅丰、陈志勤：《何谓非物质文化遗产的价值》，《文化遗产》，2009 年第 2 期。

姜锐：《"十二五"时期文化产业发展面临的机遇与挑战》，《东岳论丛》，2011 年第 7 期。

金定海：《城市品牌如何塑造与传播》，《广告大观》（综合版），2009 年第 6 期。

康素娟：《网络文化冲击下的传统文化发展思考》，《理论导刊》，2009 年第 11 期。

乐黛云：《和谐社会与文化自觉》，《广东社会科学》，2006 年第 6 期。

雷韬晦：《从反传统到回归传统》，北京：中国人民大学出版社，2010 年。

李承贵：《文化继承的基本范式》，《南昌大学学报》（人文社会科学版），

2002 年第 4 期。

李创新、马耀峰、郑长海、刘宏盈：《文化创意产业视角的传统文化资
源开发模式设计——对陕北民间文化开发与保护的实证研究》，
《资源开发与市场》，2009 年第 10 期。

李丹：《改革开放后中国非政府组织的发展历程及趋势》，《郑州航空工
业管理学院学报》，2009 年第 4 期。

李德铭：《文化立市与城市发展》，《光明日报》，2011 年 11 月 20 日。

李建中：《中国文化概论》，武汉：武汉大学出版社，2005 年。

李静：《打造有道德的城市——从女性知识分子的视角看城市规划》，
《中华建筑报》，2009 年 6 月 30 日，第 009 版。

李克强：《协调推进城镇化是实现现代化的重大战略选择》，《行政管理
改革》，2012 年第 11 期。

李培林：《城市化与我国新成长阶段——我国城市化发展战略研究》，
《江苏社会科学》，2012 年第 5 期。

李荣启：《论非物质文化遗产保护的主要原则与方法》，《广西民族研
究》，2008 年第 2 期。

李书生、王莹、汝艳红：《城市文化精神和城市品牌特色在现代发展中
的重构——以济南为个案》，《济南职业学院学报》，2009 年 12 月。

李昕：《文化全球化语境下的文化产业发展与非物质文化遗产保护》，
《西南民族大学学报》（人文社科版），2009 年第 7 期。

李正元：《美的情结上》，北京：中国文联出版社，2001 年。

利慧、安德明：美国当代民俗学的主要理论与方法，载周星：《民俗学
的历史、理论与方法》，北京：商务印书馆，2006 年。

梁国楹、王守栋：《中国传统文化概论》，北京：人民出版社，2011 年。

梁航琳、杨昌鸣：《中国城市化进程中文化遗产保护对策研究——城市
文化遗产的动态保护观》，《中国城市规划学会·城市规划面对面
——2005 城市规划年会论文集》（下），北京：中国城市规划学会，
2005 年。

梁启超：《先秦政治思想史》，载顾毓琇：《中国的文艺复兴》，北京：
科学出版社，2011 年。

梁志刚：《老腔皮影戏的起源、生存环境及演出形态》，《美与时代》，
　　2007 年第 10 期。

梁锺承著，李思颖译：《韩国的文化保护政策：无形文化财与它的持有
　　者》，张庆善：《中国少数民族艺术遗产保护及当代艺术发展国际
　　学术研讨会论文集》，北京：文化艺术出版社，2004 年。

林和生：《日本对非物质文化遗产保护的启示》，《中国社会科学院院
　　报》，2006 年 6 月 1 日。

林映梅：《城市精神的文化解读》，《教育文化论坛》，2011 年 6 期。

刘金祥：《刍议非物质文化遗产产业化》，《华北电力大学学报》（社会
　　科学版），2012 年第 4 期。

刘魁立：《从人的本质看非物质文化遗产》，《江西社会科学》，2005 年
　　第 1 期。

刘魁立：《文化生态保护区问题刍议》，《浙江师范大学学报》（社会科
　　学版），2007 年第 3 期。

刘魁立：《非物质文化遗产及其保护的整体性原则》，《广西师范学院学
　　报》，2004 年第 4 期。

刘强：《我国自然与文化遗产保护工作综述》，《文化学刊》，2007 年第
　　2 期。

刘润：《正确处理开发与保护的矛盾》，《长三角》，2005 年第 06 期。

刘世锦：《中国文化遗产事业发展报告 2008》，北京：社会科学文献出
　　版社，2008 年。

刘守柔、闰华芳：《"文化遗产"概念回溯及我国之运用》，《中国文物
　　科学研究》，2009 年第 1 期。

刘锡诚：《"非遗"产业化：一个备受争议的问题》，《河南教育学院学
　　报》（哲学社会科学版），2010 年第 4 期。

刘修兵：《〈2010 中国公众参与文化遗产保护意识及现状调查报告〉显
　　示：公众对文化遗产保护认知度不高》，《中国文化报》，2010 年
　　12 月 24 日。

刘易斯·芒福德：《城市发展史——起源、演变和前景》，宋俊岭等译，
　　北京：中国建筑工业出版社，2005 年。

刘毅：《景德镇瓷业成就及其成为"瓷都"的原因》，《南方文物》，1996
　　年9月30日。

刘永涛：《非物质文化遗产开发保护的民间自觉——以马街书会和赵庄
　　魔术为例》，《文化遗产》，2010年第3期。

刘瑜：《基于软实力塑造的中国文化产业国际发展战略》，《中共四川省
　　委党校学报》，2013年第2期。

刘长欣、朱煜霄：《"保护性破坏"实则拆旧造假》，《南方日报》，2013
　　年1月3日，第6版。

刘志国：《全球化背景化中国传统文化的现代转换》，山东大学（学位
　　论文），2007年。

龙夫：《透视——中国传统饮食文化负效应》，《四川烹饪》，2002年第
　　5期。

卢松、陈思屹、潘蕙：《古村落旅游可持续性评估的初步研究——以世
　　界文化遗产地宏村为例》，《旅游学刊》，2010年第1期。

卢松、张捷：《古村落旅游社区居民生活满意度及社区建设研究——以
　　世界文化遗产皖南古村落为例》，《旅游科学》，2009年第3期。

卢松、张捷：《世界遗产地宏村古村落旅游发展探析》，《经济问题探索》，
　　2007年第6期。

罗长海：《中国传统古村落保护与发展的机制探析》，《上海城市规划》，
　　2010年第1期。

吕屏：《从旧州绣球产业的发展看非物质文化遗产的资本转换》，《桂海
　　论丛》，2007年第5期。

马盛德：《让古老技艺走进新生活》，《人民日报》，2011年6月9日。

梅联华：《对城市化进程中文化遗产保护的思考》，《山东社会科学》，
　　2011年第1期。

孟繁华：《众神狂欢——世纪之交的中国文化现象》，北京：中国人民
　　大学出版社，2009年。

南文渊、孙静：《森林草原生态环境与民族文化变迁》，北京：民族出
　　版社，2012年。

倪斌：《历史文化遗产保护现状探析》，《同济大学学报》（社会科学版），

2005 年第 5 期。

宁永锁：《文化传统在城市文化建设中的地位和作用》，《内蒙古电大学刊》，2007 年第 9 期。

牛犁：《惠安女服饰文化的保护与传承研究》，《广西民族大学学报》，2013 年第 1 期。

庞朴：《一分为三——中国传统思想考释》，深圳：海天出版社，1995 年。

钱永平：《日本非物质文化遗产保护研究综述》，《湖北民族学院学报》，2010 年第 5 期。

乔玉光：《发展与危机：国外民族传统文化保护经验的启示与思考》，《内蒙古师范大学学报》（哲学社会科学版），2006 年第 2 期。

青峥：《国外保护非物质文化遗产的现状》，《观察与思考》，2007 年第 14 期。

卿臻：《民族文化认同理论及其本质探析》，《前沿》，2010 年第 7 期。

邱春林：《生产性保护：非遗的"自我造血"》，《中国文化报》，2012 年 2 月 21 日。

曲鸿亮：《文化生产力与文化立市战略——以深圳为例》，《福建论坛·人文社会科学版》，2006 年第 11 期。

权霖泓：《社区教育在非物质文化遗产保护中的作用》，《中国校外教育（理论）》，2008 年第 S1 期。

全国政协文史和学习委员会专题调研组：《守护中华民族的精神家园》，《光明日报》，2008 年 12 月 9 日。

全信子：《民族学视野下的朝鲜族传统饮食文化及其传承》，《南宁职业技术学院》，2010 年第 4 期。

饶旭鹏：《文化·文化转型·价值转型——兼论西部走向市场经济过程中的文化转型》，《甘肃理论学刊》，2003 年第 1 期。

阮仪三、顾晓伟：《对于我国历史街区保护实践模式的剖析》，《同济大学学报》（社会科学版），2004 年第 5 期。

阮仪三、林林：《文化遗产保护的原真性原则》，《同济大学学报》（社会科学版），2003 年第 2 期。

阮仪三、肖建莉：《寻求遗产保护和旅游发展的"双赢"之路》，《城市规划》，2003 年第 6 期。

阮仪三、袁菲：《江南水乡古镇的保护与合理发展》，《城市规划学刊》，
　　2008 年第 5 期。

阮仪三：《"刀下留城"救平遥》，《新华日报》，2010 年 6 月 2 日，第
　　003 版。

阮仪三：《保护历史古城就是保护民族文化》，《汉中日报》，2010 年 11
　　月 24 日，第 003 版。

阮仪三：《城市，有多少记忆可以重来》，《上海商业》，2008 年第 10
　　期。

阮仪三：《留存城市的传统》，《社会科学报》，2010 年 10 月 25 日，第
　　006 版。

阮仪三：《天人合一的中国传统民居》，《中国房地产》，2005 年第 9 期。

阮仪三：《中国传统建筑文化的保护与传承》，《百年建筑》，2003 年
　　Z1 期。

阮仪三：《保护周庄古镇的艰辛历程》，《衡阳师范学院学报》，2005 年
　　4 月。

申茂平：《非物质文化遗产的教育传承及其实现途径》，《教育文化论
　　坛》，2009 年第 1 期。

施国庆、黄兆亚：《城市物质文化遗产的价值探析》，《特区经济》，2009
　　年 11 月。

施淑彬：《中国传统生活设施和器具在园林中的运用研究》，福建农林
　　大学硕士学位论文，2012 年。

宋海洋：《软权力理论与中国文化发展战略》，《临沧师范高等专科学校
　　学报》，2013 年第 1 期。

宋俊华：《文化生态保护区建设存在的问题及对策》，《中国文化报》，
　　2011 年 8 月 30 日。

孙家正：《人类口头与非物质文化遗产丛书·总序》，载郑雷：《昆曲》，
　　杭州：浙江人民出版社，2005 年。

孙家正：《提高民族文化自觉，做好我国非物质文化遗产保护工作》，
　　《文艺研究》，2005 年第 10 期。

孙勤:《传统文化的平衡发展观与现代城市建设》,《群言》,2009 年 12 月 7 日。

孙若怡:《大小与短长:全球化下文化主体性建立之刍议》,载唐仕春《近代中国社会与文化流变》,北京:社会科学文献出版社,2010 年。

孙晓忠:《全球化城市中的"地方"如何可能》,《探索与争鸣》,2012 年第 12 期。

谭宏:《古镇保护与开发的保障机制》,《城市问题》,2010 年第 10 期。

谭志国:《土家族非物质文化遗产保护与开发研究》,中南民族大学博士学位论文,2011 年。

唐国宣:《我国少数民族文化发展挑战严峻机遇难得》,《中国民族报》,2007 年 6 月 15 日。

唐纳德·L.哈迪斯蒂:《生态人类学》,郭凡、邹和译,北京:文物出版社,2002 年。

汤耀平:《90 后大学生对传统文化的认知和态度——广东 10 所高校大学生的问卷调查与分析》,《思想教育研究》,2011 年第 6 期。

陶佳俊:《身份认同导论》,《外国文学》,2004 年第 02 期。

田圣斌、柳红兵:《湖北文化遗产保护地方立法探讨》,《湖北社会科学》,2007 年第 4 期。

童世骏:《当代中国人精神生活研究》,北京:经济科学出版社,2009 年。

汪欣:《对非物质文化遗产生产性保护理念的认识》,《艺苑》,2011 年第 2 期。

王鹤云:《建立国际合作机制 保护非物质文化遗产》,《中国文化报》,2002 年 9 月 21 日,第 1 版。

王鹤云:《保护文化生态,激活文化遗产立体生存》,《中国文化报》,2003 年 7 月 29 日。

王琥:《中国传统器具设计研究》卷二,南京:江苏美术出版社,2007 年。

王欢妮:《论李白文化与城市品牌的塑造与传播》,《新闻窗》,2010 年第 5 期。

王景慧：《"真实性"和"原真性"》，《城市规划》，2009 年第 11 期。

王琳：《当代大学生对传统文化认识问题的调查与分析》，《传承》，2010
　　年第 7 期。

王文章：《中国先进文化论》，北京：文化艺术出版社，2004 年。

王文章：《非物质文化遗产概论》，北京：文化艺术出版社，2006 年。

王晓葵：《日本非物质文化遗产保护法规的演变及相关问题》，《文化遗
　　产》，2008 年第 2 期。

王晓明：《旷野上的废墟》，《上海文学》，1993 年第 3 期。

王星光、贾兵强：《国外历史文化遗产保护机制及其对我国的启示》，
　　《广西民族研究》，2008 年第 1 期。

王绚：《浅谈韩国国立中央博物馆的社会教育课程》，《上海文博论丛》，
　　2012 年第 2 期。

王学文：《我国非物质文化遗产保护的"四种倾向"及对策分析》，《民
　　俗研究》，2010 年第 4 期。

王云才、李飞、陈田：《江南水乡古镇城市化倾向及其可持续发展对策
　　——以乌镇、西塘、南浔三镇为例》，《长江流域资源与环境》，2007
　　年第 6 期。

王云才：《江南六镇旅游发展模式的比较及持续利用对策》，《华中师范
　　大学学报》（自然科学版），2006 年第 1 期。

王志芳、孙鹏：《遗产廊道——一种较新的遗产保护方法》，《中国园林》，
　　2001 年第 5 期。

韦东超：《城市化视野下的少数民族传统文化与民族意识——以广西百
　　色市壮族为例》，《贵州民族研究》，2004 年第 4 期。

文化部民族民间文艺发展中心：《中国非物质文化遗产保护研究》，北
　　京：北京师范大学出版社，2007 年。

闻丽、李朝军：《中华传统文化的传承与创新》，《理论月刊》，2013 年
　　第 3 期。

翁时秀：《政府与村民的行为对古村落保护及景观变迁的影响——基于
　　本土社会学理论视角》，《地理科学》，2011 年第 3 期。

乌丙安：保护民间艺术的关键——带徒学艺，参见乌丙安：《非物质文化遗产保护的理论与方法》，北京：文化艺术出版社，2010年。

乌丙安：《非物质文化遗产保护：由来与发展》，《民间文艺之友》，2004年第1期。

乌丙安：《非物质文化遗产概念界定和分类认定》，王文章：《中国非物质文化遗产保护论坛论文集》，北京：文化艺术出版社，2006年。

吴海燕，但文红：《黔东南地区苗族妇女传统服饰文化保护研究》，《贵州师范大学学报》（自然科学版），2011年第1期。

吴良镛：《人居环境科学导论》，北京：中国建筑工业出版社，2001年。

吴佩平：《浅述中国传统器具与现代工业化产品的比较与思考》，《设计》，2013年第2期。

吴平：《传承人当代生境与传承——基于黔东南非物质文化遗产传承人的调查研究》，《原生态民族文化学刊》，2010年第4期。

吴锡标：《城市文化与城市化的互动性》，《探索与争鸣》，2005年第5期。

夏骏：《韩国传统文化如何产业化》，《中华遗产》，2007年第1期。

夏铸九：《忽视城市形象建设》，《美术研究》，2006年第2期。

肖丽丽：《论中国国家战略中的软实力》，《辽宁行政学院学报》，2011年第9期。

谢凝高：《"世界遗产"不等于旅游资源》，《北京规划建设》，2001年第6期。

徐博文：《"中国传统器具设计研究"课程设置与教学方法探析》，《南京艺术学院学报》，2013年第3期。

徐博文：《中国传统器具在现代传承中的设计启示》，《设计》，2012年第2期。

徐红罡、万小娟、范晓君：《从"原真性"实践反思中国遗产保护——以宏村为例》，《人文地理》，2012年第1期。

徐红罡、吴悦芳、彭丽娟：《古村落旅游地游线固化的路径依赖——世界遗产地西递、宏村实证分析》，《地理研究》，2010年第7期。

徐嵩龄：《第三国策——论中国文化与自然遗产保护》，北京：科学出版社，2005 年。

徐嵩龄：《文化遗产科学的概念性术语翻译与阐释》，《中国科技术语》，2008 年第 3 期。

徐嵩龄：《西欧国家文化遗产管理制度的改革及对中国的启示》，《清华大学学报》（哲学社会科学版），2005 年第 2 期。

薛凤边：《中国城市及其文明的演变》，北京：世界图书出版公司，2010 年。

薛晓飞：《守墓者的消失——城市化过程中的非物质文化遗产保护问题》，《中国风景园林学会·中国风景园林学会 2011 年会论文集》（上册），北京：中国风景园林学会，2011 年。

郇建立：《现代性的两种形态》，《社会学研究》，2006 年第 01 期。

杨程、孙守迁、苏焕：《楚文化保护中编钟乐舞的复原与展示》，《中国图像图形学报》，2006 年第 10 期。

杨立川：《华阴老腔的"蝶变"与"流播"及其启示》，《当代戏剧》，2012 年第 06 期。

杨利慧、安德明：《美国当代民俗学的主要理论与方法》，载周星：《民俗学的历史、理论与方法》，北京：商务印书馆，2006 年。

杨蔚：《文化创意产业语境下的传统文化创新》，《华南理工大学学报》（社会科学版），2009 年第 1 期。

杨正文：《产业化倾向：文化遗产保护中的危机》，《中国民族报》，2010 年 8 月 6 日。

姚伟钧：《老字号与中国饮食文化遗产的保护与传承》，《留住祖先餐桌的记忆：2011 杭州·亚洲食学论坛论文集》，2011 年 8 月 17 日。

姚旸：《论加强城市文化遗产保护与传承——以天津为例的研究》，《新规划·新视野·新发展——天津市社会科学界第七届学术年会优秀论文集《天津学术文库》（上）》，2010 年 6 月 30 日。

姚子刚：《"海派文化"的复兴与历史街区的再生——以上海田子坊为例》，《住区》，2012 年第 01 期。

叶朗：《中国文化产业年度报告 2010》，北京：北京大学出版社，2010 年。

叶盛荣、李旭莲：《我国民族民间传统文化保护的立法背景与思路》，《知识产权》，2009 年第 2 期。

于丹、刘一奔、张振宇：《我国城市居民对中国传统文化的认知状况调查——基于对北京上海重庆三地居民的调查数据分析》，《现代传播》，2012 年第 9 期。

余鸣：《文化保护与妇女脱贫——云南少数民族传统服饰未来发展模式构想》，《西南民族学院学报》，2001 年第 9 期。

玉苗：《民族传统文化与地方社会经济发展——以桂林<印象刘三姐>为例》，《桂海论丛》，2009 年第 2 期。

袁林：《西餐饮食文化对中国传统饮食观念的影响》，《产业与科技论坛》，2013 年第 10 期。

苑大喜：《欧洲文化遗产日在法国》，《中国文化报》，2012 年 9 月 26 日。

苑利、顾军：《非物质文化遗产保护的十项基本原则》，《学习与实践》，2006 年第 11 期。

苑利：《非物质文化传承人保护之忧》，《探索与争鸣》，2007 年第 7 期。

苑利：《韩国文化遗产保护运动的历史与基本特征》，《民间文化论坛》，2004 年第 3 期。

苑利：《日本文化遗产保护运动的历史和今天》，《西北民族研究》，2004 年第 2 期。

云杉：《文化自觉 文化自信 文化自强——对繁荣发展中国特色社会主义文化的思考》（中），《红旗文稿》，2010 年第 16 期。

张成渝、谢凝高：《真实性和完整性原则与世界遗产保护》，《北京大学学报》（哲学社会科学版），2003 年第 2 期。

张成渝：《"世界遗产公约"中两个重要概念的解析与引申——论世界遗产的"真实性"和"完整性"》，《北京大学学报》（自然科学版），2004 年第 1 期。

张成渝：《"真实性"和"原真性"辨析》，《建筑学报》，2010 年第 S2 期。

张成渝：《"真实性"和"原真性"辨析补遗》，《建筑学报》，2012 年第 S1 期。

张成渝：《国内外世界遗产原真性与完整性研究综述》，《东南文化》，
2010 年第 4 期。

张成渝：《原真性与完整性：质疑、新知与启示》，《东南文化》，第 2012
年第 1 期。

张传亮：《对中国非政府组织的功能及发展趋势分析》，《福建论坛》，
2010 年第 S1 期。

张光直：《考古人类学随笔》，北京：生活·读书·新知三联书店，1999
年。

张国超：《非营利性组织参与我国文化遗产事业的问题与对策》，《江汉
大学学报》（人文科学版），2011 年第 3 期。

张国超：《我国文化遗产经营管理模式创新问题——以文化遗产景区为
中心》，《江汉大学学报》（人文科学版），2009 年第 5 期。

张国超：《我国文化遗产社会教育模式构建研究》，《贵州师范大学学报》
（社会科学版），2012 年第 6 期。

张海燕：《城市记忆与文化认同》，《城市文化评论》，2012 年 11 月 20
日。

张鸿雁：《城市定位的本土化回归与创新——找回失去 100 年的自我》，
《社会科学》，2008 年 08 期。

张鸿雁：《中国城市化进程中的社会"解构"与"结构"》，《社会科学》，
2012 年第 10 期。

张谨：《论文化转型》，《学术论坛》，2010 年第 6 期。

张利：《四川泸沽湖旅游发展与传统饮食文化的利用创新》，《四川烹饪
高等专科学校学报》，2007 年第 2 期。

张凌云：欧洲文化遗产保护及对中国的启示，《世界地理研究》，2010
年第 3 期。

张鹏、白雪：《过度开发非遗项目捞钱不长久——文化部副部长王文章
谈如何解决"申报热"、"保护冷"》，《中国青年报》，2011 年 3 月
11 日。

张松：《城市文化遗产保护国际宪章与国内法规选编》，上海：同济大

学出版社，2007 年。

张松：《建筑遗产保护的若干问题探讨——保护文化遗产相关国际宪章的启示》，《城市建筑》，2006 年第 12 期。

张松：《历史城镇保护的目的与方法初探——以世界文化遗产平遥古城为例》，《城市规划》，1999 年第 7 期。

张松：《中外城市遗产保护的制度比较与经验借鉴》，《城市与区域规划研究》，2009 年第 2 期。

张潍：《论杭州老字号在城市品牌塑造中的作用与影响》，浙江工商大学硕士学位论文，2010 年。

张晓明、胡惠林、章建刚：《战略性调整中起步的中国文化产业》，载张晓明：《中国文化产业发展报告》，北京：社会科学文献出版社，2003 年。

张雪筠：《城市性与中国城市化进程的文化转型》，《东方论坛》，2005 年第 4 期。

张亚斌：《文化焦虑："废都精神"的文化解析》，《唐州学刊》，2005 年第 6 期。

张艺：《城市品牌建设与城市文化研究》，《商场现代化》（上旬刊），2009 年 1 月。

张应杭：《中国传统文化概论》，杭州：浙江大学出版社，2005 年。

张瑛、孔令栋：《中国世界文化遗产的保护与旅游开发——以敦煌莫高窟为例》，《思想战线》，2006 年第 2 期。

章玳：《文化遗产的可持续发展——把文化遗产教育纳入现代国民教育体系中》，《继续教育研究》，2007 年第 1 期。

赵夏：《城市文化遗产保护与城市文化建设》，《城市问题》，2008 年第 4 期。

赵小娜：《中国文化产业发展的战略机遇与对策》，《中共长春市委党校学报》，2004 年第 6 期。

赵艳喜：《整体性保护、区域性整体保护与文化生态保护区的建设》，《河南教育学院学报》（哲学社会科学版），2012 年第 4 期。

赵中枢：《文化遗产保护的重要国际文献（一）》，《城市规划通讯》，2005

年第 2 期，第 10 页。

郑昌江：《关于我国传统饮食文化的一点思考》，《光明日报》，2003 年 7 月 16 日。

郑杭生、费菲：《传统、理性及意识形态的多重变奏——传统观问题再探》，《河北学刊》，2009 年第 6 期。

郑建华：《关于〈文物保护法〉修订的若干思考》，《中国文物报》，2013 年 6 月 12 日。

周超：《中日非物质文化遗产保护法比较研究》，《思想战线》，2012 年第 6 期。

周超：《日本法律对"民俗文化遗产"的保护》，《民俗研究》，2008 年第 2 期。

周和平：《中国非物质文化遗产保护的实践与探索》，《求是》，2010 年第 4 期。

周晓涛：《西北民族非物质文化遗产旅游开发中的地方立法保护》，《文化遗产》，2012 年第 4 期。

周星、廖明君：《非物质文化遗产保护的日本经验》，《民族艺术》，2007 年第 1 期。

朱林兴：《古镇保护和开发必须体现原真性》，《探索与争鸣》，2007 年第 10 期。

邹美萍：《边缘化：新生代农民工身份认同困境研究》，华中师范大学 2012 届硕士论文。

邹威华：《族裔散居语境中的"文化身份与文化认同"——以斯图亚特·霍尔为研究对象》，《南京社会科学》，2007 年第 2 期。

邹永华：《城市特色与城市竞争力》，国际住房与规划联合会（IFHP）第 46 届世界大会中方论文集。

# 后　记

　　经过一年多的共同努力，《城市化进程中传统文化的保护与发展——基于中国的经验与对策》终于完稿，即将与读者见面！在此，我衷心地感谢朝庆、集林、华芹和旭涛，没有你们的鼎力合作与支持，本书的撰写工作不可能顺利完成。

　　本书稿写作的具体分工如下：笔者负责绪论的撰写与统稿；刘华芹副教授负责撰写第一章；黄旭涛副教授负责撰写第二章；刘集林副教授负责撰写第三章；结语部分由宣朝庆教授撰写。

　　感谢南开大学出版社王乃合老师为本书的出版给予的大力支持和帮助。此外，郭淑蓉、陈浩等同学也参与了本书部分内容的写作与校对工作，在此也一并表示感谢。

　　由于时间仓促，加之我们水平能力有限，缺点及错误在所难免，敬请读者批评指正。

袁同凯

2017 年于南开大学